JN240173

総務・人事の安心知識

社会保険労務士法人 帝王労務管理事務所
代表社員
田中 実

給与計算

同文舘出版

はじめに

給与計算は正確で当たり前、間違いなどは許されない業務です。しかし、実際には**給与計算を正確に実施しているケースのほうが少ない**といったら、驚くでしょうか。

ここで質問です。

「給与計算の担当者は、給与計算のプロですか？」

通常は、会社に給与計算の担当者がいて、その人が計算していることでしょう。会社によっては税理士や社会保険労務士にアウトソーシングされているケースもあると思います。

誤解を恐れずにいうと、税理士や社会保険労務士であっても、「正しい給与計算」ができない方は大勢います。なぜかというと、これらの国家資格の試験に給与計算の問題は出題されないからです。

給与計算をする際にはさまざまな関係知識が必要になってきますが、知識として備わっていても、実際に給与計算をしたことがないと「正しい給与計算」をすることは難しいのです。

私は、世の中の給与計算があまりにも正しくないと感じ、2011年より一般社団法人全国給与計算検定協会を設立しました。年に数回、検定試験を実施していますが、合格するのは実務担当者の方が多いというのが実情です。税理士、社会保険労務士にアウトソーシングしている場合、実務は無資格のスタッフが計算していて、先生方は内容を理解していないケースも少なくありません。

一方、会社の給与計算担当者は特段、給与計算関係の資格を取得されているわけではなく、一般的には先輩や同僚からの引き継ぎで担当するケースも多々あります。あるいは、社長や社長夫人が、詳しくないけどやるしかないので給与計算をしているといったケースもよく見受けられます。

いずれにしても、給与計算ソフトさえ導入していれば、誰が入力しても給与計算ができると思っている人が多いのですが、**それは全く間違った考え方です。**

これまで、給与計算ソフトを導入されていても知識不足により、正しい給与計算が実施されていないケースを散々見てきました。

確かに給与計算ソフトは、計算自体は正確です。しかし、**給与計算のための「最低限必要な関係知識」**と、**自社に最適な「具体的な計算方法」**を知らなければ、正しい給与計算を実施することはできません。

本書では、初めて給与計算を担当することになった方も、基本的な給与計算は行えるようになったけれど、自分のやり方が正しいかどうかわからない担当２～３年目の方も、適正な給与計算ができるように導いていきたいと思います。

数々の企業の給与計算を担当する中で質問の多いトピックや、ミスが起きやすいポイントなどについて解説しています。毎日の業務で起こりがちな疑問点を少しでも解決してもらえれば幸いです。

社会保険労務士法人 帝王労務管理事務所　代表社員　田中 実

本書の構成

第１章　給与計算に関わる**基礎的な知識**を押さえましょう。労働時間や会社の年間休日について確認し、次に休日出勤の代休と振替休日の違い、さらに各種計算に使用する平均賃金の算出方法について理解を深めていきます。

一般的な会社で支給されている通勤手当の定義や固定残業代制度の正しいしくみや、給与計算をするうえで関わってくる各種公的制度（労災保険、雇用保険、社会保険）、そして扶養家族、所得税、住民税について確認していきます。

第２章　給与計算をするうえで知っておきたい**法律・制度**として、労働基準法の基礎知識や、給与計算の根拠となる就業規則や労使協定など会社のルールについて確認していきます。

第３章　「正しい給与計算」の**実務のポイント**を解説します。第１章で得た基礎知識を活かしながら、具体的にどのように計算、処理をするのかを確認していきます。

遅刻、早退、欠勤控除、残業、休日出勤等の日常的給与計算に直結する内容や住民税の特別徴収制度等について正確に把握していきます。

第４章　皆さんが苦手とされている**休業（労災・私傷病・出産関係）中**の給与計算（日割など）について確認していきます。

産前産後休業や育児休業については、社会保険の免除制度の手続きなど、給与計算との密接に関係するポイントについて解説します。

第５章　**退職金計算**について、退職金制度の確認や具体的な計算方法を学び、最後に退職金制度の導入内容や一番ネックとなる税金計算についてわかりやすく解説します。

第６章　毎年実施する**年末調整**の手続きについて、その必要性や基礎知識を押さえ、各種控除項目（基礎控除、配偶者控除、配偶者特別控除、扶養控除、生命保険料控除、地震保険料控除、住宅ローン控除）について説明しています。また、年末調整の還付金についての理解不足を補い、年末調整後に作成・発行する源泉徴収票等についても網羅しました。

第７章　**毎年発生する手続き**関係についてまとめました。住民税の計算の基礎となる給与支払報告書や、毎年７月10日に申告をする労働保険料と算定基礎届の手続き、残業や休日出勤等をするに際して必須となる３６協定について実務のポイントとともに解説。年に１回の手続きなどは忘れてしまいがちなので、しっかり確認することが大切です。

第８章　**自社の制度確認**として、変形労働時間制や、通勤手当などについて、具体的な設定・計算方法をわかりやすく説明します。

第９章　**退職時の手続き**について、社会保険料の控除する際にポイントとなる退職日、退職後の市区町村への住民税の切替手続き、離職票・社会保険離脱証明書の発行、最後に源泉徴収票の作成などを確認していきます。

第10章　**給与計算でよくある質問**をQ＆A形式で解説しています。同じようなケースが発生した場合に、役立つ内容となっています。

巻末付録　「給与計算チェックシート」や「給与担当者の１年間のスケジュール一覧」は、本書を読み進める前に確認しておくと、給与計算の流れが把握できますので活用してください。

その他、源泉所得税額表や健康保険・厚生年金の保険料額表等を掲載していますので、実際にどのような資料をもとに給与計算をするのかイメージしやすくなると思います。必要に応じて確認してください。

なお、本書で紹介している行政の各種届出書類や各種保険料額表については随時法改正や書式変更が行われます。業務にあたる際には、必ず各行政のホームページや窓口等で最新情報を確認する習慣を身につけてください。

総務・人事の安心知識

給与計算

目次

第2章
最低限知っておきたい法律・制度

第3章 正しい給与計算の実務

第4章
休業中の給与計算

第5章
退職金の計算

第6章
年末調整の手続き

第7章
毎年発生する手続き

第8章 自社の制度の確認

第9章 退職時の手続き

第10章
正しい給与計算よくあるQ＆A

装幀　三枝末央
DTP　RUHIA

第1章

正しい給与計算をするための基礎知識

1 毎月正しい給与計算を行うために ····· 給与計算の基本的な考え方
2 支給項目と控除項目 ································· 給与明細の見方
3 労働時間はどこからどこまで？ ················ 労働時間を把握する
4 年間総労働時間を把握しよう ··························· 年間休日とは
5 法定休日、所定休日、代休、振替休日 ······················ 休日の種類
6 付与ルール、繰越、時効、取得方法 ················ 年次有給休暇とは
7 さまざまな場面で使用する重要な計算方法 ····· 平均賃金の計算方法
8 課税・非課税と社会保険の取扱い ······················ 通勤手当とは
9 労災保険の定義 ··································· 労災保険のしくみ
10 雇用保険の定義 ································· 雇用保険のしくみ
11 入社時、算定（9月改定）、随時改定 ············ 社会保険料のしくみ
12 所得税が異なる ································· 扶養家族の考え方
13 源泉所得税の納付方法など ························· 所得税制度とは
14 特別徴収、普通徴収、納付書 ······················· 住民税制度とは

1

毎月正しい給与計算を行うために

給与計算の基本的な考え方

会社（法人、個人事業主等）で正しい給与計算を実施するためには、**給与計算関係の法律（労働基準法）**や**制度（36協定、変形労働時間制、平均賃金など）**に関する最低限の理解が必要です。そのうえで、入社や退社のタイミングによる雇用保険・社会保険、住民税、所得税についての控除の仕方など、実務処理の知識が必要となります。

給与計算をする際は、現在は給与計算ソフトで行うのが主流ですが、規模の小さな会社、飲食店、運送会社等の業種では、今も手計算で行っていることも少なくありません。

ここで注意したいのは、**給与計算ソフトを導入している場合でも、給与計算が間違っている場合がある**ということです。コスト削減でソフトの保守契約を解約しているため、社会保険料等の料率変更が適切になされず、社会保険料等の控除の金額を誤ってしまうのです。

Check

保守契約は、質問事項等がある場合に給与計算ソフトのメーカーへ問い合わせをするだけのものではなく、社会保険料率や年末調整の最新版、郵便番号の新規データ（市区町村の合併等）などをアップデートするためにも必要な契約です。保守契約をしていないと各種更新ができないので、本来は必須の契約になりますが、経営陣がそれを理解していないと、年間数万円～数十万円（メーカーや商品によって異なる）の保守契約を解約している場合も見受けられます。

また入社・退職のタイミングにより**本来控除してはいけない月の分を控除している**ケース、また**徴収しなくてよい月を徴収している（2ヶ月分徴**

収している）ケースもあります。

その他、労働時間の把握、残業時間、休日出勤、休業、有給、平均賃金、年間休日、所定労働時間（年間・月）、変形労働時間制（フレックス、1ヶ月単位の変更労働時間制等）などを適正に理解していなければ、**正しい給与計算は不可能**です。

残念ながら、そこまで理解して給与計算をしている方を探すのは難しく、仮に計算を間違えていても、会社（支払う側）・従業員（受け取る側）の双方が気づいていない場合も少なくありません。

●給与計算以外で発見できるミス

給与計算の作業以外で給与計算の間違いを発見できるのは、会計上の勘定科目の「**預り金**」になります。

給与の仕訳（会計処理）をする際、支給する場合には「貸方」の預り金の勘定科目に「補助科目」として所得税、社会保険料、雇用保険、住民税等の金額を入力します。そして、実際に支払いをする際に、それらの勘定科目（補助科目）を借方に入力（相殺）することで、従業員から預かっている金額を管理しています。

よって、社会保険料であれば、貸方、借方が通常きれいに処理（相殺）されて、決算の際にも勘定科目に計上されている金額を把握できますので、一致の確認が可能です。しかし、この時点で間違いに気づいても、期首まで遡って間違いを探すのは非常に困難ですし、手間もかかります。

社会保険料の控除が間違えていても、年金事務所に提出している「算定基礎届」、入社退社時の「資格取得・喪失」等の手続きが適正であれば、納付金額は正しい金額となります。しかし、給与計算からの控除金額が間違っていれば、勘定科目（補助科目）の残高は異なる数値となります。そこで、決算時に決算修正仕訳として、一般的には「雑収入・雑損等」の勘定科目で調整してしまうため、誰も気がつかない状態になっているのです。

Check ☑ 勘定項目（預り金）の調整さえ、されないケースもあります。

2 支給項目と控除項目

給与明細の見方

給与明細にはさまざまな形式のものがありますが、一般的には以下の項目が表示されています。

- **支給項目：基本給、各種諸手当、通勤手当、残業手当など**
- **控除項目：税金関係（所得税、雇用保険料、社会保険料、住民税）や互助会費、旅行積立金など**

給与計算時に使用する項目

支給項目		支給内容	就業規則等の定め	労働基準法の注意事項
固定的賃金	基本給	月給・日給月給制で支給	原則定額支給 ※月給→欠勤控除不可 ※日給月給制→欠勤控除可能	最低賃金（毎年10月更新）に抵触していないかを確認
		日給、時間時間に応じて支給	勤務した日数、時間に応じて支給	
		出来高制で支給	事前に定めた基準に応じて算出した金額を支給	
	諸手当	第３章２項を参照	要件を満たしたときに支給	
変動給	現物給付	通勤定期券、食事（昼食代金）、社宅・スマートフォン等の貸与	支給要件を定める ※支給は金銭のみとは限らない	
	時間外手当	時間外勤務をした場合の手当	法定内、法定外	残業した時間に応じて割増率が異なる
	休日手当	休日に勤務した場合の手当	法定外休日の場合	最低でも定額部分の35%割増が必要
	深夜手当	深夜に勤務した場合の割増手当	23時～翌日5時までに勤務した場合	最低でも定額部分の25%割増が必要

支給項目より控除項目を差し引き、実際に従業員等に支給する差引支給額（現金払い、金融機関振込）が記載されています。

さらに、出勤日、出勤時間、残業時間、休日出勤日数、有給休暇取得日数、有給休暇残日数等も表示されています。

ペーパーレス化が進み、給与明細も紙ベースからPDFによるメールやSNS送信、さらに従業員側がネット上の専用システムにアクセスして、給与明細を確認する方式に切り替える会社も多くなっています。

給与明細書の例

所属：営業部

社員コード：124　　　　2025年1月度　給与明細書　　　帝王グループ株式会社

氏名：本郷　隆一

支給項目	基本給	役職手当	職務手当	営業手当	技能手当	資格手当	歩合給	地域手当	固定残業代	課税通勤手当	非課税通勤手当
	250,000	20,000	25,000	1,500	5,000	10,000	23,000	5,000	50,00		8,500
	住宅手当	家族手当	特別手当	住宅手当	皆勤手当	精皆勤手当	残業手当	深夜残業手当	休日出勤手当	勤怠減額	支給額合計
	5,000	5,000		,000	5,000					▲3,500	422,500
控除項目	健康保険料	厚生年金保険料	雇用保険料	社会保険合計	課税対象金額	所得税	住民税				
	25,476	40,260	2,535	68,271	335,729	11,360	15,000				
	互助会費	旅行積立金									控除合計
	3,000	5,000									102,631
勤怠	勤務日数	勤務時間数	残業時間	深夜残業時間	休日出勤					有給休暇取得	有給休暇残日数
	19	152	5							1	12
支給額											差引支給額
											319,869

就業規則等の規定に基づき歩合給の要件に応じて支給する

残業があっても、なくても定額支給する

非課税、課税の区分に注意

標準報酬月額で金額が決定される

保険料率の変更に注意

毎月はあくまでも概算控除。年末調整により正確に金額になる

特別徴収により給与から控除する

労使協定の締結により控除可能

有給管理簿の作成が必要

働き方改革に基づき年間5日以上の取得が必要

この金額を支給する（直接本人へ現金手渡し、または本人指定の金融機関へ振込）

3 労働時間はどこからどこまで？

労働時間を把握する

給与計算の実務において、労働時間の適正な把握は重要なポイントのひとつです。

一般的な労務管理としては、タイムカードや出勤簿等が導入されています。これらの打刻時間や管理時間が労働時間だと思われがちですが、**実はそうではありません。**

例えば、タイムカードを始業時刻に打刻しても、その後、業務を行わずに私用電話をしている時間や、終業後に同僚と私語をしていて、ある程度時間が経過してから打刻した場合などは労働時間とはいえません。

逆に、就業時間前に業務を行っていた場合や、打刻後に業務を行っていた場合等は、管理システムでは把握できない労働時間が発生していることになります。

労働時間の考え方としては、従業員は指揮命令下に入ったと認められる時点から始業時間となり、指揮命令が終了したと思われる時点が終業時間となります。

また、指揮命令が直接的にない状況であっても、打刻前や打刻後に労働していることについて黙認している場合には労働時間になります。

給与計算時においては、単なるタイムカードのデータのみを信じるのではなく、**実態を把握して労働時間を適正に管理する**必要があります。

●各種労働時間の内容確認

実労働時間を適正に把握するためには、**拘束時間**（実労働時間と休憩時間を合わせた時間）と**休憩時間**を正しく把握する必要があります。

その場合、タイムカード等で出勤、退勤は管理できていても、休憩時間の管理が不十分なケースが散見しています。

また、業種（クリニック、飲食店等）によっては休憩時間が１日の労働日の中で複数ある場合もあります。さらに、同日に複数店舗で勤務する場合（美容院、コンビニエンスストア等）の場合には各店舗での労働時間、休憩時間の管理が複雑化しています。

労働時間の適正な把握

<table>
<tr><td colspan="3">拘束時間</td></tr>
<tr><td colspan="2">実労働時間</td><td rowspan="2">休憩時間</td></tr>
<tr><td>所定労働時間</td><td>残業時間</td></tr>
</table>

労働時間にカウントされる事項として、次の時間も含まれます。正しい労働時間をカウントするためには、知識のアップデートが必要です。

労働時間にカウントされる事例

就業時間前	・工場勤務の作業服やホテル等の制服への着替え ・現場作業系のラジオ体操 ・朝礼、各種ミーティング ・掃除
休憩時間中	・事務所内で待機して電話対応 ・来客があるので、事務所内で待機 ・他の従業員が外出しているため、留守番

このほか、**手待ち時間**も労働時間に含まれます。手待ち時間とは、従業員が業務を行うに際して待機している時間をいいます。例えば、タクシー運転手の顧客待ちや、運送会社の取引先での待機時間です。手待ち時間なのか、休憩時間なのかについても、適正な管理が必要になります。

年間総労働時間を把握しよう

年間休日とは

年間休日とは、会社が就業規則等で定めた１年間の休日の総日数です。具体的には会社によって異なりますが、有給休暇や特別休暇等は年間休日には含まれません。

年間休日は、給与計算にとって非常に重要な意味を持ちます。

給与計算の担当者に「年間休日は何日ですか？」と質問すると、解答できないことも少なくありません。年間休日が不確かだと、所定労働日や所定労働時間（➡第１章３項）の算出ができません。よって、年間の総労働時間の把握もできないため、平均賃金（➡第１章７項）をはじめ、残業、休日、欠勤等も正しく計算することができません。

年間休日を考える場合、１日８時間労働の会社であれば、**週40時間**勤務にするためには「毎週２回」の休日が必要になります。１年は365日÷７日（１週間）＝52週ですので、年間休日は52週×２回＝**104日**となります。これをベースにして、祝祭日、冬季休暇、GW、夏季休暇等の休みを設けているのが一般的です。

- **（例）年間休日を120日とした場合の労働時間**
- **年間総労働時間：（365日－120日）×８時間＝1,960時間**
- **１ヶ月あたりの所定労働時間：1,960時間÷12ヶ月＝163時間**

すべての基本は年間休日になりますので、会社の年間休日を確認して明確にしましょう。

●年間休日カレンダーをつくろう

もし、年間休日カレンダーを会社で作成していないのであれば、作成することをおすすめします。

会社によっては、部署ごと（個人ごと）に年間休日が異なるケースもあります。その場合には、個別に年間休日カレンダーを作成するのが望ましいです。

年間カレンダーの例

会社名：株式会社帝王経営コンサルタンツ

2025年度 年間カレンダー

1 月

日	月	火	水	木	金	土
			1	2	3	4
5	6	7	8	9	10	11
12	13	14	15	16	17	18
19	20	21	22	23	24	25
26	27	28	29	30	31	

12休

2 月

日	月	火	水	木	金	土
						1
2	3	4	5	6	7	8
9	10	11	12	13	14	15
16	17	18	19	20	21	22
23	24	25	26	27	28	

10休

3 月

日	月	火	水	木	金	土
						1
2	3	4	5	6	7	8
9	10	11	12	13	14	15
16	17	18	19	20	21	22
23	24	25	26	27	28	29
30	31					

11休

4 月

日	月	火	水	木	金	土
		1	2	3	4	5
6	7	8	9	10	11	12
13	14	15	16	17	18	19
20	21	22	23	24	25	26
27	28	29	30			

10休

5 月

日	月	火	水	木	金	土
				1	2	3
4	5	6	7	8	9	10
11	12	13	14	15	16	17
18	19	20	21	22	23	24
25	26	27	28	29	30	31

13休

6 月

日	月	火	水	木	金	土
1	2	3	4	5	6	7
8	9	10	11	12	13	14
15	16	17	18	19	20	21
22	23	24	25	26	27	28
29	30					

9休

7 月

日	月	火	水	木	金	土
		1	2	3	4	5
6	7	8	9	10	11	12
13	14	15	16	17	18	19
20	21	22	23	24	25	26
27	28	29	30	31		

9休

8 月

日	月	火	水	木	金	土
					1	2
3	4	5	6	7	8	9
10	11	12	13	14	15	16
17	18	19	20	21	22	23
24	25	26	27	28	29	30
31						

15休

9 月

日	月	火	水	木	金	土
	1	2	3	4	5	6
7	8	9	10	11	12	13
14	15	16	17	18	19	20
21	22	23	24	25	26	27
28	29	30				

10休

10 月

日	月	火	水	木	金	土
			1	2	3	4
5	6	7	8	9	10	11
12	13	14	15	16	17	18
19	20	21	22	23	24	25
26	27	28	29	30	31	

9休

11 月

日	月	火	水	木	金	土
						1
2	3	4	5	6	7	8
9	10	11	12	13	14	15
16	17	18	19	20	21	22
23	24	25	26	27	28	29
30						

12休

12 月

日	月	火	水	木	金	土
	1	2	3	4	5	6
7	8	9	10	11	12	13
14	15	16	17	18	19	20
21	22	23	24	25	26	27
28	29	30	31			

10休

年間休日：130日　年間所定労働日数：235日　年間所定労働時間：1880時間

5 法定休日、所定休日、代休、振替休日

休日の種類

休日にはいくつかの種類がありますが、混同しているケースがよくありますので、ここで整理したいと思います。

●法定休日と所定休日

週休２日、１日８時間、週40時間勤務の一般的な会社の場合、**法定休日**は原則として**週１日のみ**で、**それ以外**の休日は**所定休日**となります。

仮に土曜日と日曜日が休みの場合、どちらかの日が法定休日、それ以外が所定休日となります。

法定休日に出勤した場合には**賃金割増率35％**になります。法定休日、所定休日を適正に把握していないと、間違えた給与計算になります。

法定休日	週１日	出勤した場合は、賃金割増率35％
所定休日	法定休日以外	休日出勤の割増は不要

●代休と振替休日

振替休日とは、あらかじめ「休日」と定められていた日を「労働日」とし、その代わりとして他の「労働日」を「休日」として振り替えることを意味します。したがって、もともとの休日に労働させた日については休日労働とはならず、休日労働に対する割増賃金は発生しません。

一方、**代休**とは、「休日労働」が行われた場合に、その代わりとして以後の労働日を休みとするものです。前もって休日を振り替えたことにはなりません。したがって、休日労働分の割増賃金を支払う必要があります。

一般的なケースとして、代休を振替休日としてカウントして**残業代金が未払い**になっている場合が多いです。振替休日と代休を適正に把握していないと間違えた給与計算になるので注意しましょう。

	決定日（振替日）	休日出勤手当の有無	法定休日の判断
振替休日	事前	なし	ではない
代休	事後	あり	休日労働

あらかじめ振替日を従業員へ通知しているか否かがポイント。

所定労働時間とは

所定労働時間とは、雇用契約書（労働条件通知書）または就業規則等で会社が定めた仕事をする時間（始業から終業までの時間から休憩時間を控除した時間）になり、所定労働日は仕事をする日となります。

なお、総労働時間とは通常の勤務時間だけでなく、時間外労働時間や休日労働時間も合わせた総時間を意味します。

下記に労働時間に関連する用語を掲載しましたので、必要に応じて確認してください。

項目	説明
所定労働時間	労働時間（仕事をした時間）－休憩時間
所定労働日	仕事をすべき日（365日－年間休日）
総労働時間	実際に仕事をした時間（勤務時間＋残業＋休日出勤）
休憩時間	勤務時間6時間以上45分、8時間超60分
年間休日	会社が定める1年間の休日数（法定＋任意）

6

付与ルール、繰越、時効、取得方法

年次有給休暇とは

●年次有給休暇とは

年次有給休暇は、法律で定められた**労働者に与えられた権利**です。他の休暇とは異なり、休んだ日の給与は減額せずに支給されます。

労働基準法では、労働者は、次の要件を満たすことで有給休暇が発生します。付与日数については、右ページ図を参照してください。

- **半年間継続して雇われている**
- **全労働日の８割以上を出勤している**

なお、有給休暇の付与日数は対象者の**所定労働日数**や**勤続年数**により異なります。

●有給休暇の取得方法

有給休暇の取得方法は、原則**１日単位**ですが、例外的に次の方法で取得することができます。

- **①半日単位**：労働者が半日単位での取得を希望、会社が許可した場合。
- **②時間単位**：労働者が時間単位での取得を請求した場合、年に５日を限度で可能（労使協定の定めが必要）。

会社によってルールが異なりますので、確認をしましょう。

有給休暇を取得するときは、通常、会社に申請書等があり、事前に申請します。この場合、有休休暇の取得理由を記載するケースが多いと思われます。しかし、そもそも有給休暇は従業員の心身の疲労を回復させたり、気分転換を図るために**自由に取得**できる制度です。そのため、従業員が有給休暇を取得するための理由を会社側へ伝える必要はありません。

年次有給休暇の付与日数

通常の労働者の付与日数

継続勤務年数（年）	0.5	1.5	2.5	3.5	4.5	5.5	6.5以上
付与日数（日）	10	11	12	14	16	18	20

週所定労働日数が４日以下かつ週所定労働時間が30時間未満の付与日数

	週所定労働日数	１年間の所定労働日数※	継続勤務年数（年）						
			0.5	1.5	2.5	3.5	4.5	5.5	6.5以上
付与日数（日）	4日	169日～216日	7	8	9	10	12	13	15
	3日	121日～168日	5	6	6	8	9	10	11
	2日	73日～120日	3	4	4	5	6	6	7
	1日	48日～72日	1	2	2	2	3	3	3

※週以外の期間によって労働日数が定められている場合

※厚生労働省「リーフレットシリーズ労基法39条：有給休暇」
https://www.mhlw.go.jp/new-info/kobetu/roudou/gyousei/dl/140811-3.pdf

●有給休暇の時効

有給休暇の時効は、**２年**と定められています（2024年11月現在）。通常、勤続６年６ヶ月以上の従業員には１年間に20日付与されるので、有給休暇は２年間で最大40日です。しかし、有給休暇を申請（消化）しなければ、**２年以上経過**した有給休暇**20日分**は消滅することになります。

●不利益取扱いの禁止

会社は、年次有給休暇を取得した労働者に対して、**給与の減額**や**不利益な取扱い**をしてはいけません。有給休暇を取得したことで給与額に影響したり、賞与の査定に際してマイナス要素にすることは禁止されていますので、注意が必要です。

なお、労働者が請求した時季に休暇を与えることが事業の正常な運営を妨げる場合、使用者に**時季変更権**が認められます。

●有給休暇の消化

平成31年4月の働き方改革で、法定の年次有給休暇が10日以上与えられている従業員に対して、会社は年に5日の年次有給休暇を取得（消化）させることが義務化されました。

近年は、特に有給休暇の消化促進が必須です。会社にとっても、以下のようなメリットがあります。

- **従業員が心身をリフレッシュすることにより、生産性の向上が期待できる**
- **有給取得率の向上による企業イメージのアップ（採用コストの削減にもつながる）**
- **退職時の一括有給休暇消化の防止（有給残日数が最大40日あり、一気に消化するケースも多い）**

●年次有給休暇の計画的付与制度

年次有給休暇の付与日数のうち、**5日を除いた残りの日数**については、労使協定を締結することで、計画的に年次有給休暇を消化させることができます。これにより、有給休暇の消化促進を図ることができます。

上記の働き方改革による有給消化の義務を履行する手段のひとつとして、**計画的付与制度**が注目されています。

休暇と休日の違い

休暇と休日は似ていますが、定義が異なります。その違いは、労働義務の有無により区分されます。労働義務がある日に会社を休む場合には休暇、労働義務がない日に会社を休む場合には休日となります。

●法定休暇とそれ以外の休暇

休暇には、**法定休暇**と**法定外休暇**があります。法定休暇は法律で定められている休暇です。法定外休暇とは各会社ごとに定めている任意の休暇で、名称や有給・無給などについては就業規則で定めることになります。

法定休暇、法定外休暇については、下記のような種類があります。

法定休暇（休業）

種類	給与の有無	内容
年次有給休暇	有給	勤務年数、勤務日数に応じて付与される
産前産後休業（産休）	無給	産前42日、産後56日
育児休業（育休）	無給	原則１年（延長で最大２年間）
子の看護休暇（※）	会社の定め	小学校就学の始期に達するまでの子：１年間に５日取得可能（２名以上10日）
生理休暇	会社の定め	症状がひどく、業務に著しく困難な場合に取得可能
介護休暇	会社の定め	半日単位から取得できる休暇制度：１年間に５日取得可能（２名以上10日）
裁判員休暇	会社の定め	国から支給されるお金があるため、無給設定が多い

※９歳に達する日以後の最初の３月31日までの間にある子（小学校第３学年修了前）が対象（2025年４月１日法改正）

法定外休暇（一例）

・夏季休暇（お盆休み）	・誕生日休暇
・冬季休暇（年末年始）	・結婚記念日休暇
・結婚休暇	・私傷病休暇
・忌引休暇	・ボランティア休暇
・リフレッシュ休暇	・ワクチン休暇

※参照：厚生労働省「制度の概要　年次有給休暇とは」
https://www.mhlw.go.jp/seisakunitsuite/bunya/koyou_roudou/roudoukijun/jikan/sokushin/summary/

さまざまな場面で使用する重要な計算方法

平均賃金の計算方法

平均賃金は、給与計算において非常に重要な事項ですが、適正に計算できているケースは稀です。平均賃金が異なれば、給与計算も間違っているということなので、正しい理解が必要です。

平均賃金の計算方法は、労働基準法で「平均賃金を算定すべき事由の発生した日以前**3ヶ月間**にその労働者に対し支払われた賃金の**総額**を、その期間の**総日数**で除した金額」と定められています。

文章にすると少しわかりづらいですが、ポイントは**事由発生日以前の3ヶ月間・賃金総額・総日数**の3点です。

平均賃金を計算するケース

項　目	支給控除理由	支給控除金額	備　考
解雇予告手当	解雇の予告に代えて支払う手当	平均賃金の1日～30日分	
休業手当	会社の責めに帰すべき休業中に支払う手当	休業1日あたり平均賃金の100分の60以上	
欠勤控除	本人都合の欠勤をした場合	欠勤1日あたりの平均賃金	
有給休暇（通常）	年次有給休暇を取得した日に支払う賃金	休暇1日あたり平均賃金相当額	月給者は基本給
有給休暇（時間単位）	時間単位で取得した場合	1時間あたりの平均賃金×取得時間	
災害補償	従業員が業務上負傷し、もしくは疾病にかかり、または死亡した場合の補償	休業1日あたり平均賃金の100分の60（休業補償の場合）	
減給の制裁の限度額	制裁（懲戒処分）として、従業員の賃金を減給する場合の限度額	減給1回の額が平均賃金の1日分の半額を超えてはならない	

平均賃金の算出方法

$$\text{平均賃金} = \frac{\text{算定事由発生前3ヶ月間の賃金の総額}}{\text{当該3ヶ月間の総歴日数}}$$

●平均賃金の計算方法の基本

平均賃金の総額には、含める金額と含めない金額があります。まずは支給されている金額の内訳を確認しましょう。

次に、対象者によって3ヶ月間の期間が異なるため、月給者なのか、それ以外の者なのかを把握する必要があります。

●最低保障金額に注意

賃金の全部または一部が、日給・時間給・出来高払い制、その他の請負制によって支払われる場合は、最低保障額の計算を行い、原則通り計算した額と最低保障額とを比較し、いずれか高い額が平均賃金となります。

また、平均賃金は、次の計算式で算出した金額を**下回ってはいけません。**

- **賃金が、労働した日もしくは時間によって算定され、または出来高払制その他の請負制によって定められた場合においては、賃金の総額をその期間中に労働した日数で除した金額の100分の60**
- **賃金の一部が、月、週、その他一定の期間によって定められた場合においては、その部分の総額をその期間の総日数で除した金額と前号の金額の合算額をもって平均賃金を算定する**

●3ヶ月の対象期間とは

通常の月給制の場合（賃金に締日・支払日がある場合）には、算定事由発生日の直前の賃金の締切日から遡った3ヶ月間が算定期間となります。

勤務実績が3ヶ月未満の場合

算定事由の発生した日以前に3ヶ月間の期間がない場合には、雇入れ後の期間と、その期間中の賃金によって平均賃金を算定します。

8

課税・非課税と社会保険の取扱い

通勤手当とは

通勤手当の支給は、労働基準法で強制されているわけではありません。就業規則や雇用契約書等に定めた場合に、支給する義務が生じます。実際には、福利厚生的な要素で会社から支給されているケースが多いです。

Check
☑ 通勤手当を支給する場合には、会社によって全額負担している場合もあれば、毎月上限5,000円、１万円などと上限額を設けている場合もあります。

●通勤手当の課税と非課税

給与計算において、通勤手当の入力時に注意しなければならないのは、**通勤手当がkm数に応じて「課税・非課税」に区分される**点です。

非課税限度額を超えた場合には課税されるので注意が必要です。また、社会保険料にも影響するので、あわせて内容を確認してください。

Check
☑ 課税部分を気にせず非課税入力しているケースも多いので、要注意。

通勤手当は一定の金額までなら非課税となりますので、所得税や住民税は発生しませんが、社会保険料を算出する際には、非課税であっても**通勤手当を含めて計算**する必要があります。

通勤手当と交通費

「通勤手当」と「交通費」は全く異なる性質のものです。

「通勤手当」には原則自宅から会社までの通勤費用のみしか含まれませんが、「交通費」には業務上のあらゆる移動が含まれます。交通費は単なる経費精算なので、給与には含まれません。

通勤手当は支給の定義が非常に重要で、給与計算にも大きく影響します。例えば、通勤手当の設定や日割計算では入社時、退職時、休業中、有給取得日、在宅勤務日（テレワーク）などがあります。支給するか、しないかを判断し、支給する場合には計算方法等を事前に就業規則等に定めておくことが重要です。日割計算の算出方法は、下記の通り**出勤日ベース**と**暦日ベース**があり、結果が異なります。こちらも事前に定めておく必要があります。

CASE：通勤手当の日割計算

土日祝祭日休日、月額8000円の通勤手当
※有給休暇５日取得
2025年12月

日	月	火	水	木	金	土
	1	2	3	4	5	6
7	8	9	10	11	12	13
14	15	16	17	18	19	20
21	22	23	24	25	26	27
28	29	30	31			

■→休日　■→有給

計算方法
※会社の基準が出勤日と暦日では結果が異なる

	使用日数		日割計算		備考
	分母	分子	あり	なし	
出勤日	19	5	5,894	0	
暦日	31	5	6,709	0	

・通勤手当について「実際出勤した日に対してのみ支給する」➡有給日：支給なし
・通勤手当について「実際出勤した日に対してのみ支給する」➡有給日：日割計算

出勤日ベース→8,000円×（19－5）÷19日＝支給金額5,894円
暦日ベース→8,000円×（31－5）÷31日＝支給金額6,709円

※参照：国税庁「通勤手当の非課税限度額の引上げについて」
https://www.nta.go.jp/users/gensen/tsukin/index2.htm

9

労災保険の定義

労災保険のしくみ

労災保険は、従業員が仕事(業務)や通勤が原因で負傷した場合や病気になった場合、亡くなった場合に、被災した従業員、ご遺族を保護するための給付等を行う制度になります。

労災保険の保険料は**全額会社が負担**することになりますので、給与計算には関係ありません。しかし原則、**毎年７月10日**に**労働保険**（➡第７章４項）の申告をする際に、給与データをもとに保険料率を乗じて計算します（巻末付録P.299「労災保険料率表」を参照)。

従業員からの預り金＋会社負担額で納付することになります。

労働保険＝労災保険＋雇用保険

会社が公的に加入する保険は労災保険、雇用保険、社会保険です。このうち、労災保険と雇用保険を合わせて労働保険といいます。労働保険という保険があるわけではありません。

給与計算ソフトを導入している場合には、労働保険の申告をする集計表(ソフトにより形式は異なる) の印刷などの機能があるケースが多いです。その場合には、労災保険の「対象者」である従業員等にはチェックを入れて設定しておく必要があります。

このチェックを間違えると、給与計算には影響はありませんが（労災保険は控除しないため)、**労働保険の申告に影響が生じてきます。**

例えば、役員（原則、労災保険未加入）に対してチェックをして、労災保険の対象者にしていれば、本来集計しない金額が集計され、労働保険の申告が異なることになります。

労災保険は従業員として支給する場合（原則、役員以外）はパート、アルバイト、短期アルバイト（仮に1分であっても）も対象となりますので、対象者のチェックを入れる際には注意しましょう。

給与計算と各種保険の手続き

給与計算と各種保険の手続きは密接な連動が必要です。労災保険は自動的に加入するので手続きは不要ですが、重要なのは雇用保険、社会保険です。

正社員であれば原則、両方加入手続きをすることになりますが、労働時間の短いパート・アルバイトについては、週の労働時間等が加入ポイントになります。その場合、順番としては雇用保険の加入確認の次に、社会保険の加入確認となります。雇用保険のほうが加入条件の週の労働時間が短いからです。よって、加入の順番的には労災保険、雇用保険、社会保険となります。

※加入条件は法改正が頻繁に行われており、会社の人数によって社会保険の加入条件も異なってきますので、自社の会社規模や法改正のタイミングに注意が必要です。

<table>
<tr><th colspan="3">名　称</th><th>手続き</th><th>適用要件</th></tr>
<tr><td rowspan="5">社会保険（広義）</td><td rowspan="2">労働保険</td><td>労災保険</td><td>自動的に加入（手続不要）</td><td>1秒以上勤務</td></tr>
<tr><td>雇用保険</td><td>ハローワークで手続き</td><td>週20時間以上勤務</td></tr>
<tr><td rowspan="3">社会保険（狭義）</td><td>健康保険</td><td rowspan="3">年金事務所</td><td rowspan="3">原則：週30時間以上勤務
※会社の規模および法改正により加入条件は異なる</td></tr>
<tr><td>介護保険（40歳以上）</td></tr>
<tr><td>厚生年金保険</td></tr>
</table>

●CASE：労災保険で休業する場合の平均賃金の計算

従業員が労働災害（通勤災害・業務災害）で休業した場合、休業している期間については仕事をしていないことになるので、原則、**減給（欠勤扱い）**になります（➡第１章９項を参照）。

ただし、休業開始の最初の３日間については、会社が休業補償をすることになり、減給はできません。

算定事由の発生した日以前に３ヶ月間の期間がない場合には、雇入れ後の期間と、その期間中の賃金によって平均賃金を算定します。

従業員が労災により休業する場合には、休業補償給付等の労災保険給付の請求を労働基準監督へ申請することになります。

Check

☑ 休業４日未満の労働災害については、労災保険によってではなく、使用者（会社）が労働者に対し、休業補償を行わなければならないことになっています（強制）。有給を会社側より消化させることはNGですが、本人が希望する場合には、有給取得が可能です。

待機期間の休業補償の違い

	対象期間	待機期間	休業補償		休業期間中
			業務災害	通勤災害	
労災保険	治療終了日（症状固定日）	3日	業務災害の場合には休業補償60％（1日の平均賃金の60％）	なし（有給消化または欠勤）	欠勤控除
傷病手当金（➡第４章２項）	1年6ヶ月	3日（連続）	なし（有給消化または欠勤）		欠勤控除

※症状固定日＝これ以上治療を継続しても改善の余地が期待できない状態
※労災保険は会社の補償責任はない（休業補償なし）

CASE：労災保険の休業補償給付の請求

4月8日に労災事故が発生。4月8日、4月9日、4月10日の3日間、会社が休業補償を実施。休業4日目から労災保険の休業補償給付を請求する。

なお、通勤手当は就業規則により出勤の有無にかかわらず支給されると明記されているため、休業中であっても通勤手当は支給される。

- 4月の所定労働日数：21日
- 4月の欠勤控除345,000円×18日/21日＝295,714円

単位：円

項　目	4月	5月	6月	7月	8月	9月	10月	11月	12月	合　計
基本給	280,000	280,000	280,000	280,000	280,000	280,000	280,000	280,000	280,000	2,520,000
役職手当	20,000	20,000	20,000	20,000	20,000	20,000	20,000	20,000	20,000	180,000
職務手当	15,000	15,000	15,000	15,000	15,000	15,000	15,000	15,000	15,000	135,000
固定残業代	30,000	30,000	30,000	30,000	30,000	30,000	30,000	30,000	30,000	270,000
通勤手当	20,000	20,000	20,000	20,000	20,000	20,000	20,000	20,000	20,000	180,000
総支給額	365,000	365,000	365,000	365,000	365,000	365,000	365,000	365,000	365,000	3,285,000
欠勤控除	295,714	345,000	345,000	345,000	345,000	345,000	345,000	345,000	345,000	3,055,714
所得税	0	0	0	0	0	0	0	0	0	0
雇用保険料	0	0	0	0	0	0	0	0	0	0
健康保険料	19,686	19,686	19,686	19,686	19,686	19,686	19,686	19,686	19,686	177,174
厚生年金保険料	31,110	31,110	31,110	31,110	31,110	31,110	31,110	31,110	31,110	279,990
住民税	9,800	9,800	12,000	12,000	12,000	12,000	12,000	12,000	12,000	103,600
控除合計	356,310	405,596	407,796	407,796	407,796	407,796	407,796	407,796	407,796	3,616,478
差引支給額	8,690	▲40,596	▲42,796	▲42,796	▲42,796	▲42,796	▲42,796	▲42,796	▲42,796	▲331,478

※差引支給額の金額がマイナスになっている月については、毎月本人より徴収する。または、復帰後に精算する。

10 雇用保険の定義

雇用保険のしくみ

雇用保険は、政府が管掌する**強制保険制度**です。

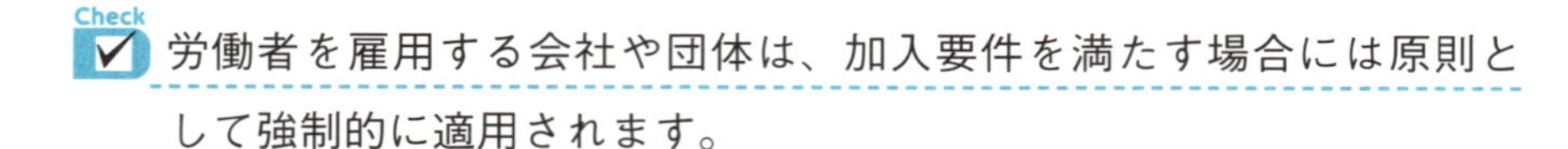

Check 労働者を雇用する会社や団体は、加入要件を満たす場合には原則として強制的に適用されます。

- **労働者が失業した場合**
- **労働者が自ら職業に関する教育訓練を受けた場合**
- **労働者が子を養育するための休業をした場合**

に、生活や雇用の安定、就職の促進のために失業等給付や育児休業給付を支給し、さらに失業の予防、雇用状態の是正や雇用機会の増大、労働者の能力の開発などをするための給付等を行います。

雇用保険は、**会社・労働者双方が負担割合に応じて負担**することになるので、給与計算に影響します。

Check 労災保険（➡第１章９項）とは異なります。

労災保険同様、雇用保険も原則、**毎年７月10日に労働保険の申告**をする際に、給与データをもとに保険料率を乗じて計算します。

給与計算ソフトを導入している場合には、雇用保険の「対象者」である従業員等にはチェックを入れて設定します。

このチェックを間違えると、毎月の給与計算や労働保険の申告に影響が生じてきます。

●雇用保険の対象者（加入要件）

雇用保険の適用範囲を理解していないと、加入手続きのみならず、給与計算にも影響してくるので、注意が必要です。

次の①と②の**いずれにも該当**する場合には、雇用保険の被保険者となります。

①31日以上、引き続き雇用されることが見込まれる者であること

- 期間の定めがなく雇用される場合
- 雇用期間が31日以上である場合
- 雇用契約に更新規定があり、31日未満での雇止めの明示がない場合
- 雇用契約に更新規定はないが、同様の雇用契約により雇用された労働者が31日以上雇用された場合

②1週間の所定労働時間が20時間以上であること

●パート・アルバイトも対象者

①②に該当すれば、**雇用される名称（正社員、契約社員、パート、アルバイトなど）には関係なく**、雇用保険が適用されます。

また、平成29年1月1日より雇用保険の適用範囲が拡大され、**65歳以上**の方も雇用保険の適用対象となっています。

Check 平成29年より前は対象外でした。知識が古い場合にはアップデートしましょう！

●雇用保険の対象外となる人

代表取締役、役員については原則、雇用保険の加入対象外です。

Check 兼務役員（取締役経理部長等）の場合には、従業員部分について雇用保険に加入するケースもあるので、注意してください。

●雇用保険の手続き（入社時または加入要件を後から満たした場合）

従業員が入社した場合、または週の労働時間が20時間未満の従業員が20時間以上の勤務になったら、事業主は必ず**「雇用保険被保険者資格取得届」**を事業所の所在地を管轄する**公共職業安定所（ハローワーク）**に、**被保険者となった日の属する月の翌月10日まで**に提出または電子申請します。

入社時、算定（９月改定）、随時改定

社会保険料のしくみ

社会保険とは大きく区分すると、次の通りです。

広義	社会保険・健康保険・厚生年金保険・介護保険・労災保険・雇用保険
狭義	健康保険・厚生年金保険・介護保険

ここでは、狭義の社会保険として、**健康保険・厚生年金保険・介護保険**について説明します。

項目	内　容	保険料率の更新	管轄
健康保険	加入要件を満たしている従業員等およびその扶養の人が病気・怪我等で医療機関を受診した際に、原則**3割負担**で治療を受けることができる	健康保険料率は都道府県支部ごとに異なる。年に数回、各支部ごとに健康保険料率が変更される場合がある	全国健康保険協会（けんぽ協会）など
厚生年金保険	会社員等が加入する年金制度。加入要件を満たしている従業員等について、給与から標準報酬月額に基づいた保険料を控除する。加入すると、納めた保険料の総額に応じて原則**65歳から「老齢厚生年金」**として受給することができる	全国一律で厚生年金保険料率18.3％に固定されている（2017年9月に保険料率の引き上げが終了）	厚生労働省
介護保険	日本国内に住んでいる人が、**40歳**になると自動的に被保険者になる制度（強制加入）。社会保険に加入している場合には、40歳になった時点から給与計算で健康保険料と一緒に控除する。**65歳以上**の年金受給者になると、介護保険料は健康保険とは切り離され、原則として年金から天引きになるため、給与計算では対象外（控除しない）となる	年度により全国一律の介護保険料率が変更になる場合がある	全国健康保険協会（けんぽ協会）など

社会保険の加入義務

会社は**強制適用事業所**と**任意適用事業所**、どちらかに分類されます。

	特徴	対象
強制適用事業所	・加入が義務付けられている事業所 ・法人であれば原則、事業の種類を問わず社会保険の強制適用事業所となる	・一定の事業所（法定16業種）において常時５人以上の従業員がいれば強制加入となる
任意適用事業所	・社会保険への加入の強制がない事業所または個人事業主（常時５人以上雇用している場合を除く）	・個人事業主で従業員が５人未満の場合 ・社会保険への加入の例外とされているサービス業（旅館、飲食、美容院、ネイルサロン、整体リラクゼーション等）の個人事業主（従業員人数は関係ない）

被保険者の注意事項

社会保険の加入は正社員のみではありません。契約社員、パート、アルバイト等の名称に関係なく、要件を満たしている場合には強制加入となります。

Check ☑ 通常の労働者の４分の３以上の従業員が、１週間の所定労働時間および１ヶ月の所定労働日数が同じ事業所の従業員（同様の業務に従事している）も対象となります。

標準報酬月額の決定方法

標準報酬月額とは、社会保険料の計算の基礎となるものです。給与等の月額を一定の範囲ごとに区分した金額（健康保険料、厚生年金保険料ごとにそれぞれ等級が設定されている）になります。

健康保険料については、都道府県ごとの保険料額表をもとに決定します（➡巻末付録p.297を参照）。主に以下のタイミングで行います。

- **入社時の手続き金額**……従業員の入社時点、役員の就任時点で合理的に見積もった「１ヶ月あたりの給与・役員報酬の支給見込額」とします。
- **定時決定（算定基礎届）**……毎年７月１日現在で雇用している全被保険

者（従業員および役員等）の３ヶ月間（支払いベースで４月、５月、６月）の報酬月額を算定基礎届で提出。これにより新しい標準報酬月額が**９月から**決定されます。

Check ☑ 社会保険料の控除している月により異なりますが、一般的な会社の場合には翌月控除が多いので要注意。その場合、変更になった９月分の社会保険料は、実際には10月支給の給与から控除が開始されます。

Check ☑ 標準報酬月額は、９月から翌年８月までの各月に適用されます（詳しくは申告業務（➡第７章５項）を参照）。

▶ 随時改定（月額変更届）

被保険者の報酬が、昇（降）給等の「固定的賃金の変動」に伴って大幅に変わったときは、月額変更届を提出します。

次の３つの条件を**すべて満たす場合**、手続きを行います。

①昇給または降給等により固定的賃金に変動があった

②変動月からの３ヶ月間に支給された報酬（残業手当等の非固定的賃金を含む）の平均月額に該当する「標準報酬月額」と従来の「標準報酬月額」との間に２等級以上の差が生じた

③３ヶ月とも支払基礎日数が原則17日以上である

随時改定の対象月の翌月分より標準報酬月額の改定が行われます。

Check ☑ 固定的賃金が１円も変動していない場合には、総支給額が仮に２等級以上変動し、３ヶ月以上継続されていても随時改定の対象とはなりません。

● ２ヶ所以上の会社から報酬を得ている場合

報酬を２つ以上の会社（社会保険加入の会社）から得ている従業員または役員等の場合は、主たる会社を選択して、「健康保険・厚生年金保険 被保険者所属選択・二以上事業所勤務届」の手続きを行います。

それぞれの会社の報酬月額を合算し、月額により標準報酬月額が決定されます。保険料は、それぞれの会社に按分された通知が年金事務所（事務センター）から郵送されます。

この通知が、実務上は給与計算に間に合わないケースが多いため、遡って計算して、直近の給与計算でイレギュラーに入力することになります。給与計算ソフトの場合には、通常の設定とは異なるので注意が必要です。

●年金事務所の定期調査

年金事務所の定期調査は随時実施されています。目的は次の通りです。

- **未加入者の洗い出し（加入促進）**
- **標準報酬月額の確認（正しい金額への訂正）**
- **月額変更届が適正に手続きがなされているか確認（月額変更届の提出）**

要件に該当する従業員が加入していない場合には、遡って加入手続きが必要になるケースもあります。

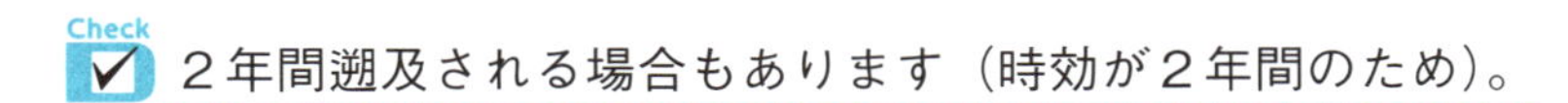

Check ２年間遡及される場合もあります（時効が２年間のため）。

適正に加入手続きを実施していないと、後から多額の社会保険料が発生するケースもありますので注意しましょう。

※参照：日本年金機構「適用事業所と被保険者」
https://www.nenkin.go.jp/service/kounen/tekiyo/jigyosho/20150518.html

12

所得税が異なる

扶養家族の考え方

扶養制度とは、自身の稼ぎで生計を立てられない家族や親族に対して、経済的な援助を行い、養う制度です。

最も注意すべきなのは、扶養には①**所得税上の扶養**と②**社会保険上の扶養**の２種類が存在するという点です。所得税上の扶養と社会保険上の扶養を混同してしまうと、給与計算（年末調整）により所得税の金額が異なる場合があるので、注意しましょう。

それぞれの扶養には細かい要件があります（詳細は右ページ図を参照）。社会保険の手続きで扶養として健康保険証が発行された人であっても、所得税上の扶養とは限らないということを認識して計算をしましょう。

●扶養の人数を適正に把握しよう

給与計算においては、扶養の状況を適正に把握することが重要です。その理由は、**所得税の計算が扶養の人数に応じて異なる**制度だからです。

所得税は、毎月の給与計算時、「**給与所得者の扶養控除（異動）申告書**」（➡巻末付録P.296）で扶養の人数を把握して計算します。

給与計算ソフトを使用している場合には、扶養の登録を実施します。手計算で実施している場合には、「源泉徴収税額表」（➡巻末付録P.295）に基づき、その月の「社会保険料等控除後の給与等の金額」と「扶養親族等の数」が交差する部分で定められた所得税額を控除します（所得税の区分の甲乙丙のうち、甲の場合）。

扶養の人数を適正に把握しない場合、所得税には大きな影響を与えますが、社会保険上の扶養は、基本的には影響しません（けんぽ協会の場合、扶養の人数に応じて保険料が変動しないため）。

扶養家族に変動があった場合

項　目	影響の有無	備　考
所得税	有	すぐに影響
社会保険料	無	社会保険の手続きが必要
雇用保険	無	影響しない
労災保険	無	影響しない
住民税	無（当年度）	翌年度影響

所得税

変動理由	増　減	増減をしないで年末調整で精算された場合
扶養人数増加	所得税減少	還付金額が多くなる
扶養人数減少	所得税増額	徴収金額が多くなる

次ページに「所得税上の扶養」と「社会保険上の扶養」について図にまとめましたので、参考にしてください。

※参照：国税庁「令和６年源泉徴収税額表」
https://www.nta.go.jp/publication/pamph/gensen/zeigakuhyo2023/data/all.pdf
国税庁「扶養控除」
https://www.nta.go.jp/taxes/shiraberu/taxanswer/shotoku/1180.htm
国税庁「給与所得者の扶養控除（異動）申告書」
https://www.nta.go.jp/taxes/tetsuzuki/shinsei/annai/gensen/pdf/2024bun_01.pdf

①所得税上の扶養

扶養控除の金額

単位：円

区　　分		控除額
一般の扶養親族		380,000
特定扶養親族		630,000
老人扶養親族	同居老親等以外	480,000
	同居老親等	580,000

※控除額は、扶養親族の年齢、同居の有無等により異なる

扶養親族に該当する人の範囲

(1) 配偶者以外の親族（6親等内の血族および3親等内の姻族）、または都道府県知事から養育を委託された児童（いわゆる里子）や市町村長から養護を委託された老人であること。

(2) 納税者と生計を一にしていること。

(3) 年間の合計所得金額が48万円以下（2019年分以前は38万円以下）であること。（給与のみの場合は給与収入が103万円以下）

(4) 青色申告者の事業専従者としてその年を通じて一度も給与の支払いを受けていないこと、または白色申告者の事業専従者でないこと。

扶養親族とは、その年の12月31日の現況で、上記4つの要件の**すべてに該当**する者
※納税者が年の中途で死亡し、または出国する場合は、その死亡または出国の時

控除対象扶養親族に該当する人の範囲

原則：扶養親族のうち、その年12月31日現在の年齢が**16歳以上**の者
例外：2023年分以後の所得税においては、**非居住者である扶養親族**については、下記の**いずれかに該当**する者に限り、控除対象扶養親族に該当する。

(1) その年12月31日現在の年齢が16歳以上30歳未満の人

(2) その年12月31日現在の年齢が70歳以上の人

(3) その年12月31日現在の年齢が30歳以上70歳未満の人であって、次に掲げる**いずれかに該当する**人
・留学により国内に住所および居所を有しなくなった人
・障害者である人
・納税者からその年において生活費または教育費に充てるための支払いを38万円以上受けている人

②社会保険上の扶養

収入要件

被保険者との関係（同居・別居）	扶養に入れる要件（いずれも満たしている場合）
同一世帯に属している	・年間収入130万円未満
	・扶養者の年間収入の2分の1未満
同一世帯に属していない	・年間収入130万円未満
	・扶養者からの仕送り（援助額）未満

同一世帯の条件

被保険者と同居している必要がない者	・配偶者
	・子、孫および兄弟姉妹
	・父母、祖父母などの直系尊属
被保険者と同居していることが必要な者	・上記以外の3親等内の親族（伯叔父母、甥姪とその配偶者など）
	・内縁関係の配偶者の父母および子（配偶者の死後、引き続き同居する場合を含む）

扶養のタイミング

扶養に入る例	扶養から外れる例
・子供が生まれた ・結婚した（扶養の要件を満たす場合） ・扶養対象者の失業給付の受給が終了した ・扶養対象者が離職（失業給付なし）	・被扶養者が就職する ・被扶養者の年間収入が130万円を超過する ※60歳以上、障害者の場合は年間収入180万円以上 ・被扶養者が75歳以上（後期高齢者制度へ） ・被扶養者が失業給付を受給する ・婚姻等により他の被保険者に扶養される ・離婚した場合

●扶養控除等申告書とは

「給与所得者の扶養控除等（異動）申告書」は給与の支払いを受ける人（給与所得者）が、その給与について扶養控除などの諸控除を受けるために行う手続きです。

Check ☑ 「給与所得者の扶養控除等（異動）申告書」は、「個人住民税」の給与所得者の扶養親族申告書と統合した様式です。

●提出時期

- **入社時**……その年の最初に給与の支払いを受ける日の前日（中途就職の場合には、就職後最初の給与の支払いを受ける日の前日）までに提出。
- **年の途中**……当初提出した申告書の記載内容に**異動があった場合（変更があった場合）**には、その異動の日後、最初に給与の支払いを受ける日の前日までに異動の内容等を記載した申告書を提出。
- **年末調整**……「非居住者」である親族に係る扶養控除または「障害者控除」の適用を受ける場合には、その年最後に給与の支払いを受ける日の前日までに、その親族と生計を一にする事実を記載したうえで提出。

日本国内において給与の支給を受ける居住者は、源泉控除対象配偶者や扶養親族の有無にかかわらず、原則としてこの申告を行う必要があります。

この申告を行わない場合は、月々（日々）の源泉徴収の際に受けることのできる諸控除が受けられず、また年末調整も行われないことになります。

Check ☑ ２以上の給与の支払者（会社）から給与の支払いを受ける場合（副業・フリーター等）には、そのいずれか一の給与の支払者に対して**のみ**提出することができます。

●税率の区分

所得税の区分は源泉徴収税額表に基づき決定されますが、区分には甲乙丙の欄があります。

所得税の計算時に甲欄、乙欄どちらで計算するかは、「給与所得者の扶養控除等（異動）申告書」の提出により決定されます。提出済みの場合には甲欄、未提出の場合には乙欄になります。

甲欄は税率が低く、乙欄は税率が高いです。

●２つ以上の会社で勤務するケースのありがちなミス

近年は副業も浸透してきて、２つ以上の会社で勤務するケースも多くなってきました。給与計算する際に「扶養控除等（異動）申告書」の提出（回収）を確認してから給与計算を実施しておかないと、**給与から控除する所得税が徴収不足**になり、後から税務調査等で発覚した場合に**所得税の脱税**となる可能性があります。

未回収の場合（提出漏れや他の会社に提出している場合）は乙になるため、甲で控除していると所得税の控除額が不足することになります。

通常は用紙を気にせず甲欄で給与計算をしていると思いますが、「扶養控除等（異動）申告書」は、実は非常に重要な申告書になります。

●複数の法人から報酬を受けているケース

複数の法人から報酬を受けている従業員についても注意が必要です。

「扶養控除等（異動）申告書」を提出できるのは**１社のみ**です。よって、**未提出の会社はすべて税率の高い乙欄**で計算され、確定申告で所得税を精算（正しい所得税の計算）することになります。

※参照：国税庁「令和６年分　給与所得者の扶養控除等（異動）申告書」
https://www.nta.go.jp/taxes/tetsuzuki/shinsei/annai/gensen/pdf/2024bun_01.pdf

源泉所得税の納付方法など

13 所得税制度とは

所得税制度とは、毎月の給与から所得税を控除（源泉徴収）して、原則**翌月10日**に納付する制度です。

特例として、半年分を一括（年２回）して納入する方法もあります。

個人とは異なり、従業員および役員等は所得税を自分で計算して納付するのではなく、給与所得者（従業員および役員等）の所得税は、会社が給与から控除して従業員等の代わりに納付することになります。

所得税を給与などから控除（天引き）して、給与所得者（従業員および役員等）の代わりに納付するしくみを**源泉徴収**といいます。また、源泉徴収された所得税を**源泉所得税**といいます（源泉所得税は給与だけではなく、賞与や退職金でも発生する場合もあります）。

●納期の特例制度

給与の支給人員が**常時10人未満**の会社が、源泉所得税の納期の特例の承認に関する申請を税務署に提出して認められた場合に適用されます。

- **１月から６月分までに源泉徴収した所得税等 → 納付日：７月10日**
- **７月から12月までに源泉徴収した所得税等 → 納付日：翌年１月20日**

復興特別所得税とは

東日本大震災の復興に必要な財源の確保に関する特別措置法に基づいて、2013年から2037年まで課されることとなった税金です。

・復興特別所得税の額＝支払金額等×合計税率（所得税率×102.1％）

●月々の源泉徴収

毎月の給与や賞与から源泉徴収される所得税および復興特別所得税の額は、「**給与所得の源泉徴収税額表**」（➡巻末付録P.295）により計算します。

Check 扶養の人数等により所得税額は変動します。

源泉徴収税額表とは

給与所得の源泉徴収税額表とは、会社が従業員および役員等へ給与・賞与を支給した場合に、控除する所得税額を求めるための表です。

●給与所得の金額の計算

給与の収入金額から給与所得控除額を差し引いて給与所得の金額を算出します。給与金額が高額になるに従い、所得税等が高額になります。

給与所得控除額（2024年分）

収入金額	給与所得控除額
1,625,000円まで	550,000円
1,625,001円から1,800,000円まで	年収×40%－100,000円
1,800,001円から3,600,000円まで	年収×30%＋80,000円
3,600,001円から6,600,000円まで	年収×20%＋440,000円
6,600,001円から8,500,000円まで	年収×10%＋1,100,000円
8,500,001円以上	1,950,000円

※参照：国税庁「給与所得者と税：給与やボーナスに対する所得税及び復興特別所得税」
https://www.nta.go.jp/publication/pamph/koho/kurashi/html/02_1.htm

特別徴収、普通徴収、納付書

住民税制度とは

給与計算を行う際には、**住民税制度**の理解は必須です。

住民税の徴収方法には、**普通徴収**と**特別徴収**の２種類があります。給与計算に関係するのは特別徴収です。

- **普通徴収**……住民税は、**前年度の所得**に応じ課税されます。住民税を納税者が自ら納付する方法を「普通徴収」といいます。納付方法は６月、８月、10月、１月の**年４回**で、特別徴収と比べて１回あたりに支払う納税金額が大きくなります。
- **特別徴収**……特別徴収とは、納税義務者（従業員）以外の者（給与の支払いをする会社など）が、納税義務者（従業員）から住民税を徴収（給与より控除）して、それを**納税義務者（従業員）の代わりに納める**方法をいいます。

具体的には、特別徴収税額通知が従業員の住む各市区町村より会社に送付され、会社がその従業員の住民税を給与から天引きして従業員の住む各市区町村に納めることになります。

給与支払報告書を会社から従業員の住む各市区町村へ毎年１月末までに郵送し、住民税が計算されます。毎年６月分から翌年５月分までの住民税の支払通知が会社に郵送されてきます。

●納付時期と納付方法

特別徴収では、給与天引きした住民税を**翌月10日まで**に納付します。

Check ✔ 特例として、特別徴収する従業員が常時10人未満の会社に限り、各市区町村長に対して申請すれば、12月10日（6月〜11月分）、6月10日（12月〜5月分）の2回の納付に変更することが可能です。

特別徴収した住民税の納付方法は複数あります。導入しているシステムやネットバンキング等により、会社側が選択できます。

主な納付方法は、次の通りです。

- **納入書による納付（特別徴収税額通知書と一緒に郵送される）**
- **e-Taxの地方税共通納税システム**
- **銀行のオンライン**

●切替手続き

入社時・退職時には、普通徴収・特別徴収への切替手続きがあります。

- **入社時の場合には、普通徴収から特別徴収への切替**
- **退職時の場合には、特別徴収から普通徴収への切替**

●特別徴収退職時一括徴収

特別徴収の対象者である従業員が退職する場合、**最終給与**で一括徴収を行う必要があるかを確認し、必要であれば徴収を実施しなければなりません。

- **一括徴収が必要な場合**……1月1日〜4月30日までの退職の場合で、対象従業員から特別徴収の継続希望がないとき
- **一括徴収が不要な場合**……転職先が決定しており、転職先で特別徴収をすることが決まっている場合のみ

このように、住民税の控除は複雑化しており、さらに入社・退職が発生した場合には状況の確認や手続きが発生します。

退職後に住民税の控除不足、逆に多く控除していたということが後から発覚したり、入社してきた従業員の住民税が普通徴収のままで特別徴収に切り替えておらず、従業員は特別徴収だと思って住民税を処理せず、遅延金が発生するケース等があります。

●森林環境税とは

森林環境税とは、2024年度から国内に住所のある個人に対して課税される**国税**です。市町村において、個人住民税均等割とあわせて**1人あたり年額1,000円**が徴収されます。

Check ☑ その税収の全額が、国によって森林環境譲与税として都道府県・市町村へ譲与されます。

※参照：総務省「森林環境税及び森林環境譲与税」
https://www.soumu.go.jp/main_sosiki/jichi_zeisei/czaisei/czaisei_seido/150790_18.html

●定額減税とは

2024年度税制改正に伴い、2024年分所得税について定額による所得税額の特別控除（**定額減税**）が実施されることとなりました。

Check ☑ 2024年６月から実施される定額減税については、年収が2,000万円、所得が1,805万円を超える人は対象外となりました。

今回の定額減税では、１人あたり年間で**所得税が３万円、住民税が１万円**減税されます。納税者本人だけでなく、扶養している子ども、年収103万円以下の親族らも減税の対象となります。

扶養家族も含めて１人あたり４万円が減税されるため、子ども等扶養家族が多い人は年間の納税額から減税額すべてを差し引けないというケースが想定されます。また、単身者でも年収が低く年間の納税額が４万円に満たない場合もあります。

政府は、こうしたケースの減税しきれない分を給付で補うことにしています。給付は事務負担を軽減するため、１万円単位で行われます。例えば、減税しきれない額が１万5,000円となる場合、給付額は２万円となります。

増税・減税に関する最新知識を確認しよう

2024年は、住民税（特別徴収）に大きく影響することが２つありました。そのひとつが、本項でお伝えした森林環境税（市区町村により名称が異なります）が従来の住民税に加算（増税）されたことです。給与から控除する住民税は各市区町村より例年は5月頃に会社に郵送されてきて、毎月指定された金額で処理を実施するため、森林環境税が住民税として給与から控除されていることに気がついている従業員および役員等はごく少数だと思われます。

もうひとつは、ニュースでも話題になった定額減税の実施です。定額減税は2024年度が対象となっていますが、2025年度についても一部の人は対象になるといわれています。

このように、給与計算に影響する法律や制度が突然発生するケースもありますので、そうした増税・減税が実施される際には、給与計算担当者として必ず要件を確認・理解するようにしましょう。また、給与計算ソフトを導入している場合にはアップデートが必須です。

※参照：国税庁「定額減税について」
https://www.nta.go.jp/users/gensen/teigakugenzei/01.htm

第2章

最低限知っておきたい法律・制度

法律に抵触してはいけない

労働基準法の基礎知識

正しい給与計算を実施するためには、労働基準法等の知識を適正に身につけ、法律を遵守することが求められます。

労働基準法は最低基準なので、この法律のラインを下回ることは違法です。しかし、それ以上のことを実施することは何ら問題ありません（例：有給休暇の日数を多く付与する等）。

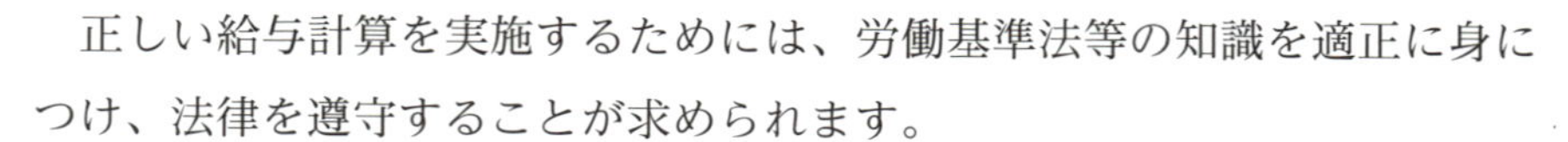

Check 給与計算にかかわる法令は、労働基準法をはじめ、所得税法、健康保険法、厚生年金保険法などがあります。

ここでは、給与計算に関連する労働基準法の重要ポイントをピックアップします。

●賃金支払いの５原則

・通貨払いの原則

給与は現金払いが原則（物品等の現物支給は不可）。一般的には金融機関への振込が基本となっています。しかし、これには従業員の承諾（給与振込依頼書等の提出）を得る必要があります。従業員の承諾もなく金融機関へ振込をしていれば、厳密には違法となります。このことを理解していない会社が多く見受けられます。

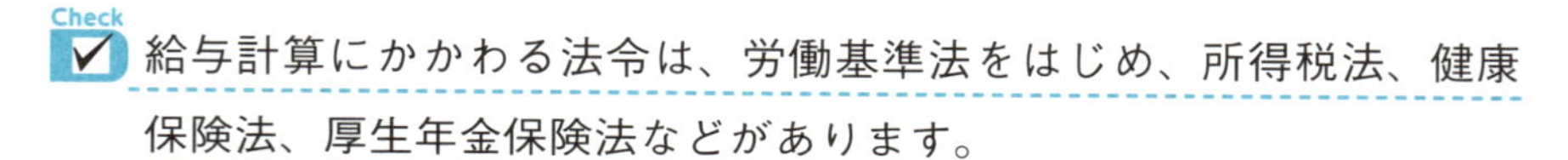

Check 労使協定や労働協約の締結がある場合には、通勤定期券などを現物支給することが可能です。

・直接払いの原則

給与は必ず従業員に**直接支払います**。金融機関への振込は本人口座であ

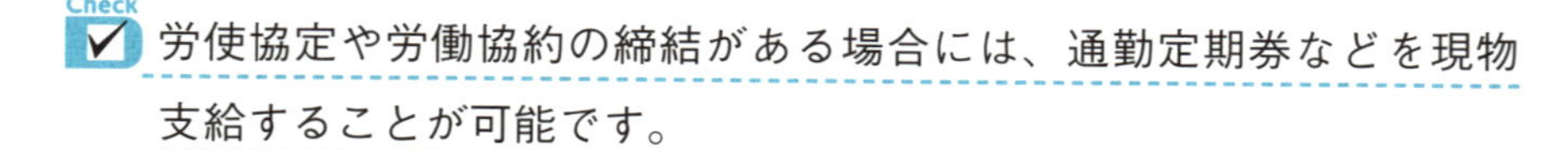

る必要があります。

 給与を親や親族等が受け取ることは原則不可です。

・全額払いの原則

給与は**必ず全額払う**必要があります（強制）。「分割払い」や「貸付金」との相殺は原則認められません。

所得税や住民税、社会保険料（厚生年金、健康保険）など法律で認められた税金等は、給与から控除することができます。

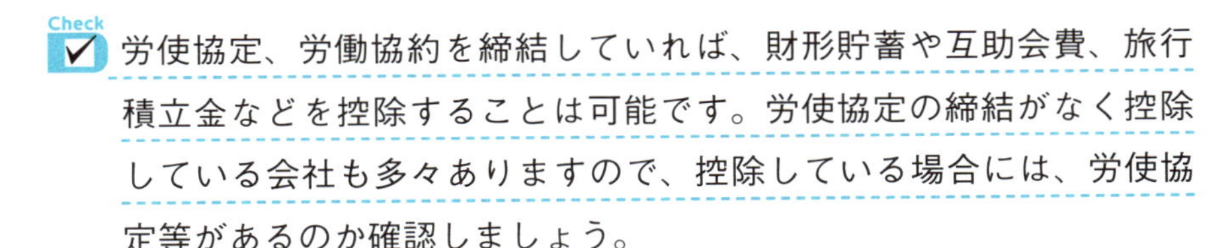
労使協定、労働協約を締結していれば、財形貯蓄や互助会費、旅行積立金などを控除することは可能です。労使協定の締結がなく控除している会社も多々ありますので、控除している場合には、労使協定等があるのか確認しましょう。

・毎月払いの原則

給与は、必ず**1ヶ月に1回以上**支払う必要があります。

 毎日、毎週等はＯＫです。

 「年棒制」の場合でも、同様に1ヶ月に1回以上の支払いになるよう分割して支払うことになります。

・一定期日払いの原則

給与の支給日は、毎月一定期日に支払いをすることになっています（例：月末締め、翌月25日払い）。

●ノーワーク・ノーペイ、遅刻・早退・欠勤時の賃金控除

「**ノーワーク・ノーペイの原則**」とは、従業員から労務の提供がなければ、会社は賃金（給与）を支払わなくてよいというルールです。また、「遅刻、早退、欠勤」の仕事をしていない時間についても、その分に該当する賃金等を控除することができます。

Check ☑ 会社と従業員側は労働契約等に基づき、従業員は労務を提供、会社はその対価を支払うことになっていますので、仕事をしていない時間については賃金を支払う必要がないという考え方になります。

●減給の制裁

各種違反行為等により制裁する場合、賃金の一部を減額することが可能です（減給する際には専門家に相談すること）。

１回の減給金額は**平均賃金の１日分の半額を超えてはなりません。**

複数回違反行為等があったとしても、減給の総額が一賃金支払期における金額（月給なら月給の金額）の10分の１以下でなくてはなりません。

Check ☑ 正当な理由がなく減給することはできません。後から裁判になるケースもありますので、注意しましょう。

●休業手当

会社の都合（使用者の責に帰すべき事由）により労働者を休業させる場合、会社側が休業期間中の労働者に対して、その平均賃金の60%以上の休業手当を支払わなければならない制度です（60%以上なので全額支給しても問題はありません）。

記憶に新しいところでは、「コロナ禍による休業」また、以前であれば「電力不足による生産調整などの休業」、その他「臨時休業（台風、地震等）による休業」などです。

●年次有給休暇

雇入れから６ヶ月以上勤務し、全労働日の８割以上出勤している場合に付与され、出勤日数、出勤年数（期間）に応じて付与される日数が異なります。

Check ☑ 有給休暇が付与されるのは正社員だけではありません（➡第１章６項）。

子の看護休暇

子の看護休暇とは、**1年に5日**、小学校入学前の幼児が2人の場合は**10日を限度**に取得できる制度です。

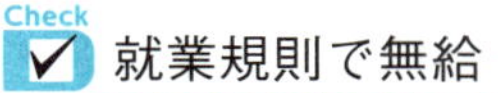
就業規則で無給・有給を規定することが可能です。

一般的には無給の場合が多いので、有給休暇を使用するケースのほうが多いと思いますが、この制度の存在は理解しておく必要があります。助成金などを活用している場合には、会社によってはこの制度が有給になっているケースもあります。

介護休業

介護休業とは、介護を必要とする家族1人に対して、**通算で93日まで**取得できる制度です。

社会保険料の免除規定はありません

雇用保険の被保険者で、一定の要件を満たす場合には、介護休業期間中に休業開始時賃金日額の67%相当額の「介護休業給付金」が支給されます。

※参照：厚生労働省「介護休業給付金Q＆A」https://www.mhlw.go.jp/stf/seisakunitsuite/bunya/0000158665.html

介護休暇

従業員の家族に、要介護者が1人いる場合は**1年に10日**、2人いる場合は**1年に20日**の介護休暇を付与することが定められています。

就業規則で無給、有給を規定することが可能です。

生理休暇

生理日の就業が著しく困難な女性従業員に対して付与することが定められている制度です。

就業規則で無給・有給を規定することが可能です。

給与計算の根拠となる全社ルール

2 就業規則とは

就業規則とは、労働基準法に基づき、労働時間、休日、年次有給休暇、給与（基本給、各種手当）といった**労働条件**や**会社の規律、従業員の義務と権利**等を記載した書類（文書）です。

就業規則は**会社のルール**であり、雇用契約書とは**会社と従業員との個別契約**になります。

常時10人以上の従業員を使用する会社は、労働基準法により、就業規則を作成して、所轄の労働基準監督署長に届出をしなければならないとされています（強制）。

労働基準法に抵触してはなりません（違法）。

就業規則の内容を変更する場合も、所轄の労働基準監督署長に届出をする必要があります。

給与計算に関連する主な就業規則は、以下の通りです。

・賃金の種類（月給制、時給制、日給制度など）　・所定労働時間
・休憩時間　・休日　・残業計算　・締日・支払日　・各種諸手当
・通勤手当　・昇給　・変形労働時間制（制度導入している場合）
・賞与　・退職

月給制の場合には、遅刻・早退・欠勤時の取扱い、割増賃金、休日出勤、平均賃金等の計算方法について就業規則のルールに従う必要があります。給与計算において、就業規則や給与規定等、雇用契約書または労働条件通知書等は重要な根拠になります。

会社のルール（就業規則等）、契約内容（労働基準法に抵触しない内容）に基づき計算を実施しなければ、正しい給与計算は行えません。

Check
常時従業員が10人以下の会社については就業規則の作成義務はありませんが、作成をすることをおすすめします。就業規定がない会社の場合、給与計算の根拠は雇用契約書または労働条件通知書、労働基準法になります。

●労使協定とは

法定で定められたもの（所得税、雇用保険料、社会保険料、住民税など）以外を給与から控除することは原則禁止されています。しかし、**労使協定**を締結した場合には、給与から控除することも可能です。

労使協定を締結する事例として、例えば社宅費用、食事代、社内預金、互助会費、組合費、旅行積立金などの控除があります。

労使協定を締結せずに給与から控除している会社も多く見受けられますが、労働基準法上、本来は控除してはならない項目を控除している（違法）わけですから、正しい給与計算とはいえなくなります。

給与計算を行う際には就業規則のみならず、36協定（➡第７章６項）、労使協定（➡第８章４項）もすべて確認する必要があります。

給与計算担当者にはさまざまな知識が求められます。

用語の意味

労働基準法や関係法令において、よく使われる用語の意味を理解することもミス防止につながります。

用語	意味	用語	意味
根拠	理由、方法、ルール	強制	しなければならない
抵触	違反する	任意	することが望ましい
準ずる	ルールに従う		

3

正社員、契約社員、パート、アルバイトなど

雇用形態の種類

雇用形態は大きく区分すると**正規雇用・非正規雇用**となります。近年は、さらに枝分かれし、実に多種多様な雇用形態があります。

一般的な会社の例でいうと、**正社員、契約社員（有期契約）、派遣社員、パートタイム労働者、短時間正社員、アルバイト、嘱託社員、準社員**などが挙げられます。

雇用形態は多様化していますが、それによって労災保険、雇用保険、社会保険の加入が決まるわけではなく、基本的には労働時間に応じて、加入要件に該当すれば加入手続きが必要になります。

また、有給休暇についても雇用形態は関係なく、出勤日数、出勤時間、勤務年数などに応じて付与されることになっています。

業務委託・請負の場合

業務委託・請負の契約を結んでいる人は、依頼主（お客様）から受けた仕事に対して報酬が支払われているため、「事業主」と判断されます。原則的には会社に雇用されているわけではないので「労働者」ではありません。

ただし、業務委託や請負といった契約をしていても、その働き方の実態から「労働者」であると労働基準監督署等に判断されるケースもあります。労働基準法に縛られる（長時間労働、待機時間、休日など）ことを防止するため、実際には従業員(労働者)なのに業務委託契約を締結（違法）しているケースがこれに該当します。

整体リラクゼーション、美容院、ネイルサロン、エステ、運送業

務等で見受けられる契約です。

適切な外注契約なのか？　実は労働者なのか？　などで給与計算が異なるので、重要な判断ポイントとなります。

雇用形態ごとの特徴（メリット・デメリット）を正しく理解したうえで、自社に合った雇用と適切な労務管理が求められます。

Check ✔ 雇用契約等が適切に締結（労使）されていないケースも非常に多いので、再度点検することをおすすめします。

雇用形態別のメリットとデメリット（会社側）

	メリット	デメリット
雇用（雇用契約）	・指示命令可能 ・時間拘束可能（労基法内） ・長期的な人材教育が可能 ・優秀な人材の確保 ・助成金の活用が可能	・労働基準法適用（さまざまなルールが適用） ・労働問題（未払残業、解雇等） ・労働保険（労災・雇用保険）コスト ・社会保険コスト ・残業等支払い ・消費税不課税取引（消費税メリットなし） ・年末調整必要（手間がかかる）
外注（請負契約）	・消費税メリット ・労働問題が発生しない ・労働基準法が適用外 ・年末調整不要 ・金額交渉が可能	・指示命令不可（業務打ち合わせは可） ・時間拘束不可（業務内容にて実質拘束可） ・いきなり契約が解除になる可能性もある

※参照：厚生労働省「さまざまな雇用形態」
https://www.mhlw.go.jp/seisakunitsuite/bunya/koyou_roudou/roudouseisaku/chushoukigyou/koyoukeitai.html

外注と従業員は異なる

4 給与計算の対象となる労働者

正しい給与計算をするためには、**給与計算の対象となる人**について適正に把握する必要があります。

給与計算の対象になる人とは、従業員および役員等です。また、従業員等とは雇用契約を締結している人になります。

給与計算の対象となる人は給与を支給している従業員であって、**外注扱いになる人は対象とはなりません**。

会社から同じように支給されている場合であっても、役員（代表取締役、役員）、従業員（正社員、契約社員、パート、アルバイト、嘱託など）と外注は異なります。

●給与と外注費の違い

給与と外注費の違いは、以下の通りです。

- **契約形態**……給与は雇用契約に基づき支払われるのに対して、外注費は請負契約・委託契約に基づき支払われる報酬になります。
- **所得税の所得区分**……給与は給与所得、外注費は事業所得となります。

●外注扱いの注意事項

給与計算で後から問題になるケースのひとつが**偽装請負（違法）**です。

偽装請負とは、契約形態が請負・業務委託などであるにもかかわらず、実態としては労働者として仕事をしている状態をいいます。

本来、従業員にもかかわらず、労働問題からの解放、残業代金、労災保険、雇用保険、社会保険等の負担を合法的に行わないようにするために外注扱いにしているケースがあります。

また、専属外注となっている場合にも、税務調査等の際に従業員扱いとされるケースもあります。ＳＥ（システムエンジニア）、整体院・リラクゼーションサロン、美容院、建設関係において、外注契約をしているケースが見受けられます。

Check
✔ 偽装請負等となるケースとして、指揮命令している、時間拘束しているなどの細かい要件があります。気になる場合には、労働基準監督署へ問い合わせをしましょう。

電子帳簿保存法

電子帳簿保存法（2022年1月施行、猶予期間を経て2024年1月1日からは完全義務化）とは、税務関係帳簿書類のデータ保存を可能とする法律です。簡単にいえば、従来の紙での保存から電子に移行することになります。

保存区分は①電子帳簿等保存、②スキャナ保存、③電子取引のデータ保存の３つです。対象書類の保存期間は原則７年となっています。

給与関係では下記の書類があります。

・労働者名簿
・賃金台帳（給与明細）
・出勤簿（タイムカード）
・給与所得者の扶養控除等（異動）申告書
・給与所得者の保険料控除申告書兼給与所得者の配偶者特別控除申告書
・源泉徴収簿
・源泉徴収票

※参照：国税庁「電子帳簿保存法の概要」
https://www.nta.go.jp/law/joho-zeikaishaku/sonota/jirei/02.htm

5 毎年10月の改訂確認は必須

最低賃金法とは

給与計算の際に、**最低賃金に抵触していないか**を確認することも重要です。万が一、抵触している場合には労働基準法違反になると同時に、給与計算も間違っていることになります。

最低賃金には２種類あり、**地域別最低賃金**と**特定（産業別）最低賃金**が定められています。毎年**10月に改訂**されます。

●最低賃金とは

最低賃金制度とは、最低賃金法に基づき、会社は**国が定めた最低限度額以上の賃金を支払わなければならない（強制）**とする制度です。

仮に最低賃金額未満の金額で会社と従業員の双方が合意していても、その契約は無効とされます。最低賃金未満の賃金しか支払わなかった場合には、**最低賃金額との差額**を支払わなくてはなりません（強制）。

最低賃金の罰則

地域別最低賃金額以上の賃金を支払わない場合には、次の罰則が適用されます。

・最低賃金法：罰則（50万円以下の罰金）

特定（産業別）最低賃金額以上の賃金額を支払わない場合には、次の罰則が適用されます。

・労働基準法：罰則（30万円以下の罰金）

●最低賃金の対象となる金額

原則、「基本給」と「諸手当」のいわゆる**固定的賃金が対象**となります。

ただし、諸手当のうち**精皆勤手当、通勤手当、家族手当などは対象外**となります（➡第３章２項を参照）。

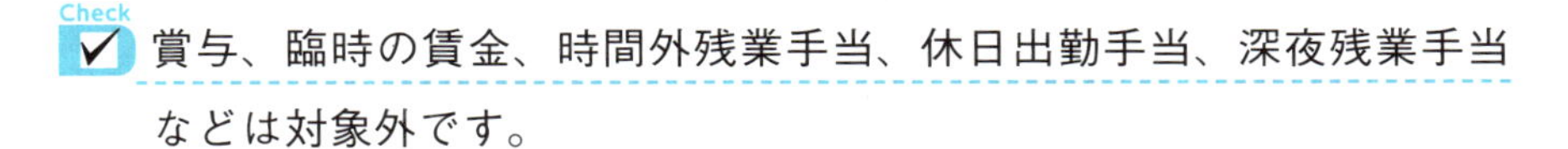
Check
賞与、臨時の賃金、時間外残業手当、休日出勤手当、深夜残業手当などは対象外です。

●最低賃金抵触の具体的な計算方法

支払われる賃金が最低賃金額以上となっているかどうかを調べるには、最低賃金の対象となる賃金額と適用される最低賃金額を次の方法で比較（計算）します。

最低賃金抵触の計算

「時間給」制の場合	時間給≧最低賃金額（時間額）
「日給」制の場合	日給÷１日の所定労働時間≧最低賃金額（時間額）
「月給」制の場合	月給÷１箇月平均所定労働時間≧最低賃金額（時間額）
「出来高払」制その他の「請負」制によって定められた賃金の場合	総額÷総労働時間数≧最低賃金額
組み合わせ支給の場合（時給または日給＋各種手当月額の場合など）	それぞれの計算式により時間額に換算し、それを合計したものと最低賃金額を比較する

●最低賃金の例外

地域別最低賃金は、産業や職種にかかわりなく、都道府県内の事業場で働くすべての労働者とその会社に適用されます。

Check
パート、アルバイト、臨時、嘱託などの名称を問わず、すべての労働者に適用されます。

特定の労働者については、会社側が都道府県労働局長の許可（所轄の労働基準監督署長を経由）を受けることを条件として個別に**最低賃金の減額の特例**が認められています。

最低賃金の知識を適正に理解し、確認しながら給与計算を実施することが重要です。

●最低賃金の減額の特例

一般の従業員よりも著しく労働能力が低い次の労働者については、会社が都道府県労働局長の許可を受けることを条件として、個別に最低賃金の減額の特例が認められています。

- **精神または身体の障害により著しく労働能力の低い人**
- **試用期間中の人**
- **基礎的な技能等を内容とする認定職業訓練を受けている人のうち厚生労働省令で定める人**
- **軽易な業務に従事する人**
- **断続的労働に従事する人**

一般的には障害者雇用をしている会社が適用しているケースが見受けられます。

Check ☑ 最低賃金の減額の特例許可を受けようとする会社は、最低賃金の減額の特例許可申請書(所定様式)２通を作成し、所轄の労働基準監督署長を経由して都道府県労働局長に２通提出する必要があります。

●最低賃金が適用される地域とは

最低賃金は各都道府県により異なる金額が設定されていますが、本社や事業所等が他の都道府県にある場合、適用される最低賃金について注意が必要です。基本的には、**対象となる従業員が実際に働く事業所の場所**の最低賃金が適用されます。

CASE①：自宅から通勤している場合

場所	都道府県	最低賃金適用
会社（本社）	東京	
勤務先（支店）	埼玉	◎こちらの都道府県が適用
自宅	東京	

CASE②：テレワークで勤務している場合

場所	都道府県	最低賃金適用
会社（本社）	千葉	◎こちらの都道府県が適用
社宅	茨城	

CASE③：大型現場へ自宅から直行直帰している場合（1年間）

場所	都道府県	最低賃金適用
会社（本社）	埼玉	◎こちらの都道府県が適用
現場（作業先）	神奈川	
自宅	東京	

※参照：厚生労働省「地域別最低賃金の全国一覧」
https://www.mhlw.go.jp/stf/seisakunitsuite/bunya/koyou_roudou/roudoukijun/minimumichiran/index.html
厚生労働省「最低賃金額以上かどうかを確認する方法」
https://www.mhlw.go.jp/www2/topics/seido/kijunkyoku/minimum/minimum-13.htm
厚生労働省「最低賃金の減額の特例」
https://www.mhlw.go.jp/www2/topics/seido/kijunkyoku/minimum/minimum-14.htm

6

年に数回の法改正を把握しよう

同一労働同一賃金とは

給与担当者は法改正について把握していないと、法律違反はもとより、給与計算も異なることになるので注意しましょう。法改正は随時行われるため、常にアンテナを張っておく必要があります。

そのひとつが、**同一労働同一賃金**に関する法律です。

同一労働同一賃金の導入は、同一企業・団体におけるいわゆる正規雇用労働者（無期雇用フルタイム労働者）と非正規雇用労働者（有期雇用労働者、パートタイム労働者、派遣労働者等）との間の**不合理な待遇差の解消**を目指すものです。

簡単にいうと、**同じ仕事をしている場合には、雇用形態により賃金（給与）に差があってはならない**ということです。

ただし、「同じ仕事」という判断は非常に難しいと思います。同じ部署、同じ内容の仕事をしていても、各スタッフにより能力が異なるため、業務の精度、正確性、作業時間等、取りかかる速度、残業等（発生するコスト）を加味した場合に、それは同一労働（同じ仕事）をしているのか、判断に迷うところかもしれません。

仮に同じ仕事をしている人がいた場合、正社員と比較してアルバイトの人の賃金が不当に低額になっているのは是正しなければならないことになります。

次ページを参考にしながら、自社において法律に抵触していないかを確認してください。

※参照：厚生労働省「同一労働同一賃金特集ページ」
https://www.mhlw.go.jp/stf/seisakunitsuite/bunya/0000144972.html

同一労働、同一賃金

「同一労働同一賃金ガイドライン」の概要

・このガイドラインは、正社員と非正規雇用労働者（パートタイム労働者・有期雇用労働者・派遣労働者）との間で、待遇差が存在する場合に、いかなる待遇差が不合理なものであり、いかなる待遇差は不合理なものでないのか、原則となる考え方と具体例を示したもの。
・基本給、昇給、ボーナス（賞与）、各種手当といった賃金にとどまらず、教育訓練や福利厚生等についても記載。
・このガイドラインに記載がない退職手当、住宅手当、家族手当等の待遇や、具体例に該当しない場合についても、不合理な待遇差の解消等が求められる。このため、各社の労使により、個別具体の事情に応じて待遇の体系について議論していくことが望まれる。

⚠不合理な待遇差の解消にあたり、次の点に留意

・正社員の待遇を不利益に変更する場合は、原則として労使の合意が必要であり、就業規則の変更により合意なく不利益に変更する場合であっても、その変更は合理的なものである必要がある。ただし、正社員と非正規雇用労働者との間の不合理な待遇差を解消するに当たり、基本的に、労使の合意なく正社員の待遇を引き下げることは望ましい対応とはいえない。
・雇用管理区分が複数ある場合（例：総合職、地域限定正社員など）であっても、すべての雇用管理区分に属する正社員との間で不合理な待遇差の解消が求められる。
・正社員と非正規雇用労働者との間で職務の内容等を分離した場合であっても、正社員との間の不合理な待遇差の解消が求められる。

ガイドラインの構造

原則となる考え方

具体例（問題とならない例）

具体例（問題となる例）

裁判で争い得る法律整備

パートタイム労働者・有期雇用労働者

①基本給

・基本給が、労働者の能力又は経験に応じて支払うもの、業績又は成果に応じて支払うもの、勤続年数に応じて支払うものなど、その趣旨・性格が様々である現実を認めた上で、それぞれの趣旨・性格に照らして、実態に違いがなければ同一の、違いがあれば違いに応じた支給を行わなければならない。
・昇給であって、労働者の勤続による能力の向上に応じて行うものについては、同一の能力の向上には同一の、違いがあれば違いに応じた昇給を行わなければならない。

②賞与

・ボーナス（賞与）であって、会社の業績等への労働者の貢献に応じて支給するものについては、同一の貢献には同一の、違いがあれば違いに応じた支給を行わなければならない。

③各種手当

・役職手当であって、役職の内容に対して支給するものについては、同一の内容の役職には同一の、違いがあれば違いに応じた支給を行わなければならない。
・そのほか、業務の危険度又は作業環境に応じて支給される特殊作業手当、交替制勤務などに応じて支給される特殊勤務手当、業務の内容が同一の場合の精皆勤手当、正社員の所定労働時間を超えて同一の時間外労働を行った場合に支給される時間外労働手当の割増率、深夜・休日労働を行った場合に支給される深夜・休日労働手当の割増率、通勤手当・出張旅費、労働時間の途中に食事のための休憩時間がある際の食事手当、同一の支給要件を満たす場合の単身赴任手当、特定の地域で働く労働者に対する補償として支給する地域手当等については、同一の支給を行わなければならない。

⚠<正社員とパートタイム労働者・有期雇用労働者との間で賃金の決定基準・ルールの相違がある場合>

・正社員とパートタイム労働者・有期雇用労働者との間で賃金に相違がある場合において、その要因として賃金の決定基準・ルールの違いがあるときは、「正社員とパートタイム労働者・有期雇用労働者は将来の役割期待が異なるため、賃金の決定基準・ルールが異なる」という主観的・抽象的説明ではなく、賃金の決定基準・ルールの相違は、職務内容、職務内容・配置の変更範囲、その他の事情の客観的・具体的な実態に照らして、不合理なものであってはならない。

⚠<定年後に継続雇用された有期雇用労働者の取扱い>

・定年後に継続雇用された有期雇用労働者についても、パートタイム・有期雇用労働法が適用される。有期雇用労働者が定年後に継続雇用された者であることは、待遇差が不合理であるか否かの判断に当たり、その他の事情として考慮されうる。様々な事情が総合的に考慮されて、待遇差が不合理であるか否かが判断される。したがって、定年後に継続雇用された者であることのみをもって直ちに待遇差が不合理ではないと認められるものではない。

④福利厚生・教育訓練

・食堂、休憩室、更衣室といった福利厚生施設の利用、転勤の有無等の要件が同一の場合の転勤者用社宅、慶弔休暇、健康診断に伴う勤務免除・有給保障については、同一の利用・付与を行わなければならない。
・病気休職については、無期雇用の短時間労働者には正社員と同一の、有期雇用労働者にも労働契約が終了するまでの期間を踏まえて同一の付与を行わなければならない。
・法定外の有給休暇その他の休暇であって、勤続期間に応じて認めているものについては、同一の勤続期間であれば同一の付与を行わなければならない。特に有期労働契約を更新している場合には、当初の契約期間から通算して勤続期間を評価することを要する。
・教育訓練であって、現在の職務に必要な技能・知識を習得するために実施するものについては、同一の職務内容であれば同一の、違いがあれば違いに応じた実施を行わなければならない。

給与支払い方法の種類

年俸制とは

年俸制とは、給与支払い方法のひとつで、**1年単位で給与を決定**するしくみのことです。

従業員に対する給与は「毎月1回以上」「一定期日」に支払うよう定められています。そのため、年俸制だからといって給与が年に1回まとめて支払われるわけではなく、一般的には年俸を**12分割した金額**が毎月一定期日に支払われています。会社によっては年俸を15など12より多く分割して、12以外の部分を**賞与として支給**するケースもあります。

CASE：年俸が480万円の場合

- 12分割の場合→40万円（月給）×12ヶ月
- 15分割の場合→32万円（月給）×12ヶ月＋32万円×２回（賞与）

年俸制は本来、労働時間に関係なく、労働者の成果・業績に応じて賃金額を決定しようとする賃金制度です。

しかしながら、労働基準法では労働時間の長さを捉えて規制しているので、年俸制を導入した場合にも、実際の労働時間が法定労働時間を超過した場合には、**時間外手当を支払う必要があります。**

年俸制を導入するメリット、デメリットを考えてみましょう。

●年俸制のメリット

年俸制の場合には、その年の年間の給与額が決定されています。よって、原則増減がないので年間の計画が立てやすくなります。

- **会社側→コスト計算が明確にできる**
- **労働者側→自動車、家のローンなどの返済計画が立てやすい**

また、年齢や勤続年数等に関係なく、仕事の成果（結果）、能力やノルマ等により年俸金額の大幅アップがありえます。成果が年俸金額に反映されるため、従業員のモチベーション維持にもつながります。

●年俸制のデメリット

翌年の年俸の更新時に、前年の成果によっては年俸額が下がるケースもありえます。具体的なデメリットは、以下の通りです。

- **成果を出し続ける必要がある**
- **プレッシャーがかかり、緊張・焦り・不安・ストレスで本来の実力が発揮できないケースもある**

●固定残業代制度を導入している場合

年俸の中に残業代を含めることが可能です。

ただし、年俸制の区分の中で固定残業代金が含まれている契約（雇用契約等）をしている場合には、固定残業代金を超過していなければ、残業代金を支払う必要はありません。

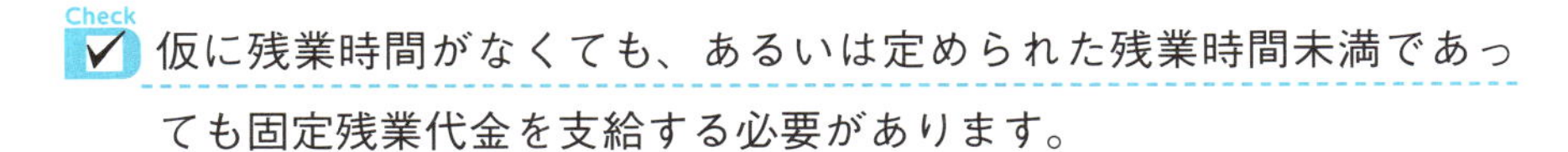

仮に残業時間がなくても、あるいは定められた残業時間未満であっても固定残業代金を支給する必要があります。

固定残業代等制度

固定残業代等制度とは、実際の残業時間にかかわらず、あらかじめ決められた残業代が支給される制度です。固定残業代金には、「見込残業代金」「みなし残業代金」など、さまざまな表現があります。

会社側は毎月の細かい残業計算から解放（固定残業代金を超過していない場合）され、コストも一定化されます。一方、従業員側は残業時間の有無に関係なく固定的で残業代金が支給されるため、給与が安定します。しかし、残業してもしなくても固定残業時間の範囲内では、すでに残業代金が支給されているため、いつしかモチベーションが低下する懸念があります。

8

制度導入する会社が急増中

確定拠出年金制度とは

確定拠出年金とは、拠出された掛金とその運用益との合計額をもとに、将来の給付額が決定する年金制度です。

- **掛金を事業主が拠出する企業型DC（企業型確定拠出年金）**
- **加入者自身（個人）が拠出するiDeCo（イデコ・個人型確定拠出年金）**

があります。

●運用

運営管理機関（金融機関等）が選定・提示する運用商品（投資信託、保険商品、預貯金等）の中から、加入者（従業員）自身が商品を選んで運用します。

加入者は、**複数の運用商品**を選ぶことができ、運用の途中で運用商品を**変更することも可能**です。

●投資教育

確定拠出年金は、老後までの間の運用結果が将来の給付額に影響するため、個々の加入者が**適切な資産運用**を行うための情報や知識を持つことが重要です。

Check ✓ 適正な運用をしなければ、資産が増えないケース、減額になるケースもあります。

そのため、確定拠出年金を実施している事業主は、従業員に対して必要かつ適切な投資教育を行わなければなりません。

●掛金（積立金額）

掛金については、会社の口座より引き落としされ、運営管理機関（金融機関等）が選定・提示する運用商品（投資信託、保険商品、預貯金等）の中から、加入者等（従業員）自身が商品を選んで運用することになります。

一般的な場合には、月々の掛金は1人あたり3,000円程度から5万5,000円です。会社の口座から引き落としされて積立された金額については、この時点では税金（所得税、社会保険料、住民税等）などは発生しません。

●離転職時の取扱い（ポータビリティ）

従業員が退職・転職した場合には、確定拠出年金で積み立てた資産を他の制度へ移管することが可能です。

Check ☑ 転職先の会社が確定拠出年金制度を導入していない場合には個人型に切り替える必要がありますが、実施している場合には移管することが可能です。

●給付

将来受けることのできる給付内容は、次の通りとなります。

- 老齢給付金
- 死亡一時金
- 障害給付金
- 脱退一時金

●税制

税金に関する事項は、給与計算や会計上、重要です。

拠出時	・非課税（所得税、雇用保険料、住民税、社会保険料は発生しない） ・年末調整 ・事業主が拠出した掛金：全額損金算入 ・加入者が拠出した掛金：全額所得控除（小規模企業共済等掛金控除）
運用時	・運用益：運用中は非課税 ・積立金：特別法人税課税（現在、課税は停止）
給付時	・年金として受給：公的年金等控除 ・一時金として受給：退職所得控除

Check ☑ 考え方はさまざまだと思いますが、運用が適正に実施できていれば、基本的には確定拠出年金制度にはメリットしかありません。

※厚生労働省「確定拠出年金制度の概要」
https://www.mhlw.go.jp/stf/seisakunitsuite/bunya/nenkin/nenkin/kyoshutsu/gaiyou.html

●給与計算時の注意点

確定拠出年金制度を導入している会社の場合、確定拠出年金の各従業員の積立金額により給与計算が異なります。現状は適正な表示（計上）をしている会社は少ないようですが、**将来的には大きな問題に発展するので注意が必要**です。

（例）代表取締役の掛金が月額５万5,000円、従業員の掛金設定が月額5,000円の場合

従業員Ａの掛金が０円の場合、

・代表取締役の分については、給与計算には影響しない。

・従業員Ａの分は給与計算に影響する

本来5,000円を積立するところを０円にしているので、5,000円については、掛金を「前払い」していることになります。

よって給与計算上、「確定拠出年金前払金」などの項目で5,000円を計上する必要があります。

この5,000円を適正な項目で計上していない場合（基本給または各種手当で計上した場合）であっても、所得税などの給与計算は同額になります。しかし、従業員側から仮に数年後、確定拠出年金前払金の支払いがされていないと指摘された場合には、当該部分の「未払い」とされる金額を会社側が支払わなければならない可能性が非常に高くなるリスクがあります。

あくまでもこの5,000円は、確定拠出年金として本来掛金として積立をする金額を前払いしていることになるので、この部分を適正に計上していないと後から大問題になる可能性があります。給与計算担当者としては、重要な知識です。

仮に10年後に指摘された場合、総額60万円となりますが、対象の人数が多かったり、月額が高額の場合には会社側のリスクは巨額になってしまいます。

企業型確定拠出年金制度の導入背景

近年、会社の福利厚生対策や経営戦略により、「企業型確定拠出年金（企業型DC）」制度を導入するケースが増えています。

その背景には、公的年金制度の将来不安、不景気、経済情勢の著しい変動に伴い、会社側・従業員側の双方にとって多くのメリットがある企業型確定拠出年金制度が着目されるようになったことがあります。また、インターネット情報等の充実により、従業員も資産運用に興味を持ち、知識が向上していることも後押しとなっています。

確定拠出年金は公的年金（基礎年金、厚生年金）の上乗せ給付を目的として加入するわけですが、従業員（本人）がスマホやPCで自由に運用商品を選択して資産運用をすることで、基本的には退職金を増加させることが可能になります（運用が成功した場合）。

NISA等と同様、選択した投資運用が失敗すれば元本割れをして、積立金額よりも大幅に減額するリスクもあります。一方、定期預金を選択した場合には、元本は保証されるのでリスクは回避できますが、現在の金利では運用益はほとんど増えません。

会社側としては、退職時に退職金として一括で大きな資金が流失して、さらに経費計上により損益に影響する従来の退職金制度よりも、確定拠出年金として毎月退職金として定額を拠出して費用計上し、資金を支出したほうが平準化されるため、リスクが少なくなるというメリットがあります。

9 法改正の把握が必要

働き方改革とは

働き方改革とは「一億総活躍社会の実現に向けて」のスローガンにより、働く人々がそれぞれの事情に応じた多様な働き方を選択できる社会を実現するための取り組みです。

例えば、長時間労働の是正、多様で柔軟な働き方の実現、雇用形態にかかわらない公正な待遇の確保などの措置を講じるため、国も法改正を進めています（次ページ図参照）。

働き方改革は、給与計算にも影響があります。大きく区分すると、**労働時間の把握、年５日の有給休暇の取得、60時間超の残業をした場合の割増率が50%**といった法律が2023年4月からスタートしています。

フレックスタイム制度を導入している場合には、**精算期間が１ヶ月から３ヶ月に変更**となりました。

Check ☑ 法改正があった場合には給与計算に直接関係しない事項と直結する場合がありますが、働き方改革については適正に把握しておかないと給与計算をミスする原因となりますので、注意が必要です。

タイムカード・出勤簿がない、勤怠システムは導入されているが、後か

月60時間を超える残業

企業区分	１ヶ月の時間外労働	
	60時間未満	60時間超
中小企業	25%	50%
大企業	25%	50%

※１日8時間・１週40時間 を超える労働時間

ら修正しているといった会社もあると思います。しかし、そのような場合は労働基準法違反であるだけでなく、適正な労働時間の把握もできていないため、結果的に給与計算も間違ったものになってしまうので注意しましょう。

働き方改革の改定内容

改定内容	注意事項
①残業時間の上限を**規制**	〈残業時間の上限〉： ・原則：月45時間・年360時間 ・例外：年720時間以内・複数月平均80時間以内（休日労働を含む） ※月100時間未満（休日労働を含む）を超えることはできない ※月45時間を超えることができるのは、年間6ヶ月まで
②「勤務間インターバル」制度の導入を**促進**	1日の勤務終了後、翌日の出社までの間に、一定時間以上の休息時間（インターバル）を確保するしくみ
③1人1年あたり**5日間**の年次有給休暇の取得の**義務化**	会社が労働者（従業員）の希望を聞き、希望を踏まえて時季を指定 ※対象者：法定の年次有給休暇付与日数が10日以上のすべての労働者（管理監督者を含む）
④月60時間を超える残業は、割増賃金率を引上げの**義務化**（25%→50%） ※中小企業で働く人にも適用（大企業は平成22年度～）	月60時間超の残業割増賃金率 大企業、中小企業ともに50% ※中小企業の割増賃金率を引き上げ
⑤労働時間の状況を客観的に把握するよう、企業に**義務化** ※働く人の健康管理を徹底する ※管理職、裁量労働制適用者も対象となる	労働時間の把握について対象外の者が、改定によりすべての人（裁量労働制が適用される人、管理監督者も含めて）の労働時間の状況が客観的な方法その他適切な方法で把握することが法律で義務化された
⑥「フレックスタイム制」により働きやすくするため、**制度を拡充** ※労働時間の調整が可能な期間（清算期間）を延長（1ヶ月→3ヶ月） ※子育て・介護しながらでも、より働きやすくすることを目的としている	従来（改定前）の労働時間の清算期間が1ヶ月→3ヶ月に変更された。これによりフレックスタイムが活用しやすくなった
⑦専門的な職業の方の自律的で創造的な働き方である「高度プロフェッショナル制度」を**新設**し、**選択**できるようにする ※前提として、働く人の健康を守る措置を義務化（罰則つき） ※対象を限定（一定の年収以上で特定の高度専門職のみが対象）	・制度導入時：法律に定める企業内手続きが必要 ・現行の労働時間規制から新たな規制の枠組みへ ・対象者の限定（高度専門職、希望者、高所得者）

※参照：厚生労働省「働き方改革」
https://www.mhlw.go.jp/content/000335765.pdf

第3章

正しい
給与計算の実務

各事業所により異なる場合

給与計算の締日と支払日

給与計算の締日、支払日は会社により異なり、実にさまざまなパターンがあります。

会社によっては、各事業所別、各部署・部門ごとに異なるケースもあります。また、通常の給与の締日、支払日と残業、歩合給などの締日、支払日が異なるケースもあります。

同一の会社で異なる締日、支払日で支給していると、複雑化して給与計算が難しくなります。

●同じ月に２回給与が支給されるケース

会社によっては、同じ月に２回給与が支給される場合もあります。例えば、基本給等の給与は20日締め、翌月25日支払い、歩合給は月末締め、翌月末日で支給されているケースがありました。

理由としては、以前から25日支払いなので、これから末払いに切り替えると、スタッフの口座から自動引き落としや家賃の支払い等の設定が25日であることから、支払いができなくなるということでした。

一方、歩合給は月末までの成績に応じて計算して支給されるので、末払いでないと計算が間に合わないとのことでした。

この場合、給与計算ソフトにもよりますが、基本的には入力が非常に難しくなります。給与計算の締日後に給与計算を実施して、その後、支払い（振込等）になりますが、締日から支払日までの日数が少ないと給与計算を実施する日数が短くなるため、担当者は大変になります。

締日、支払日を変更する場合には、**従業員に対して不利益変更にならないように配慮する**必要があります。

給与計算における一般的な締日・支払日の例

締日	支払日
20日	当月20日
	当月末日
	翌月20日
	翌月25日
	翌月28日
	翌月30日
	翌月月末
	翌々月5日
	翌々月10日
25日	当月20日
	当月末日
	翌月20日
	翌月25日
	翌月28日
	翌月30日
	翌月月末
	翌々月5日
	翌々月10日
月末	当月20日
	当月末日
	翌月20日
	翌月25日
	翌月28日
	翌月30日
	翌月月末
	翌々月5日
	翌々月10日

2
労働基準法による手当と任意の手当

手当の種類

各種手当には、**労働基準法で定められている手当**と**会社が設定した任意の手当**があります。

●労働基準法による手当

時間外労働手当、深夜労働手当、休日出勤手当（➡第３章５～９項）などの割増賃金（➡第３章４項）などが該当します。こちらの手当については、要件に該当する場合には必ず支給しなければなりません。

●会社が設定した任意の手当

会社が設定する任意の手当は、**就業規則等および雇用契約書または労働条件通知書**で支給される定義や金額を定めます。

法律で定められた手当ではないので、本来は支給する必要はありませんが、設定した場合には支給しなければなりません。よって、定義の適切な把握が求められます。根拠となる就業規則等がない、または実態が異なっている場合には整備が必要になります。

●支給方法のタイプ

手当の支給方法は、次の３つがあります。

①**毎月固定で支給**……通勤手当、役職手当、職務手当、技能手当、資格手当、住宅手当、家族手当、地域手当、固定残業手当、営業手当など

②**要件に応じて変動して支給**……歩合給、現場手当、達成手当、無事故手当、特別手当など

③**要件を満たした場合に固定的に支給**……皆勤手当、精皆勤手当など

変動する手当または要件に該当する場合に支給される手当の場合は、支払い漏れや計算ミスがないよう、注意が必要になります。手当の金額が異

就業規則の例（各種手当部分）

（目的）

第１条　1.　この規定は、従業員の給与に関する事項を規定する。

（労働条件等の変更）

第２条　1.　この規則で定める労働条件等については、法令の制定・改廃または業務上の必要性により変更することがある。

（給与の支給方法）

第３条　1.　給与は、従業員に対して通貨で直接その全額を支払う。ただし、従業員代表との書面による協定により、従業員が希望した場合は、本人が指定する金融機関の本人名義の口座に振り込むものとする。

2.　口座振込の場合には、賃金支払日の午前１０時までに払出ができるように措置するものとする。

（賃金の計算期間、支給日）

第４条　1.　賃金は、毎月20日に締め切る。

2.　賃金の支給日は、毎月（当月）末日とする。ただし、支給日が金融機関の休業日にあたる場合はその前日に繰り上げて支給する。

3．計算期間の途中で採用され、または退職した場合の賃金は、当該計算期間の所定労働日数を基準に日割計算して支払う。

（賃金の体系）

第５条　1.　賃金の構成は基本給、諸手当および割増賃金とし、諸手当は下記の通りとする。

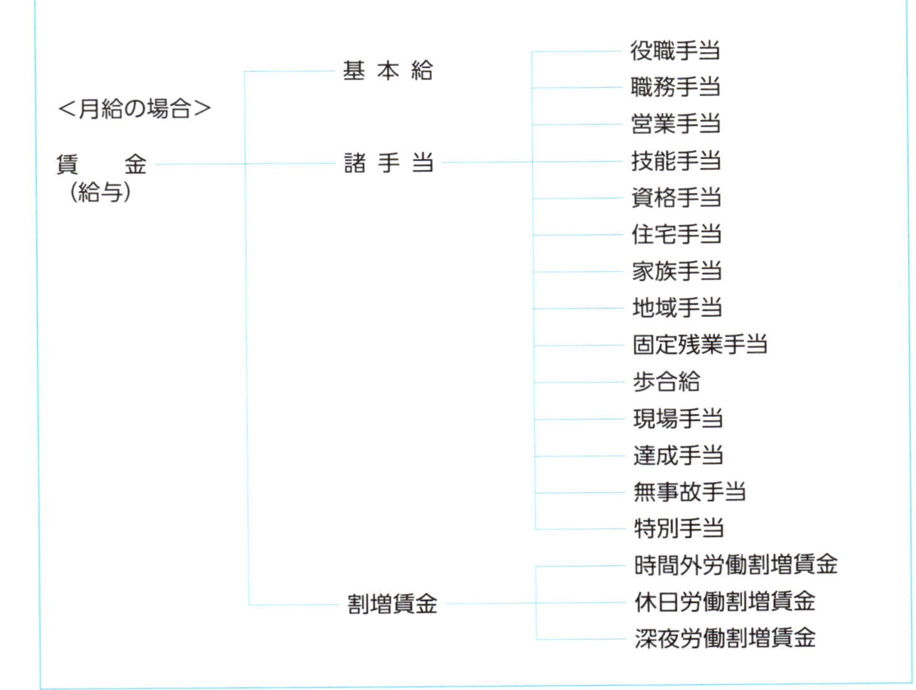

第3章 正しい給与計算の実務

なると、支給総額が異なることになりますので、所得税、雇用保険料、住民税（翌年）の金額を間違えることになり、さらに場合によっては社会保険料（標準報酬月額）にも影響が出ます。

任意的な各種手当の一覧表（一部抜粋）

※各種手当については、会社によって支給する種類、名称、要件、金額が異なるため、あくまでも一般的な手当および定義となる。

固定的手当

種　類	課税・非課税	内　　容
通勤手当	非課税	会社が定めた通勤手当の定義により支給する （距離等により課税される場合もある） ※１ヶ月の定期代、ガソリン代（10kmあたり１ℓ換算で支給）、上限設定ありなど
役職手当	課税	部長、課長、係長など役職についている者について支給する
職務手当	課税	特定の職務に対して必要とされる特殊な技術、技能、責任の度合い等に応じて支給する
営業手当	課税	営業職である者に対して支給する
技能手当	課税	特別な技能を有する場合に支給する
資格手当	課税	会社が定める必要な資格を取得している場合に支給する ※宅建、整備士、社労士、税理士など
住宅手当	課税	持家の場合に支給する場合が多いが、会社によっては賃貸物件に住居する従業員に対しても支給するケースもある
家族手当	課税	扶養家族がいる場合に、家族の種類、人数、年齢等に応じて支給する
地域手当	課税	物価が高騰している地域に住居している場合に支給するなど
固定残業手当	課税	毎月定額（〇時間分）の残業代金を支給する

変動的手当

種　類	課税・非課税	内　　容
歩合給	課税	業績や成果に応じて
現場手当	課税	会社が定めた特殊なことをした場合に支給する ※建築業であれば現場で特殊な作業を実施したなど
達成手当	課税	会社が定めた目標等を達成したときに支給する
無事故手当	課税	タクシー、定期運行バス、ロケバス、トラックの運転等を業務とする従業員に対して、一定期間無事故無違反だった場合に支給する
特別手当	課税	会社が定めた定義により支給するが、日常業務以外のことをした場合に支給するケースが多い ※確定拠出年金の登録作業を実施した ※事務員が工場内作業を実施した

要件型手当

種　類	課税・非課税	内　　容
皆勤手当	課税	無遅刻無欠勤だった場合に支給する
精皆勤手当	課税	会社が定めた基準（遅刻１回、欠勤１回まで等）で支給

勤怠控除と欠勤控除

3 遅刻・早退・欠勤時の減額計算

従業員等が遅刻や早退をした場合には、通常はその時間分を給与から**控除**します（法律で決まっているわけはないので、控除しなくても大丈夫です）。

控除する場合、会社が勝手に「遅刻・早退したら○○円を控除する」と取り決めることは認められません。**適正な計算方法**で算出した金額を控除します。

遅刻早退の控除（**勤怠控除**）は、「働いていない時間」について給与を支給しなくていいという考え方（**ノーワーク・ノーペイの原則➡第2章1項**）に基づきます。

●給与形態

勤怠控除は**給与形態によって違いがある**ので、しっかり理解しておくことが大切です。給与形態にはさまざまな種類がありますが、一般的には次の3つになります。

①完全月給制　②日給月給制　③月給日給制

このうち、日給月給制と月給日給制については控除が可能です。

完全月給制は出勤、遅刻・早退に関係なく支給される制度なので控除はできませんので、注意が必要です。

遅刻・早退した分を給与から控除する場合には、必ず**1分単位**で計算します。5分単位、10分単位等で計算することは認められません。

Check ☑ ノーワーク・ノーペイの原則に基づいて控除できるのは労働しなかった分のみで、実際に遅刻・早退した時間以上の控除をした場合には、労働基準法第24条と第37条の違反に該当する可能性があります。

控除対象は原則**基本給のみ**で、諸手当も対象にする場合は就業規則に記載する必要があります。

労働基準法では、遅刻・早退に関する控除について明確な定義が決められていません。そのため、企業が勤怠控除を行う場合には、**就業規則等でルールを明記・周知する**必要があります。

●欠勤控除

従業員が病気やケガで休んだ場合や、家庭の事情で休んだ場合などは、通常は有給休暇を当てて対応することが一般的ですが、有給休暇の残日数がない場合などは、ノーワーク・ノーペイの原則により、**欠勤控除**として給料を減額することが認められています。

Check ☑ 有給休暇の残日数があり、対象者本人から有給休暇の消化の申出がある場合には欠勤控除は認められません。

ただし、労働基準法等では、割増賃金の基礎賃金や、その他、解雇予告、休業、有休、労災、制裁に適用される平均賃金の算定基礎は明記されていますが、給与計算における具体的な欠勤控除額の計算方法については特に明確に定められていません。

そこで、欠勤控除の対象になるケースや、欠勤控除される給与の計算方法などについて、**就業規則や給与規定等に明記しておく**必要があります。

会社によっては、慶弔（冠婚葬祭）規定等により特別休暇、また、リフレッシュ休暇などの特別な休暇制度（労働基準法の有給休暇以外の有給休暇の制度）を設けているケースもあります。

Check ☑ 最近は、各種助成金の申請により、就業規則等に特別な休暇制度を導入しているケースもあります。

この特別な休暇制度を対象者が利用した場合は、就業規則等に有給と明記してあれば欠勤控除の対象にはなりません。逆に、無給と明記してあれば欠勤控除します。

Check ✓ 欠勤控除は労災、傷病手当金の対象となる事例が発生した場合に、休業した期間について欠勤控除をするケースもあります。

●残業代の扱いを明確にしておく

固定残業制度を導入している場合は、残業代の取扱いに注意が必要です。

固定残業制度とは、残業の有無にかかわらず、雇用規定により定めた金額を支給する制度です。よって、欠勤した場合であっても本来は支給しなければなりません。しかし、あらかじめ給与規定等に定めていれば、固定残業代についても、欠勤控除の対象とすることは可能です。

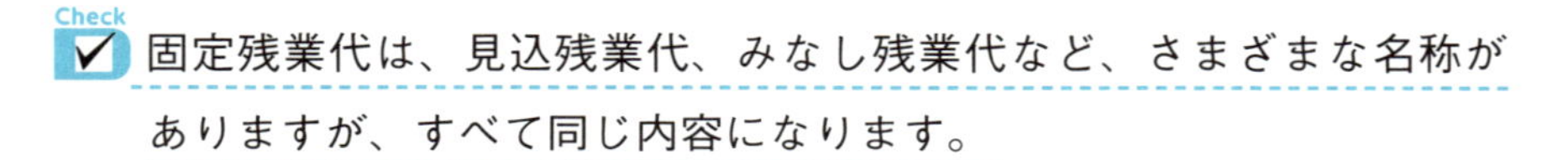

固定残業代に欠勤控除を適用する場合、「**控除後の固定残業代の金額が、残業時間の何時間分に当たるか**」を計算して、その時間と実際に残業した時間とを比較し、固定残業代相当分より残業時間が多ければ超過分を支払う必要があります。

項目	減給の単位	減額しない場合
遅刻	分、時間	時間単位の有給
早退	分、時間	時間単位の有給
欠勤	1日	有給休暇

CASE：欠勤した場合の固定残業代の取扱いについて

（例）22日、2日欠勤

基本給	220,000
固定残業代	22,000
総支給額	242,000

①固定残業代金を欠勤控除しない場合

基本給	220,000
固定残業代	22,000
欠勤控除（基本給）	▲20,000
総支給額	222,000

基本給欠勤計算
220,000円×2日/22日＝20,000円

②固定残業代金を欠勤控除する場合

基本給	220,000
固定残業代	22,000
欠勤控除（基本給）	▲20,000
欠勤控除（固定残業代）	▲2,000
総支給額	220,000

基本給欠勤計算
220,000円×2日/22日＝20,000円
固定残業代欠勤計算
22,000円×2日/22日＝2,000円

4 各種手当により異なる 割増賃金計算の基本

労働基準法により、**法定労働時間**（会社の指示命令により労働する時間のこと）は原則**１週間40時間、１日８時間**と定められています。法定労働時間を超過（休日労働含む）する場合には、**３６協定（➡第７章６項）を事前に提出し、割増賃金を支払う**必要があります。

割増賃金の制度は非常に複雑で、それぞれの項目に応じて**割増率が異なります**。また、計算の基礎に含める項目と除外される項目があります。

除外される項目であっても、除外されないケースがあるので注意が必要です。

右ページ図を参考にしながら、知識の整理をしてください。

図を見ると、割増賃金の割増率が「25～60％以上」と記載されています。これは、労働基準法はあくまでも**最低の基準**で、この基準を上回ることが望ましいからです。よって、一般的には通常の残業の割増率は25％となっていますが、例えば割増率が40％でもいいのです。

コンビニエンスストアや飲食店での求人広告と見ると、「通常時給1,200円、深夜1,600円、休日1,800円」など（割増率25％だと深夜・休日は1,500円）、労働基準法の割増率よりも高く設定しているケースも見受けられます。

●60時間以上の残業をした場合

2023年４月の法改正（中小企業の場合。大企業は2010年４月）により、**60時間以上の残業をした場合には50％の割増率**になります。さらに、月60時間を超える時間外労働を深夜帯にした場合には、**深夜割増賃金率**

割増賃金率

項　目	割増賃金率	備　　考
①時間外労働	25％以上	1ケ月60時間超は50％以上
②休日労働	35％以上	法定休日
③深夜労働	25％以上	午後10時から午前5時まで
①＋③	50％以上	25％以上＋25％以上
②＋③	60％以上	35％以上＋25％以上

割増賃金の基礎とならない項目：除外できるもの

項　　目	備　　考
①家族手当	※除外不可のケースもある
②通勤手当	※除外不可のケースもある
③別居手当	
④子女教育手当	
⑤住宅手当	※除外不可のケースもある
⑥臨時に支払われた賃金	
⑦1ヶ月を超える期間ごとに支払われる賃金	

●上記に該当しない手当はすべて割増賃金の基礎となる

家族手当：扶養家族の人数またはこれを基礎とする家族手当額を基準として算定される手当

除外できる例	扶養家族のいる従業員に対して「家族の人数」に応じて支給するもの ＜例＞ ・扶養家族1名につき1ヶ月あたり：配偶者2万円、その他3親等までの家族5,000円を支給する
除外できない例	扶養家族の有無、家族の人数に関係なく「一律」に支給するもの ＜例＞ ・扶養家族の人数に関係なく1ヶ月あたり：一律2万円を支給する

通勤手当：通勤距離または通勤に要する実際費用に応じて算定される手当

除外できる例	通勤に要した費用に応じて支給されるもの ＜例＞ ・6ヶ月定期代の金額に応じた費用を支給する
除外できない例	通勤に要した費用や通勤距離に関係なく「一律」で支給するもの ＜例＞ ・実際の通勤距離に関係なく1日500円を支給する

住宅手当：住宅に要する費用に応じて算定される手当

除外できる例	住宅に要する費用に「定率」に乗じた金額を支給するもの ＜例＞ ・賃貸住宅（マンション・アパート等）居住者：家賃の一定割合を支給する ・持家（自宅）居住者：住宅ローン返済月額の一定割合を支給する
除外できない例	住宅の「形態」ごとに「一律」に「定額」で支給するもの ＜例＞ ・賃貸住宅（マンション・アパート等）居住者：3万円を支給する ・持家（自宅）居住者：2万円を支給する

※参照：厚生労働省 宮崎労働局「割増賃金の基礎となる賃金とは？」
https://jsite.mhlw.go.jp/miyazaki-roudoukyoku/library/miyazaki-roudoukyoku/pamphlet-leaflet/10_kijun/kijun_014.pdf

CASE：時給1200円で試算した場合

所定労働時間21日×8時間＝168時間
月80時間の残業（うち深夜残業20時間）

大和田さん

項　目	割増率	単価	時間	金額
所定労働		1200	168	201,600
所定外労働		1200	80	96,000
通常残業	0.25	300	60	18,000
深夜残業	0.25	300	20	6,000
通常残業（60時間超）	0.5	600	20	12,000
				333,600

田村さん

項　目	割増率	単価	時間	金額
所定労働		1200	110	132,000
総支給額				132,000

山口さん

項　目	割増率	単価	時間	金額
所定労働		1200	118	141,600
深夜残業	0.25	300	20	6,000
総支給額				147,600

合計（田村さん＋山口さん）

項　目	割増率	単価	時間	金額
所定労働		1200	228	273,600
深夜残業	0.25	300	20	6,000
総支給額				279,600

	大和田さん	田村さん	山口さん	合　計
基本給	201,600	132,000	141,600	273,600
残業代金	132,000	0	6,000	6,000
総支給額	333,600	132,000	147,600	279,600
所得税	7,820	2,360	2,860	7,490
雇用保険料	2,002	792	886	1,678
健康保険料	15,968	0	0	0
厚生年金保険料	29,280	0	0	0
住民税	0	0	0	0
控除合計	55,070	3,152	3,746	9,168
差引支給額	278,530	128,848	143,854	270,432

25%+時間外割増賃金率50%=75%となります。残業時間の多い業種では、仕事の割り振りや人員の手配も考慮しながらの経営が求められます。

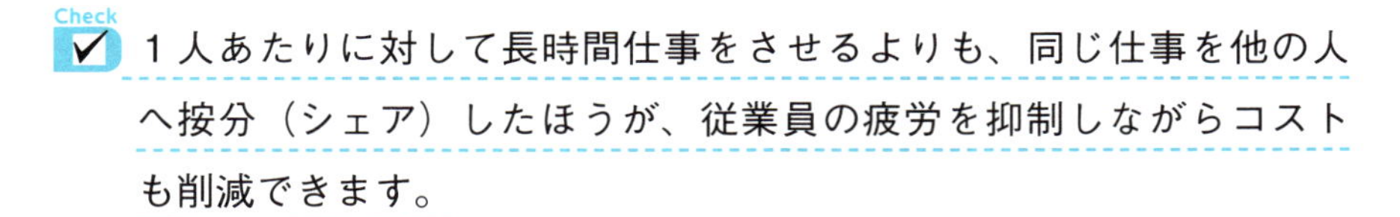
Check
1人あたりに対して長時間仕事をさせるよりも、同じ仕事を他の人へ按分（シェア）したほうが、従業員の疲労を抑制しながらコストも削減できます。

●時間外労働の上限を超えた場合の罰則

時間外労働の上限は、罰則付きで法律に規定されています。違反した場合には、罰則（6ヶ月以下の懲役または30万円以下の罰金）が科される場合があります。

中小企業の判断基準

中小企業の区分は、下記の①または②を満たすかどうかにより企業単位で判断されます。

業　　種	①資本金の額または出資の総額	②常時使用する労働者数
小売業	5,000万円以下	50人以下
サービス業	5,000万円以下	100人以下
卸売業	1億円以下	100人以下
上記以外のその他業種	3億円以下	300人以下

給与計算関係の法改正は大企業、中小企業で施行日が異なる場合が多いので、中小企業の区分を的確に把握することで自社における法改正適用時期が明確になります。従業員の増加や資本金増額により中小企業の範囲を超える場合もありますので、注意が必要です。

※参照：厚生労働省「月60時間を超える時間外労働の割増賃金率が引き上げられます」
https://www.mhlw.go.jp/content/000930914.pdf

所定内残業と所定外残業

残業手当の計算

残業が発生した場合、適正な割増率で残業を計算する必要があります。各従業員の所定労働時間を超過した場合の残業が法定残業になる場合と、そうでない場合があるので注意が必要です。

●所定労働時間と法定労働時間

時間外労働については、**対象となる従業員の「残業」と法律上の「時間外労働」では異なる場合**があります。

いわゆる「残業」というと、会社で定めた対象労働者の**所定労働時間**を超える時間のことを意味します。

しかし、労働基準法上の「時間外労働」とは、**法定労働時間（原則１日８時間・１週40時間）**を超える時間のことを意味します（右ページ図参照）。

●休日労働も同じ

なお、「**休日労働**」についても同様に注意が必要になります。

「休日労働」というと、会社で定める**所定休日**に労働した場合と考えているケースが多いのですが、法律上の「休日労働」とは、労働基準法で定められた**法定休日**に労働した場合を意味します。

労働基準法では原則として、会社は労働者に対して**毎週少なくとも１日の休日（法定休日）**を与えなければならないとされています。よって、会社の休み、従業員の休みの日に出勤したからといって、必ずしも休日労働になるわけではありません（右ページ図を参照）。

このように正しい知識がないと、残業や休日出勤手当の計算を間違えてしまい、通常よりも多く支給してしまう場合もあります。

※参照：厚生労働省「時間外労働の上限規制　わかりやすい解説」
https://www.mhlw.go.jp/content/000463185.pdf

CASE：時間外労働

①始業時刻9時、休憩時間12時～13時、終業時刻17時（所定労働時間7時間）の従業員が、その日、始業時刻9時、休憩時間12時～13時、終業時刻18時の場合

従業員からすれば、1時間残業していることになります。しかし、労働時間は合計8時間のため、法定労働時間の8時間を超過しているわけではありません。よって、残業時間1時間については割増25%は発生しません。

②始業時刻9時、休憩時間12時～13時、終業時刻16時（所定労働時間6時間）の従業員が、その日、始業時刻9時、休憩時間12時～13時、終業時刻19時の場合

従業員からすれば、3時間残業していることになります。しかし、労働時間は合計9時間のため、法定労働時間の8時間を超過している時間は1時間になります。よって、残業時間1時間については割増25%になり、他の2時間については割増の対象外となります。

CASE：休日労働

所定労働時間1日8時間、所定休日が毎週土曜日、日曜日（週休2日制）、法定休日は日曜日と定めている。

①土曜日に休日出勤（8時間勤務）した場合

➡従業員からすれば本来休みの日（土曜日）に出勤しているので休日出勤だが、労働基準法上の休日出勤は法定休日である日曜日に出勤した場合に適用されるため、この事例では休日出勤とはならず、割増35%は発生しないことになる。

しかし、週の労働時間が40時間を超過した場合には、超過した分が残業となるので8時間について残業計算をする必要がある。

②土曜日に休日出勤（2時間勤務）した場合

➡事例①と同様に従業員からすれば本来休みの日（土曜日）に出勤しているので休日出勤だが、労働基準法上の休日出勤は法定休日である日曜日に出勤した場合に適用されるため、この事例では休日出勤とはならず、割増35%は発生しないことになる。

しかし、週の労働時間が40時間を超過した場合には、超過した分が残業となるので2時間について残業計算をする必要がある。

残業時間は15分単位、30分単位

正しい残業時間のルール

会社によっては、「独自の残業ルール」が存在する場合があります。私自身、サラリーマン時代に勤務していた会社では「残業は30分を超えたら」という謎のルールが存在し、サービス残業の温床となっていました。

残業時間の把握（集計）は、労働基準法に準じて行わなければ、正しい給与計算はできません。また、会社としては**未払い残業**が生じると、**労働基準法違反**になってしまいます。さらに、従業員が労働基準監督署に通報（相談）したり、弁護士に依頼したりすれば、裁判に発展するケースもありえます。

●正しい残業時間のルール

1日単位の残業集計は**1分単位が原則**です。しかし、例外として、**1ヶ月**における残業時間は**30分未満を切り捨て、それ以上を1時間に切り上げる**ことが可能です。

ですので、1日単位で15分、30分、1時間以上経過しないと残業にならないような独自のルールは**違法**となります。見落としがちなルールなので、注意しましょう。正しい給与計算を実施するためには、**法律通りの残業時間の集計**が重要です。

ちなみに、30分以上残業した場合に残業とカウントする独自ルールを設定している会社の場合、毎日20分残業したと仮定して未払い時間を試算すると、次の通り、かなりの時間数・金額になります。

1ヶ月の所定労働日数20日と仮定した場合

20日×20分＝400分（6時間40分）×12ヶ月＝4,800分（80時間）

80時間×残業単価2,343円（基本給30万円の場合）＝18万7,500円

同様の従業員が仮に20人いる場合、年額約375万円になります。労働基準法違反による未払残業代金は、積み重なると膨大な金額になっていきますので、留意しましょう。

●給与計算ソフトの設定の確認

タイムカード等の勤怠情報を給与計算ソフトに取り込んで集計している場合、給与計算ソフトによっては集計方法を自由に設定できるものもあります。

始業時間を設定し、それ以前の時間はカウントしないケース、勤務時間を15分、30分などの区分で設定して、未集計の時間が発生しているケースをよく見かけます。

- **CASE①9時始業と設定していて、8時に早出出勤してもカウントされない。**
- **CASE②残業の設定が30分単位（1日あたり）とされていて、25分残業してもカウントされない。**

7 割増率は25%
深夜労働手当の計算

深夜労働とは**22時から翌朝５時まで**の時間帯を指します。この時間に勤務した場合には**25%の割増賃金**を**深夜手当**等として支給しなければなりません。

例えば、**通常の勤務時間に深夜時間帯がある場合**（警備員、深夜清掃、深夜工場勤務、コンビニエンスストアなど）であっても、深夜労働の割増は発生することになります。

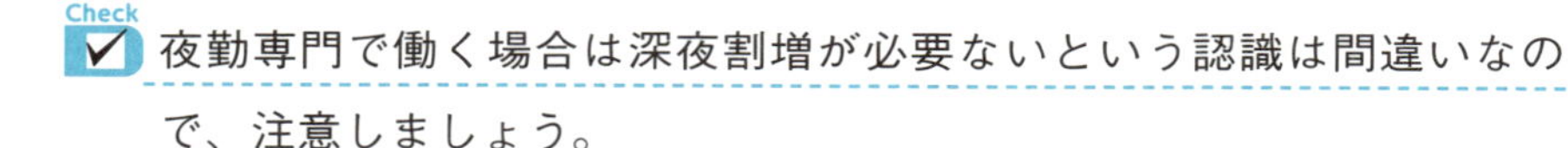

Check 夜勤専門で働く場合は深夜割増が必要ないという認識は間違いなので、注意しましょう。

●深夜労働と残業の時間が重なる場合

また、**深夜労働が残業時間と重なった場合**には割増率も変更となります。

- **時間外労働＋深夜労働＝割増率50%**
- **月の時間外労働が60時間を超過した場合＋深夜労働＝75%**

割増率は時間外労働、深夜労働、休日労働、時間外労働60時間超などに応じて、それぞれの割増率が加算されていきます。

深夜労働の割増賃金計算

深夜労働の割増賃金＝1時間あたりの基礎賃金（※）×割増率×深夜労働に従事した時間

※1時間あたりの基礎賃金＝月給基礎賃金（A）÷１年間における１ヶ月平均所定労働時間（B）

(A)「1時間あたりの基礎賃金」は、月給制の場合、次の計算式で計算（月給より通勤手当、家族手当等、法律上計算に含めない部分を控除して算出）

(B) １年間の所定労働日数×１日所定労働時間÷12ヶ月

深夜労働の計算方法

【CASE①時間外労働＋深夜労働】 始業時刻9時、休憩時間12時～13時、終業時刻18時（所定労働時間8時間）の時給1500円の従業員（アルバイト）が、その日、始業時刻9時、休憩時間12時～13時、終業時刻23時の場合

※時間外労働の際に深夜労働を実施した場合には割増率は加算して計算を行う必要がある。

勤務時間	割増率				計算方法	支給金額	備考
	残業	深夜	休日労働	合計			
9時～12時	0%	―	―	0%	1500円×3時間	4,500	所定労働
13時～18時	0%	―	―	0%	1500円×5時間	7,500	所定労働
18時～22時	25%	―	―	25%	1500円×4時間×1.25	7,500	残業
22時～23時	25%	25%	―	50%	1500円×1時間×1.5	2,250	深夜＋残業
合計						21,750	

【CASE②休日労働＋時間外労働＋深夜労働】 始業時刻10時、休憩時間12時～13時、終業時刻19時（所定労働時間8時間）の時給1400円の従業員（アルバイト）が、法定休日に始業時刻9時、休憩時間12時～13時、終業時刻24時の場合

※時間外労働と同様に、休日労働した日に深夜労働を実施した場合も割増率は加算して計算を行う必要がある。

勤務時間	割増率				計算方法	支給金額	備考
	残業	深夜	休日労働	合計			
10時～12時	0%	―	35%	35%	1400円×2時間×1.35	3,780	休日労働
13時～19時	0%	―	35%	35%	1400円×6時間×1.35	11,340	休日労働
19時～22時	25%	―	35%	60%	1300円×3時間×1.60	6,720	休日労働＋残業
22時～24時	25%	25%	35%	85%	1300円×2時間×1.85	5,180	休日労働+残業+深夜
合計						27,020	

【CASE③休日労働＋法定内残業＋時間外労働＋深夜労働】 始業時刻9時、休憩時間12時～13時、終業時刻17時（所定労働時間7時間）の時給1300円の従業員（アルバイト）が、法定休日に始業時刻9時、休憩時間12時～13時、終業時刻24時の場合

※例②と同じ考え方になるが、法定内残業もあると計算が複雑化してくる。

勤務時間	割増率				計算方法	支給金額	備考
	残業	深夜	休日労働	合計			
9時～12時	0%	―	35%	35%	1300円×3時間×1.35	5,265	休日労働
13時～17時	0%	―	35%	35%	1300円×4時間×1.35	7,020	休日労働
17時～18時	0%	―	35%	35%	1300円×1時間×1.35	1,755	休日労働+法定内残業
18時～22時	25%	―	35%	60%	1300円×4時間×1.60	8,320	休日労働＋残業
22時～24時	25%	25%	35%	85%	1300円×2時間×1.85	4,810	休日労働+残業+深夜
合計						27,170	

割増率は35%

8 休日出勤手当の計算

休日出勤した際には、35%の**割増賃金**を**休日出勤手当**として支給する必要があります。ここで注意すべき点は、法定休日に出勤した場合に休日出勤手当の対象になるのであって、**法定休日ではない休日に出勤した場合には対象とはならない**ことです。休日労働をした際であっても、**振替休日**になった場合には休日出勤ではなくなります。

代休の場合には休日出勤になります。休日出勤した日が振替休日、代休となった場合には、どちらが適用されるのかを確認する必要があります。適正に把握しておかないと割増率が異なり、ミスの原因になります。

振替休日と代休との違い

●**振替休日**……**あらかじめ休日と定められていた日**を労働日として、そのかわりに**他の労働日を休日とする**こと。

あらかじめ休日と定められた日が「労働日」となり、そのかわりとして振り替えられた日が「休日」となります。したがって、**もともとの休日に労働させた日**については「休日労働」とはならず、休日労働に対する割増賃金の支払義務も発生しません。

●**代休**……休日労働が行われた場合にその代償として以後の特定の労働日を休みとするもので、前もって休日を振り替えたことにはなりません。よって、**休日労働分の割増賃金**を支払う必要があります。

項　目	ポイント	備　考
振替休日	あらかじめ（前もって）	休日労働とはならない
代休	後日決定	休日労働となる

CASE①：固定給（正社員）

土曜日、日曜日休みの場合

曜　日	出勤・休日	労働時間	備　考
月曜日	出勤日	9時～18時	
火曜日	出勤日	9時～18時	
水曜日	出勤日	9時～18時	
木曜日	出勤日	9時～18時	
金陽日	出勤日	9時～18時	
土曜日	休日①	所定休日	注1
日曜日	休日②	法定休日	

休日①➡休日労働には該当しない（週40時間を超過した場合には残業が発生する）
休日②➡休日労働に該当する（35%の割増が必要）
※注1：従業員からしたら休日になるが、仮に出勤しても法定休日ではないので休日労働ではない。

CASE②：時間給（アルバイト）

火曜日休みの場合

曜　日	出勤・休日	労働時間	備　考
月曜日	出勤日	9時～12時	
火曜日	休日③	法定休日	
水曜日	出勤日	13時～19時	
木曜日	出勤日	11時～16時	
金陽日	出勤日	10時～15時	
土曜日	出勤日	13時～18時	
日曜日	出勤日	14時～20時	

休日③➡休日労働に該当する（35%の割増が必要）
※週休1日のため、休日に出勤した場合には休日出勤となり割増が必要。

CASE③：時間給（アルバイト）

月曜日、木曜日、日曜日休みの場合

曜　日	出勤・休日	労働時間	備　考
月曜日	休日④	所定休日	注2
火曜日	出勤日	9時～18時	
水曜日	出勤日	9時～18時	
木曜日	休日⑤	法定休日	
金陽日	出勤日	9時～18時	
土曜日	出勤日	13時～18時	
日曜日	休日⑥	所定休日	注3

休日④⑥➡休日労働には該当しない（週40時間を超過した場合には残業が発生する）
休日⑤➡休日労働に該当する（35%の割増が必要）
※注2,3：従業員からしたら休日になるが、仮に出勤しても法定休日ではないので休日労働ではない。

9

休業手当は６割以上

会社都合の休日

会社都合（使用者の責に帰すべき自由）で従業員を休ませた場合、**平均賃金の６割以上の休業手当**を支給しなければなりません。欠勤控除等で給与を減額することは許されません。

会社都合とは、天災事変（地震、噴火、台風、津波など）のような不可抗力の場合を除くすべての場合のことをいいます。例えば、**経営不振、資材不足、生産調整、人員不足、閑散期**等の理由により従業員を休業させる場合に、**休業手当**の支給が必要になります。

Check ☑ 休業手当は６割以上であれば、６～10割（全額）までの幅の中で支給金額を選択することが可能です。

Check ☑ 所定休日については、本来労働する日ではないので休業手当の支給は不要です。
「ストライキ」の期間も、休業手当を支給する必要はありません。ストライキとは労働の意志がなく、従業員側が意図的に休むことでの抗議活動なので、会社都合には当たりません。

●パート・アルバイトにも適用される

休業手当は社員のみならず、**パート・アルバイト等の時給制の従業員にも適用されます。**

よくある事例としては、飲食店等のお客様商売の場合に１日８時間勤務（当日のシフト予定）の時給制の従業員が、上司等に「今日はお客様がいないので早めに上がっていいよ」と言われて５時間勤務だった場合、３時間分については休業手当の支払いが必要になります。

このようなケースで休業手当が支給されていない場合を多く見かけますので、注意が必要です。

※参照：厚生労働省「休業手当の計算について」
https://jsite.mhlw.go.jp/shiga-roudoukyoku/content/contents/000651773.pdf
厚生労働省「休業手当について」
https://jsite.mhlw.go.jp/gunma-roudoukyoku/content/contents/000801416.pdf

CASE①：固定給（契約社員）生産工場

土曜日、日曜日休みの場合

曜　日	出勤・休日	所定労働時間	実際の勤務	会社都合の休業	備　考
月曜日	出勤日	9時～18時	9時～18時		
火曜日	出勤日	9時～18時	9時～18時		
水曜日	出勤日	9時～18時	9時～18時		
木曜日	出勤日	9時～18時		9時～18時	6割以上の休業手当支給
金陽日	出勤日	9時～18時	9時～18時		
土曜日	休日				
日曜日	休日				

- 会社都合の休業時間について6割以上の休業手当を支給する義務がある。
- 木曜日は在庫過剰のため、生産調整を行う都合で休業とした。

CASE②：時間給（アルバイト）美容院

金曜日、日曜日休みの場合

曜　日	出勤・休日	所定労働時間	実際の勤務	会社都合の休業	備　考
月曜日	出勤日	9時～12時	9時～12時		
火曜日	出勤日	9時～18時		9時～18時	6割以上の休業手当支給
水曜日	出勤日	13時～18時	13時～18時		
木曜日	出勤日	9時～18時	9時～18時		
金陽日	出勤日	10時～19時	10時～14時	14時～19時	6割以上の休業手当支給
土曜日	休日				
日曜日	休日				

- 会社都合の休業時間について6割以上の休業手当を支給する義務がある。
- 火曜日は予約状況よりアルバイトは必要ないと判断して、急きょ対象者を休みにした。
- 金曜日は予約が14時以降なかったので、人件費削減のために早めに帰ってもらった。

10 給与から控除する金額を正確に把握しよう

住民税の特別徴収

住民税の特別徴収は、基本的な知識がないと給与計算の間違いの原因となりますので、特に注意が必要です。

住民税の通知は毎年５月に市区町村より郵送され、６月分より変更となります。よく見かけるケースとしては、以下のようなものがあります。

- **住民税が変更になっているのにもかかわらず、前年と同額が控除されているケース**
- **住民税は通常の年度であれば６月分控除、７月以降分控除により金額が異なるケース**

他にも、６月分控除を７月以降も控除しているケースもあります。

住民税は、簡単に説明すると、前年の所得に基づき、市区町村で住民税が計算され、住民税の特別徴収に係る書類一式が従業員の居住する各市区町村より会社に郵送されます。

●普通徴収と特別徴収の違い

住民税の控除には、徴収方法が２種類あります。

住民税の徴収方法

種　類	支払方法	控除方法	納付回収	納付（控除）	備　考
普通徴収	個人	―	4回	6月、8月、10月、翌年1月	例外
特別徴収	会社	給与から	12回	5月～翌年6月 ※給与から控除して翌月10日納付	原則

・**普通徴収**……対象者の自宅に市区町村から納付書等が郵送されてきます。

納付期限は「６月・８月・10月・翌年１月」の４期に区分されています。

住民税の流れについて

①年末調整（会社）

↓

②給与支払報告書

↓

③従業員の居住している市区町村

田中 台東区	太田 新宿区	山本 北区	木村 船橋市	鈴木 豊島区
坂本 越谷市	鎧塚 草加市	大西 足立区	涼宮 横浜市	川島 大宮市
松本 渋谷区	白石 世田谷区	朝比奈 浦和市	鶴巻 江東区	高坂 千葉市

④会社へ特別徴収書類一式

①原則年の最後の支給日に年末調整を実施
②年末調整に基づく、給与支払報告書を翌年の1月31日までに各市区町村へ郵送
③各市区町村で住民税が計算される
④各市区町村より会社へ特別徴収の書類一式が郵送されてくる

POINT

・各市区町村別に郵送等を実施する
・各市区町村により書類の雛形がすべて異なる
・各市区町村別に手続きが必要となる

デメリット

・保管する際に書類（納付書・特別徴収のしおり（手引き））の大きさも異なるため、不便
・納付書も12ヶ月分×対象市区町村数のため、重ねると非常に重く事務処理も非効率
・人数が多いと、納付書を探し出して記載するのに大変時間がかかる
・途中（6月～翌年5月）に同じ市区町村の従業員が退職して納付金額が変更になる場合、納付書の金額の訂正が大変

・**特別徴収**……年末調整後の給与支払報告書で、市区町村で住民税の計算が行われ、会社に各従業員の居住する市区町村別に特別徴収の書類一式が郵送されてきます（例年は５月くらい）。

住民税額は**６月分給与から翌年５月まで**12分割され、毎月の給与額から控除して、原則**翌月10日まで**に**各市区町村**に対して会社が納付します。

●特別徴収の対象者がいる場合

特別徴収の対象者がいる場合に、市区町村から会社（特別徴収義務者）へ郵送されてくるのは「特別徴収税額通知書（特別徴収義務者用）」や「特別徴収税額通知書（納税義務者用）」、特別徴収の冊子などです。

この冊子は捨てないで保管しておきましょう。この中に「特別徴収義務者の異動届出書」「給与所得者の異動届出書」「特別徴収切替届出（依頼）書」などの申請用紙があります。

最近では電子申請や市区町村のホームページからのダウンロードも可能となりました。

各種届出用紙、納付書等は市区町村で統一がされていないため、各従業員の所在地の市区町村から毎年５月に届く特別徴収は、さまざま封筒の色・形で、書類の雛形もそれぞれ異なりますので注意しましょう。数百人以上の会社で、全国展開しているとなると、従業員の居住地は広範囲に及びます。

特別徴収税額通知書（納税義務者用）は対象の従業員に渡します。

●特別徴収税額通知書（特別徴収義務者用）

給与計算時に控除する住民税は、該当の市区町村より郵送される「特別徴収税額通知書（特別徴収義務者用）」に記載された月割額を、毎月給与の支払いの際に控除します。

●新卒者の場合（前年の所得がない従業員の場合）

住民税は前年の所得に基づき計算される税金なので、新卒者等前年の所得がない場合には納付金額がありません。

住民税の控除がある人、ない人があることを認識しましょう。

よって、新卒者等については**翌年に住民税の特別徴収**が発生します。その際に従業員本人からすると手取りが減少しますので、１年間頑張って仕事をしてきたのに給与が減ったとショックを受けて退職するケースも耳にします。

住民税のシステムはわかりづらいので、給与担当者としては単に計算をするだけではなく、従業員に寄り添い、わかりづらい項目については丁寧に説明してあげるのも業務のひとつかもしれません。

中途入社の場合には、前職の会社で退職時に特別徴収で一括控除して納付しているケースもあるので、住民税の処理を確認する必要があります。

●給与計算ソフトを使用している場合の注意点

給与計算ソフトでは、住民税（特別徴収）の金額を通常6月分と7月分以降として入力しています。これにより毎月住民税の金額を入力しなくても自動的に表示、計算できるシステムになっていますが、住民税の金額が変わるタイミングで、自分で入力（市区町村からの個人別データより）して設定し直さないといけないので注意が必要です。

給与計算ソフトが自動的に設定するわけではありません。新しい住民税の設定を入力しなくても、前年の金額が設定されており、給与計算上は住民税が表示されますので、つい忘れてしまいがちです。気をつけましょう。

11 中途入退社時の計算

中途入社時や退社時については給与が日割計算になる可能性が高いため、各種支給・控除項目について注意すべき点がいくつかあります。

●社会保険の計算

社会保険料は日割計算の概念はありませんが、控除する月が会社により異なるので注意が必要です。

	日割計算	社会保険料の控除について
中途入社（中途採用）時の注意	給与の締日の初日以外の入社の場合には日割計算が生じる	給与の締日、支払日および控除する月（会社によって当月控除、翌月控除、翌々月控除など）によって控除する時期が異なる
退職時の注意	給与の締日当日の前日以前に退職した場合には日割計算が生じる	給与の締日、支払日および控除する月（会社によって当月控除、翌月控除、翌々月控除など）によって控除する時期が異なるため、退職時に社会保険料を控除しない、控除する、２ヶ月分控除するパターンがある

なお、社会保険料は控除する月が明確に定められているわけではありません。一般的には、社会保険料の納付が翌月末であることから、翌月控除で計算されています。会社によっては、当月控除、翌月控除の従業員が混在しているケースもあります。

いずれにしても、**何月分の社会保険料をいつ（何月）の支給月で控除しているのか**を適正に把握する必要があります。

●通勤手当・役職手当・職務手当等の固定的手当の支給

通勤手当・役職手当・職務手当等については、就業規則に事前に定めておく必要があります。基本的には毎月同額の手当になりますが、給与の計算期間の途中で入社・退職をした場合に、**日割計算で支給するのか、それとも月額を全額支給するのか**、ルールを定めておく必要があります。

社会保険料の控除

控除月パターン	社会保険料の納付期日	備　　考
当月控除	翌月末	先に控除して翌月納付
翌月控除	翌月末	当月に控除して当月納付
翌々月控除	翌月末	先に納付して翌月控除

●社会保険料の控除にはさまざまなパターンがあり、会社により異なる。
自社の控除の時期を適正に把握しよう！

●社会保険料の控除について

社会保険料の控除について理解できておらず、計算を間違えてしまうことが非常に多いです。以下、ケースで見てみましょう。

CASE①：当月控除※たまにある

3月1日～31日勤務→3月末支払い：月末締め、当月末払い
標準報酬月額32万円　40歳未満　会社所在地：東京
3月末払い分より控除、4月末納付➡会社が1ヶ月分の社会保険料部分を預かる

	本人負担	会社負担	納付金額
健康保険料	18,528	18,528	37,056
厚生年金保険料	29,280	29,280	58,560
社会保険料	47,808	47,808	95,616
	↓		↓
	3月末控除		4月末納付

CASE②：翌月控除※一般的

3月1日～31日勤務→4月末支払い：月末締め、翌月末払い
標準報酬月額32万円　40歳未満　会社所在地：東京
4月末払い分より控除、4月末納付➡会社は社会保険料控除と同日に納付

	本人負担	会社負担	納付金額
健康保険料	18,528	18,528	37,056
厚生年金保険料	29,280	29,280	58,560
社会保険料	47,808	47,808	95,616
	↓		↓
	4月末控除		4月末納付

CASE③：翌々月控除※稀にある

3月1日～31日勤務→5月5日支払い：月末締め、翌々月5日払い
標準報酬月額32万円　40歳未満　会社所在地：東京
5月5日末払分より控除、4月末納付➡会社は社会保険料を一時立替

	本人負担	会社負担	納付金額
健康保険料	18,528	18,528	37,056
厚生年金保険料	29,280	29,280	58,560
社会保険料	47,808	47,808	95,616
	↓		↓
	5月末控除		4月末納付

●途中入退社時の住民税の計算

給与計算に影響してくるのが**住民税の特別徴収**です。そのためには、住民税自体を適正に理解する必要があります。

住民税とは、**対象年の１月１日に対象者が居住する（住民票を置く）地域に支払う税金**です。

Check 都道府県が課税する「都道府県民税」と、市区町村が課税する「市区町村民税」の２つが合算されています。

税額は、所得にかかわらず、各自治体で定められた金額が設定されている**均等割**と、対象年の前年（１月から12月）の所得に基づいて算出される**所得割**を合算した金額となります。

Check 所得額等によって毎年変動します。

中途入社の従業員は、**前職で特別徴収をしている場合、退職の時期等により普通徴収になっている場合、退職時に残っている住民税を控除（納付）している場合**があります。

よって、住民税の支払い状況を確認する必要があります。

普通徴収が適用されている場合で納付残高がある場合には、入社のタイミングで普通徴収から特別徴収へ切り替える手続きを行います。

切替の手続きをする場合には、対象者（従業員）から普通徴収の用紙等を回収して、市区町村へ連絡（納付状況を確認）します。そして、各市町村の役所等に「**特別徴収切替届出書**」の届出を会社で実施する必要があります。

中途入社の場合：住民税

パターン	前　職	退職後	入社後	備　　考
①	普通徴収	普通徴収	特別徴収	「特別徴収切替届出（依頼）書」で手続き
②	特別徴収	普通徴収	特別徴収	「特別徴収切替届出（依頼）書」で手続き
③	特別徴収	一括納付	控除なし	手続きなし

CASE①：中途入社・翌月控除

給与締日：月末、支払日：翌月末、社会保険料：翌月控除
入社日：５月１日、標準報酬月額30万円、45歳

	（６月末支給） 5/1～5/31	（7月末支給） 6/1～6/30	（8月末支給） 7/1～7/31
支給額日割計算の有無	無	無	無
控除の有無	有	有	有
健康保険料	17,370	17,370	17,370
厚生年金保険料	27,450	27,450	27,450
社会保険料合計	44,820	44,820	44,820

※令和６年３月分からの健康保険・厚生年金保険の保険料額表（東京）

➡５月分の社会保険料を６月支給分より控除する　※社会保険料は月額計算のため、日割計算は行わない

CASE②：中途入社・翌月控除

給与締日：月末、支払日：翌月末、社会保険料：翌月控除
入社日：4月25日、標準報酬月額26万円、24歳

	（5月末支給） 4/25～4/30	（6月末支給） 5/1～5/31	（7月末支給） 6/1～6/30
支給額日割計算の有無	有	無	無
控除の有無	有	有	有
健康保険料	12,974	12,974	12,974
厚生年金保険料	23,790	23,790	23,790
社会保険料合計	36,764	36,764	36,764

※令和６年３月分からの健康保険・厚生年金保険の保険料額表（東京）

➡4月分の社会保険料を5月支給分より控除する　※社会保険料は月額計算のため、日割計算は行わない

CASE③：中途入社・当月控除

給与締日：末日、支払日：当月末日、社会保険料：当月控除
入社日：7月10日、標準報酬月額32万円、31歳

	（7月末支給） 7/10～7/31	（8月末支給） 8/1～8/31	（9月末支給） 9/1～9/30
支給額日割計算の有無	有	無	無
控除の有無	有	有	有
健康保険料	15,968	15,968	15,968
厚生年金保険料	29,280	29,280	29,280
社会保険料合計	45,248	45,248	45,248

※令和６年３月分からの健康保険・厚生年金保険の保険料額表（東京）

➡7月分の社会保険料を7月支給分より控除する　※社会保険料は月額計算のため、日割計算は行わない

CASE④：中途入社・翌々月控除

給与締日：25日、支払日：翌々月10日、社会保険料：翌々月控除
入社日：7月5日、標準報酬月額47万円、48歳

	（9月10日支給） 7/5～7/31	（10月10日支給） 8/1～8/31	（11月10日支給） 9/1～9/30
支給額日割計算の有無	有	無	無
控除の有無	有	有	有
健康保険料	27,213	27,213	27,213
厚生年金保険料	43,005	43,005	43,005
社会保険料合計	70,218	70,218	70,218

※令和６年３月分からの健康保険・厚生年金保険の保険料額表（東京）

➡7月分の社会保険料を9月支給分より控除する　※社会保険料は月額計算のため、日割計算は行わない

CASE①：中途退職・翌月控除

給与締日：月末、支払日：翌月末、社会保険料：翌月控除
退職日：5月31日、標準報酬月額30万円、55歳

	（6月末支給）	（7月末支給）	（8月末支給）
	5/1 ～ 5/31	6/1 ～ 6/30	―
支給額日割計算の有無	無	―	―
控除の有無	有	―	―
健康保険料	17,370	―	―
厚生年金保険料	27,450	―	―
社会保険料合計	44,820	―	―

※令和６年３月分からの健康保険・厚生年金保険の保険料額表（東京）

➡5月分の社会保険料を6月支給分より控除する　※社会保険料は月額計算のため、日割計算は行わない

CASE②：中途退職・翌月控除

給与締日：月末、支払日：翌月25日、社会保険料：翌月控除
退職日：4月20日、標準報酬月額26万円、22歳

	（5月25日支給）	（6月25日支給）	（7月25日支給）
	4/1 ～ 4/20	5/1 ～ 5/31	―
支給額日割計算の有無	有	―	―
控除の有無	無	―	―
健康保険料	0	―	―
厚生年金保険料	0	―	―
社会保険料合計	0	―	―

※令和６年３月分からの健康保険・厚生年金保険の保険料額表（東京）

➡4月分の社会保険料は発生しないため、5月支給分からは控除しない
※社会保険料は月額計算のため、日割計算は行わない

CASE③：月末退職・当月控除

給与締日：末日、支払日：当月末日、社会保険料：当月控除
退職日：7月31日、標準報酬月額32万円、37歳

	（7月末支給）	（8月末支給）	（9月末支給）
	7/1 ～ 7/31	8/1 ～ 8/31	
支給額日割計算の有無	無	―	―
控除の有無	有	―	―
健康保険料	15,968	0	―
厚生年金保険料	29,280	0	―
社会保険料合計	45,248	0	―

※令和６年３月分からの健康保険・厚生年金保険の保険料額表（東京）

➡7月分の社会保険料を7月支給分より控除する　※社会保険料は月額計算のため、日割計算は行わない

CASE④：月末退職・翌月控除

給与締日：25日、支払日：翌月10日、社会保険料：翌月控除
退職日：1月31日、標準報酬月額47万円、53歳

	（2月10日支給）	（3月10日支給）	（4月10日支給）
	12/26 ～ 1/25	1/26 ～ 1/31	
支給額日割計算の有無	無	有	―
控除の有無	有	無	―
健康保険料	27,213	0	―
厚生年金保険料	43,005	0	―
社会保険料合計	70,218	0	―

※令和６年３月分からの健康保険・厚生年金保険の保険料額表（東京）

➡2月10日支給分で1月分の社会保険料を控除している。よって、3月10日は控除なし
※社会保険料は月額計算のため、日割計算は行わない

会社のルールを確認

有給取得時・休業中の通勤手当

通勤手当の支払いは法定義務ではありませんが、就業規則や雇用契約書等で定めている場合には支給する必要があります。

その場合に問題になってくるのは、**有給休暇を取得した日や休業中に対する通勤手当の取扱い**になります。

具体的には、会社で定めた通勤手当が支給される定義を明確にしていないケースが多く見受けられます。

▶ CASE①：退職する際に有給消化で約１ヶ月有給を取得し、１日も出勤しないケース

会社としては、実際に出勤していないので通勤手当を支給しないと主張することもできるかもしれませんが、従業員側からすると、実際に出勤した日に対して支給すると明記されていない限り、通勤手当が支給されると主張することができます。

▶ CASE②：長期の休業で傷病手当金を受給しながら休養しているケース

出勤していなければ給与は０円ですが、通勤手当について明確な定義がなければ、支給について会社側と従業員側で揉める可能性もあります。

よって、会社側に有利な取扱いを定める場合には、通勤手当は**実際に出勤した日**に対して支給することとし、有給休暇取得日や休業中については、実際に出勤していないので通勤手当は支給しない旨を**就業規則等に明記**しておく必要があります。

さらに、**計算詳細**も定めておく必要があります。「１日の通勤手当×出勤日数」で計算されている場合には計算しやすいですが、例えば定期代を支給している場合に、３ヶ月分を申請する場合には「暦日計算」にするの

か、それとも「所定労働日数」で計算をするのかにより、算出される金額が異なってきます。事前に細かいことまで決めておかないとトラブルの原因になりますので注意しましょう。

通勤手当の金額や休業・有給日数によっては、月額でも大きな金額の差が生じてきます。実際の出勤に対してのみ通勤手当を支給する場合でも、所定労働日ベースと暦日ベースでは大きな差が発生します。

就業規則に特に定めがない場合には、有給休暇中や長期の休業についても通勤手当を支給することになりますので、会社のルールによって、その支給額は大きく変わってきます。

CASE①：通勤手当の支給例

通勤手当：月額25,000円、8月の所定労働日24日、暦日31日

・有給休暇を9日取得
・就業規則に「実際に出勤した日のみ通勤手当を支給」と明記されている

支給基準	支給額	減額金額	計算方法
所定労働日ベース	15,625円	9,375円	25,000円÷24日×（24日－9日）
暦日ベース	17,742円	7,258円	25,000円÷31日×（31日－9日）

CASE②：通勤手当の支給例

通勤手当：月額35,000円、3月の所定労働日24日、暦日31日

・体調不良で20日休業
・就業規則に「実際に出勤した日のみ通勤手当を支給」と明記されている

支給基準	支給額	減額金額	計算方法
所定労働日ベース	5,834円	29,166円	35,000円÷24日×（24日－20日）
暦日ベース	12,420円	22,580円	35,000円÷31日×（31日－20日）

所得税、雇用保険料、社会保険料

13 賞与の計算

会社が賞与を支給する場合、通常の給与支給と同様に、**賞与からも各種税金が控除される**ことになります。給与計算ソフト（給与計算ソフトのメーカーにより取扱いが多少異なる）を導入している場合には、通常の給与の項目とは別に、賞与を支給した際に入力するフォームがあることが多いです。

特に注意すべき点は**社会保険料**についてです。賞与を支給した場合にも、社会保険加入者であれば社会保険料が控除されるからです。

小規模の会社の場合、賞与の金額から税金などを控除せず、そのまま支給されているケースを見かけることもありますが、会計上は支給した金額（振込金額）より割り返して、賞与の総支給額（税金等控除前）を算出して処理されています。

▶ CASE：賞与を50万円支給する場合

賞与を仮に50万円支給する場合、50万円がそのまま対象従業員の手取りになるわけではなく、さまざまなものが控除されます。

また、会社側の経費負担額で考えた場合、仮に50万円を支給した場合には、雇用保険、社会保険、労災保険の会社負担分が発生しますので、**実際の賞与支給総額よりもコストが発生する**ことになります。

賞与から控除される税金関係については、右ページ図にまとめました。

ポイントとしては、支給対象者が**退職者、育児関係で休業中**の従業員の場合、そしてあまりないと思いますが、前月の給与支給がまだない人に対する賞与の支給になります。

●賞与支払報告書

会社が被保険者および70歳以上の被用者（厚生年金保険の加入基準を

賞与から控除される税金関係

項　目	控除の有無	備　　考
所得税	有	賞与の支給額－（「健康保険料」「介護保険料」「厚生年金保険料」「雇用保険料」）×源泉徴収税率
雇用保険	有	賞与の総額×被保険者負担分に該当する雇用保険料率 ●退職後、死亡後に支給した場合であっても控除される
社会保険料	有	前月給与の支給あり、なしで計算方法が異なる ●通常（前月給与あり）の場合は下記で計算 ・健康保険（協会けんぽの場合）の保険料率は、都道府県別に設定された保険料率 ・介護保険料は満40歳以上を対象に、標準賞与額の1.64％の折半負担分 ・厚生年金保険料率は平成29年8月以降、18.3％（9.15％ずつの折半負担） ●社会保険料が発生しない可能性があるケース ・退職する（した）従業員に賞与を支給する場合（社会保険の資格喪失後） ・産前産後や育児休業中の従業員に賞与を支給する場合
住民税	無	支給時に控除はしない ●翌年に影響する

満たした70歳以上の従業員）へ賞与を支給した場合には、**支給日より5日以内に「被保険者賞与支払届」を提出**する必要があります（➡巻末付録P.300）。

「賞与支払届」の対象となる賞与は、賃金、給料、俸給、手当、賞与その他名称を問わず、従業員が労働の対償として受けるもののうち、**年3回以下の支給**のものです。年4回以上支給されるものは賞与扱いではなく給与扱いとなります。

Check ☑ 労働の対価とみなされない結婚祝金等は対象外です。

●支給した金額は賞与なのか？

支給した金額について**賞与に該当するのか、しないのか**を適正に判断する必要があります。

臨時的に支給されるような大入り手当や臨時的なものについては、賞与として扱われません。社会保険料については**年４回以上**支給する賞与の場合には給与となるため、賞与支給時には社会保険料は控除されませんが、所得税等は発生します。さらに、標準報酬月額に影響する場合があります。

※参照：日本年金機構「従業員に賞与を支給したときの手続き」
https://www.nenkin.go.jp/service/kounen/hokenryo/hoshu/20141203.html

●賞与から控除する所得税

賞与の所得税の計算は、次の３つのパターンがあります。通常ではない

賞与支給にならない場合のメリット・デメリット

対　象	メリット	デメリット	備　考
従業員	社会保険料が発生しない ※手取り金額が増加する	将来の年金額に影響 （増加しない）	手取り増加分を自己で積み立てることでデメリットが解消される
会　社	社会保険料が発生しない ※支払経費が削減される	従業員のモチベーション向上が期待できないケースもある	支払経費が削減された金額を上乗せで支給することで支給金額の増加が可能

賞与に係る社会保険料の上限

項　目	適用される上限金額	備　考
健康保険	年度の累計額：573万円	年度とは毎年4月1日から翌年3月31日までを意味する
厚生年金保険	１ヶ月あたり：150万円	同月内に2回以上支給されるときは合算した額で上限額が適用される

所得税の計算３つのパターン

パターン	計算方法	備　考
①通常支給の場合	通　常	「給与所得者の扶養控除等申告書」を提出している場合
②前月の給与の金額の10倍を超える賞与を支給	特　殊	右ページ図参照
③前月に給与の支払いがない場合	特　殊	右ページ図参照

ケースは、計算が複雑化しているので注意が必要です。

- **①通常の場合（「給与所得者の扶養控除等申告書」を提出している場合）**
- **②前月の給与の金額（社会保険料等を差し引いた金額）の10倍を超える賞与（社会保険料等を差し引いた金額）を支払う場合**
- **③前月に給与の支払いがない場合**

※参照：国税庁「賞与に対する源泉徴収」
https://www.nta.go.jp/taxes/shiraberu/taxanswer/gensen/2523.htm

賞与に係る源泉所得税の計算方法・計算式

通常支給の場合

（1）	前月の給与から社会保険料等を差し引く
（2）	算出率の表の甲欄の扶養親族等の数に応じた上記（1）の金額の当てはまる行と「賞与の金額に乗ずべき率」欄との交わるところに記載されている税率を求める
（3）	（賞与から社会保険料等を差し引いた金額）×上記（2）の税率

前月の給与の金額の10倍を超える賞与を支給

（1）	（賞与から社会保険料等を差し引いた金額）÷6（または「12」）
（2）	上記（1）＋（前月の給与から社会保険料等を差し引いた金額）
（3）	上記（2）の金額を「月額表」に当てはめて税額を求める
（4）	上記（3）の税額－（前月の給与に対する源泉徴収税額）
（5）	上記（4）の税額×6（または「12」）

●賞与の計算期間が6ヶ月を超える場合には、上記算式の「12」を使って計算する

前月に給与の支払いがない場合

（1）	（賞与から社会保険料等を差し引いた金額）÷6（または「12」）
（2）	上記（1）の金額を「月額表」に当てはめて税額を求める
（3）	上記（2）の税額×6（または「12」）

●賞与の計算期間が6ヶ月を超える場合には、上記計算式の「12」を使って計算する

※参照：国税庁「賞与に対する源泉徴収」
https://www.nta.go.jp/taxes/shiraberu/taxanswer/gensen/2523.htm

扶養人数の増加・減少

扶養家族に変動があった場合

年の途中で、従業員の扶養家族の数に増減があった場合、給与計算に影響が出る項目（下記参照）があります。

増減に合わせて、「給与所得者の扶養控除等（異動）申告書」（➡巻末付録p.296）を従業員に記入してもらい会社で保管します。

所得税	影響がある
社会保険	社会保険料には影響しないが、手続きが必要
雇用保険	影響しない
労災保険	影響しない
住民税	影響しない ※ただし、翌年度の住民税の金額に影響がある

●所得税

扶養人数によって、従業員等が納める所得税の額が変動します。

12月31日時点での扶養親族1人ごとに扶養控除が適用され、扶養の人数が多いほど所得税の額は低くなります。

給与計算では、毎月の給与から**源泉所得税**を控除します。源泉所得税は、年間の所得税額の概算金額を月割りしたものになります。そのため、扶養控除により年間の所得税額が低い場合、源泉所得税の額も低くなります。

年の途中で扶養人数が増えると月々の源泉所得税の額は低くなり、扶養人数が減ると月々の源泉所得税の額は高くなります。

●増減を考慮しなかった場合

扶養人数の変更があった場合に、給与計算ソフトの扶養人数の変更をしなかったとしても、年末調整を実施することで所得税は精算されます。

しかし、扶養人数が変動した場合に、**月々の源泉所得税の額を訂正しないと、年末調整で還付または徴収する金額が大きくなる**ため、金額が多い場合には年末の給与に大きな影響が出ることがあります。

扶養家族の異動事例

項　　　目	備　考	増減
出産（誕生）	本人の場合、扶養の場合	増加
死亡		減少
就職		増加・減少
退職		増加・減少
結婚		増加・減少
離婚		増加・減少
就職先で社会保険に後から加入	給与・勤務時間の増加	減少
就職先で社会保険の資格喪失	給与・勤務時間の減少	増加
後期高齢者医療制度へ加入	原則75歳以上（例外65歳以上）	減少

15 積立をしていない従業員に注意

確定拠出年金を導入している場合

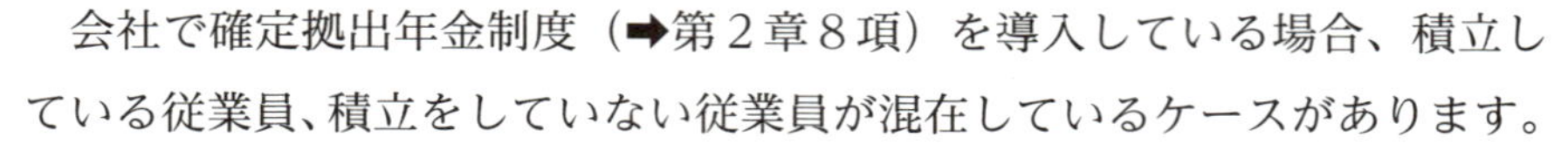

会社で確定拠出年金制度（➡第２章８項）を導入している場合、積立している従業員、積立をしていない従業員が混在しているケースがあります。

給与計算で注意すべきなのは、**積立をしていない場合**です。

積立している従業員は、積立金自体は給与計算には反映されず、会社の口座から確定拠出年金の掛金として自動引き落としされています。

一方、積立をしていない従業員は、本来積立をする金額を先に支給していることになります。具体的には、**生涯設計前払金**または確定拠出年金等として、金額を計上することになります。

給与計算上、生涯設計前払金として明確に区分して支給せずに、基本給や他の諸手当等で支給している場合には、生涯設計前払金を支給していないことになります。そのため、数年後に従業員から請求があった場合には、未払いとされる金額を全額支給することになる可能性が高いので、適正な処理が求められます。

※参照：厚生労働省「確定拠出年金について」
https://www.mhlw.go.jp/stf/seisakunitsuite/bunya/nenkin/nenkin/kyoshutsu/gaiyou.html

確定拠出年金と生涯設計前払金

単位：円

従業員	上野さん	亀井さん	早川さん	村井さん	坂本さん
確定拠出年金	積立なし	積立あり	積立あり	積立なし	積立あり
基本給	200,000	200,000	250,000	270,000	300,000
役職手当	20,000	20,000	30,000	20,000	50,000
職務手当	15,000	15,000	20,000	15,000	30,000
固定残業代	20,000	20,000	30,000	50,000	20,000
生涯設計前払金	20,000	0	0	20,000	0
総支給額	275,000	255,000	330,000	375,000	400,000
所得税	5,890	5,340	7,490	9,650	11,360
雇用保険料	1,375	1,275	1,650	1,875	2,000
健康保険料	16,030	14,885	19,465	21,755	23,472
厚生年金保険料	25,620	23,790	31,110	34,770	37,515
住民税	5,000	8,000	9,500	12,500	15,000
控除合計	53,915	53,290	69,215	80,550	89,347
差引支給額	221,085	201,710	260,785	294,450	310,653
確定拠出年金（掛金）	0	30,000	55,000	0	40,000

- 確定拠出年金は所得税、社会保険料、住民税は対象外
- 生涯設計前払金は所得税、社会保険料、住民税の対象となる

16 原則遡り不可

給与計算のミスがあった場合

給与計算をミスした場合には原則、**遡っての訂正は不可**です。理由としては、既に支給している金額が異なってしまう、会計データとも不一致になってしまうなど不都合が生じるからです。給与計算を正しく理解せずに、過去に遡って数字を訂正して大混乱するケースもあります。ミスが発覚した場合には、**直近の次回の給与計算**で訂正するのが一般的です。

●単純に給与ミスをした場合

単純なミスの場合には、間違えた金額を算出して、直近の給与計算で訂正を実施します。その際、訂正する項目の金額をダイレクトに変更する方法と、調整給等の項目を使用して訂正した数値を入力する方法の２種類があります。調整給等として入力して、備考または別紙に訂正理由を明記したほうがわかりやすいでしょう。

●先月の残業時間の計算が違う場合

残業計算の違い（所定外労働、深夜残業により労働時間が60時間を超過している場合には割増部分について注意）に気がついた場合には、その月の正しい残業時間で残業金額を算出します。その差額については、直近の給与計算で計上します。単に残業代金部分で訂正を実施した場合には、当月の正しい残業代金が不明確になるため、別項目での入力または備考等により訂正内容を明記することが望ましいです。

●休日出勤のタイムカード未打刻を発見した場合

①休日出勤日について、振替休日または、代休のどちらかを確認し、②給与計算期間中の代休取得の有無を確認します。さらに休日が法定休日、法定休日以外かにより休日出勤手当の場合と残業支給の場合に区分されま

す。

●有給休暇の取得が欠勤扱いとなっていた場合

有給休暇であれば、給与の減額は発生しません。しかし、欠勤扱いであれば、欠勤控除により給与が減額されていると思われます。よって、有給休暇になる日の欠勤控除の金額を算出して、直近の給与金額に欠勤控除のマイナス入力または調整給等の項目で減額している金額を加算して支給します。有給管理簿を作成している場合には、その訂正も必要です。

●雇用保険・社会保険に遡って加入した場合

雇用保険・社会保険の手続きが遅れているケース、または手続きが漏れていて遡って加入するケースがありますが、いずれにしても、加入日から考えて、本来控除すべき対象期間の給与計算が終わっている場合には、直近の次回の給与計算で控除することになります。一度、本来控除すべき月の給与計算を実施して正しい控除金額を算出した後、当該金額を集計して直近の給与から控除します。

●遡って昇給がなされた場合

遡って昇給がなされた場合には、直近の給与計算で昇給分を上乗せして支給します。この場合、昇給金額が大きいと、給与より控除する所得税が一時的に高額になるケースがありますが、年末調整を実施することで1年間の結果は同額になります。また、算定基礎届の訂正を実施するケースもあるので注意が必要です。本来手続きすべきところが抜けてしまうと、社会保険料の標準報酬月額が異なり、結果として給与計算も間違えることになります。

●中途入社による特別徴収の切り替え手続きの関係で住民税の控除する金額が市区町村から遅く届いた場合

給与計算における住民税の控除で、中途入社の人の場合、特別徴収に切り替える手続きを実施します。しかし、切替のタイミングによっては市区町村から切替後の書類等が遅くなるケースもあります。給与計算時に住民税の控除金額が不明の場合には、控除額を入力することができません。その場合には、直近の給与計算で未控除分を一括または分割で控除します。

17

雇用保険料、社会保険料、所得税など

税金・保険料の計算ミスがあった場合

税金の計算ミス

各種税金関係等に計算ミスがあった場合、会社側・従業員側それぞれの立場で損得が異なります。

税金関係を「多く控除」している場合

・**会社側**：多く控除している金額を「得」している。

・**従業員**：多く控除されているので「損」している。

税金関係を「少なく控除」している場合

・**会社側**：控除不足の金額を「損」している。

・**従業員**：控除不足の金額を「得」している。

Check

税務調査等の際に、控除不足の金額を従業員に対する**所得（給与）**と判断されて、課税される可能性があります。理由としては、本来控徐すべき金額を**会社が負担**していると判断される可能性があるからです。

なお、会計上では、預り金の勘定科目または預り金の勘定科目の補助科目の残高が**不一致**になります。

社会保険料の計算ミス

社会保険料は、控除金額にミスがあっても、算定基礎届や月額変更届等で提出する金額に間違いがなければ、適正な金額の納付書での支払い、または自動引き落としになります。そのため、将来の年金額や傷病手当金の金額等に影響することは原則ありません。

●雇用保険料の計算ミス

雇用保険料については、労働保険の申告（毎月７月10日）の際に支給金額を集計するので、実際に控除した金額は特に影響しません。

Check ✔ 控除すべき金額が０円または控除してはならない金額から控除している場合には、集計金額に影響が出るので、申告金額や納付金額が異なることになります。

従業員が退職後に要件（失業中等）に該当すれば、受給できる基本手当等（失業手当・失業保険）には通常、影響はありません。

しかし、所得税については原則給与支給月の翌月10日納付なので、控除金額が間違えていれば、納付金額も同様に間違えた金額で納付することになります。

●計算ミスは連動する

雇用保険、社会保険で控除ミスが発生しやすいのは、**保険料率の変更**のタイミングです。

さらに社会保険では入社、退社、標準報酬月額の変更のタイミング等に控除ミスが発生するケースも多いです。

雇用保険や社会保険の金額を間違えると、所得税の計算にも影響しますので、給与計算ミスが連動してしまいます。注意しましょう。

18 不利益変更に注意

給与改定

給与の改定は、会社で自由に実施できるわけではありません。基本的には就業規則や雇用契約書等で定めることになります。

●労働契約の変更

労働者（従業員など）と使用者（会社）が**合意**をすれば、労働契約等の内容を変更することが可能です。

しかし、合意による変更の場合であっても、就業規則等に定める**労働条件に満たない条件**で契約することはできません。

また、会社が一方的に就業規則等を変更しようとしても、**従業員の不利益になるような労働条件の変更はできません。**

●労働条件を変更するときの要件

就業規則等によって労働条件を変更する場合には、一定の要件があります。

- **内容が合理的であることと**
- **労働者への周知**

これは、労働契約法の第９条「使用者は、労働者と合意することなく、就業規則を変更することにより、労働者の不利益に労働契約の内容である労働条件を変更することはできない」に基づくものです。

※参照：厚生労働省「労働契約（契約の締結、労働条件の変更、解雇等）に関する法令・ルール」
https://www.mhlw.go.jp/stf/seisakunitsuite/bunya/koyou_roudou/roudoukijun/keiyaku/index.html

不利益変更になる可能性が高いケース

不利益事由	解　　説
基本給の減額（引き下げ）	給与が減少する
固定的手当の減額・廃止	給与が減少する
退職金制度の廃止、支給金額の引き下げ	退職金がなくなる、または減少する
定期的な昇給制度の廃止	給与が増加しない
各種手当の制度の要件悪化	各種手当の減少により給与総額が減少
年間所定休日を減らす	労働日（時間）が増加することにより給与の単価が減少する可能性がある
所定労働時間の増加	労働時間が増加することにより、実質給与が減額することになる
福利厚生制度の廃止	福利厚生の恩恵がなくなるため、不利益になる
働き方改革の年５日の休暇を従来の休暇で消化	夏期休暇、冬期休暇など従来の休みが有給休暇にすり替えられることにより、休暇が減ったことになる
シフトによる勤務時間の減少（時給）	労働時間が減少すれば、給与が減額することになる
シフトによる勤務時間の増加（固定給の人）	固定給のため、労働時間が増加しても給与はアップしない
固定残業代金を後から設定した場合	残業した場合、固定残業代となった部分について給与が支給されないため、減額されたことになる
休憩時間が短くなった（90分休憩→60分へ）	労働時間が増加した分、実質的には給与が減少したことになる
昼休みに当番制で電話番をすることになった	自由に取れる休憩時間が削られて、業務時間（電話番）が増加したことにより労働時間が増加した
賞与の支給基準が変更になった（年２回支給→年１回へ）	賞与の支給回数が減少したことにより、賞与も減少した
通勤手当の上限が後から定められた	従来は上限なしの通勤手当について上限が設けられ、差額分が毎月マイナスになる

19

原則年１回

役員報酬の変更時期

役員報酬とは、役員に対し、**毎月同じ金額**を支払う給与のことです（**定期同額給与**）。役員報酬は従業員の給与とは異なり、**好きなときにいつでも変更できるわけではありません**。仮に変更してしまった場合には、申告の際に税理士に否認、または税務調査の際に否認されることになります。

変更手続きは、**事業年度開始日から３ヶ月以内**と定められています。原則、「増額」「減額」どちらの場合でも株主総会等で正式に決定し、**議事録**を作成する必要があります。

●役員報酬変更の流れ

役員報酬を変更するときの流れは以下の通りです。

- **①株主総会を開催**
- **②株主総会の議事録を作成**
- **③役員報酬(定期同額給与)を変更**

それ以外の時期に変更することも例外的に可能ですが、その場合には**減額のみ**になります。

減額する場合には特定の理由が必要となります。特定の理由とは、「業績悪化改定事由」と国税庁で定められています。具体的には、「**経営状況の悪化**に伴い、第三者である利害関係者（株主、債権者、取引先等）との関係上、役員給与の額を**減額せざるを得ない事情**が生じた場合」です。

その場合には臨時株主総会等を開催して協議し、議事録を作成します。その後、役員報酬を減額することになります。

・決算３月、申告５月、取締役会５月（５月分より役員報酬を100万円に変更）
・末締め、翌月末支払い（５月分→６月末支給）

	1月	2月	3月	4月	5月	6月	7月	8月	9月	10月	11月	12月	合計
2025年度	800,000	800,000	800,000	800,000	800,000	800,000	800,000	800,000	800,000	800,000	800,000	800,000	9,600,000
2026年度	800,000	800,000	800,000	800,000	800,000	1,000,000	1,000,000	1,000,000	1,000,000	1,000,000	1,000,000	1,000,000	11,000,000

損金と費用の違い

定期的に支給される役員報酬の場合、「定期同額給与」の条件を満たしていれば、損金算入（税務申告の際に控除項目として認められること）となります。変更時期以外に変更した場合には、損金として認められない可能性が高いです。

損金も費用も、会社を運営するに際して発生する支出金ですので、その意味では同様です。しかし、損金が法人税という法律上の考え方である一方で、費用は会計上の考え方であるという違いがあります。会計上は経費になっても、税務上（法人税の計算上）損金にならなければ、その分、税金が発生することになります。

●役員賞与について

原則として、役員に対する賞与は損金算入することはできません。定期的に支給される役員報酬とは別に、役員賞与（ボーナス）を支給する場合には、注意が必要です。ただし、**事前確定届出給与**（所定の時期に所定の金額を支給することを事前に定め、事前に税務署へ届出を行って支払う給与。賞与を意味する）の場合には損金算入が認められます。

提出期日は、株主総会の決議から1ヶ月以内または決算から4ヶ月以内（新設会社は2ヶ月以内）のいずれかの早い日となります。

Check ☑ 金額に相違がある場合や支給日が異なる場合には損金不算入となります。

※参照：国税庁「役員に対する給与（平成29年4月1日以後支給決議分）」
https://www.nta.go.jp/taxes/shiraberu/taxanswer/hojin/5211.htm

増加しているリモート社員の管理

テレワーク対象者の労働時間の算出方法

テレワーク制度はコロナ禍で促進され、今も継続している会社が多くあります。また、以前から地方で勤務している従業員や障害者の従業員をリモート勤務で雇用している会社もあります。

さらに、同じ会社で毎日リモート勤務の従業員もいれば、週数回リモート勤務の従業員もいるケースもあります。

テレワークを行う上で、会社側は「労働時間の管理が難しい」、労働者側は「仕事と仕事以外の切り分けが難しい」「長時間労働になりやすい」といった問題点が挙げられます。会社側からすれば、本当に仕事をしているのか？　従業員側からすれば、仕事をしても適正に評価されているのか？　という不安があります。

いずれにしても、テレワークで業務をしている従業員も労働基準法が当然適用されるので、適正な労働時間の管理が必須となります。

●労働時間を記録する方法

厚生労働省のガイドラインにおいては、労働時間を記録する原則的な方法として、「パソコンの使用時間の記録」など**客観的な記録**が挙げられています。

なお、管理が難しい場合には、従業員の**自己申告制**によって労働時間の把握を行います。その場合においても、同ガイドラインを踏まえた措置を講ずる必要があるとされています。

●厚生労働省が考えるテレワークのメリット

テレワーク制度を導入するメリットとして、厚生労働省は以下の点を提唱しています。

- **業務効率化による生産性の向上に役立つ**
- **育児や介護等を理由とした労働者の離職の防止、遠隔地の優秀な人材の確保**
- **オフィスコストの削減**

しかし、実際はテレワークによりどれだけ効率が向上するのかは、従業員の業務内容やシステム、環境、やる気などによって大きく変わると考えられます。

●テレワーク業務を行う場所

テレワークの方法は多様化されていて、**在宅勤務**のほか、**モバイル勤務**、**サテライトオフィス勤務**などがあります。

例えば、駅の構内にあるテレワーク用のBOX型の設備、シェアオフィス、またカフェなどの施設で勤務しているケースもあります。

今後もテレワーク制度活用が促進されると思われるため、労働時間の管理方法についても随時確認する必要があります。

※参照：厚生労働省「テレワークにおける適切な労務管理のためのガイドライン」
https://www.mhlw.go.jp/content/11911500/000683359.pdf

21

税金上、社会保険料上の違い

年収の壁

「**年収の壁**」という言葉をよく耳にすると思います。給与担当者として従業員から質問されることもあると思いますので、各年収の壁の金額と内容を把握しておく必要があります。

給与をもらって働く従業員の場合、一定の年収額を超えると、税金（所得税・住民税）や社会保険料が発生します。この年収額の境界線が年収の壁です。

●さまざまな年収の壁

年収の壁にはさまざまな金額のものがあり、壁を超えると発生する税金や社会保険料等もそれぞれ異なります（右ページ図参照）。

自社の短時間労働者の働き方や年収に応じて所得税が発生したり、翌年住民税の対象となったり、社会保険に加入する対象になったりします。また、年末調整の際の配偶者控除、配偶者特別控除の対象・対象外と年収に応じてさまざまなことが関わってきます。

法改正により、以前とは金額も変わってきています。そのため、従業員から質問をされた際に、最新の正しい知識にアップデートしていないと適切な回答ができなくなる可能性もあります。

●年収の壁を意識した働き方調整

毎年10月付近になると、短時間労働者から「130万円の年収を超過するため、来月から労働時間を抑えたいです」といった相談があることも多いでしょう。その際にも、年収103万円を超過すると扶養から外れる等の間違えた認識をしている人もいるので、後からトラブルにならないようにいつでも正しく回答できるようにしておきましょう。

年収の壁

年収の壁＝年収の壁を超過すると所得税・社会保険料が発生するライン

項　目	金　額	内　容	備　考
社会保険料	130万円	社会保険に加入する	
	106万円	社会保険の適用拡大に該当する場合	勤務先により異なる
税金	100万円	住民税が発生する	
	103万円	所得税が発生する	
	150万円	配偶者特別控除額が減り始める基準	
	201万円	配偶者特別控除額が0になる基準	

【社会保険の適用拡大により被保険者となる要件】
（2024年10月から新たに社会保険の適用）
1. 1週間の所定労働時間が20時間以上
2. 雇用期間が継続して2ヶ月を超えて見込まれる
3. 賃金の月額が8.8万円以上
4. 学生ではない（夜間の学生などは対象）
5. 被保険者の総数が企業規模で常時51人以上の特定適用事業所に勤務

義務的適用の流れ

2016年10月以降	501人以上
2022年10月以降	101人以上
2024年10月以降	51人以上

※適用人数が縮小されてきており、適用の範囲は拡大している。

第4章

休業中の給与計算

休業のルールを把握しよう①

1 労災で休業中の場合

労災（通勤災害・業務災害）で従業員が休業した場合、休業している期間については仕事をしていないことになり、原則**減給（欠勤扱い）**になります。ただし、休業開始の最初の３日間については会社が休業補償をすることになりますので、減給することはできません。

●労災保険の休業補償給付

従業員が労働災害で負傷した場合などには、休業補償給付などの労災保険給付の請求を労働基準監督へ申請することになります。

なお、**休業４日未満の労働災害**については、労災保険ではなく、会社が労働者に対して休業補償を行わなければなりません（強制）。

●給与担当者が最低限知っておきたい給付

▶ 療養補償給付

・**療養した医療機関（病院など）が労災保険指定医療機関の場合**……「療養補償給付たる療養の給付請求書」をその医療機関に提出します。請求書は医療機関を経由して労働基準監督署へ提出されます。この場合、医療機関へ治療代（療養費）を支払う必要はありません。

・**療養した医療機関が労災保険指定医療機関でない場合**……いったん治療費等（療養費）を立て替えて支払う必要があります。その後、「療養補償給付たる療養の費用請求書」を直接、労働基準監督署へ提出し、その費用の給付を受けます。

▶ 休業補償給付

労働災害で休業した場合、**第４日目から**休業補償給付が支給されます。**「休業補償給付支給請求書」**を労働基準監督署へ提出する必要があります。

最初の３日間は会社が負担し、それ以降の休業については、要件を満たしている場合には休業補償給付によりまかなわれます。

なお、休業補償給付が**給与の計算期間（１ヶ月）**にすべて適用される場合、原則、給与支給額は０円になりますが、社会保険料、住民税（特別徴収をしている場合）の控除は発生するので注意が必要です。

なお、通勤手当の取扱いについては就業規則等の定めに従います。

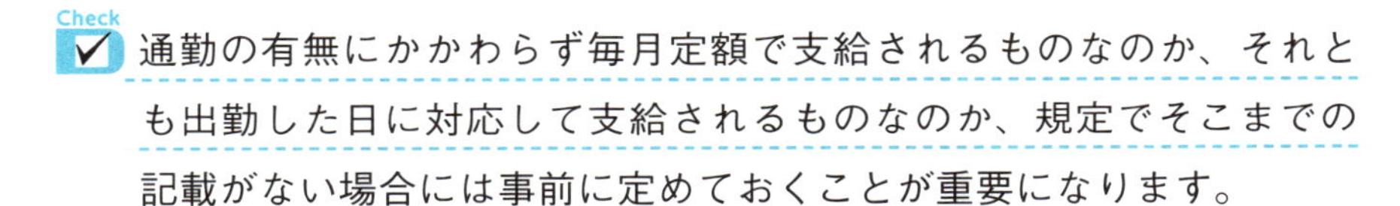

Check

通勤の有無にかかわらず毎月定額で支給されるものなのか、それとも出勤した日に対応して支給されるものなのか、規定でそこまでの記載がない場合には事前に定めておくことが重要になります。

CASE：労災保険による休業事例

４月８日に労災事故が発生、４月８日、４月９日、４月10日の３日間が会社は休業補償を実施。休業４日目から労災保険の休業補償給付を請求する。

なお、通勤手当は就業規則により出勤の有無にかかわらず支給されると明記されているため、休業中であっても通勤手当は支給される。

- ４月の所定労働日数：21日
- ４月の欠勤控除345,000円×18日/21日＝295,714円

項　目	4月	5月	6月	7月	8月	9月	10月	11月	12月	合　計
基本給	280,000	280,000	280,000	280,000	280,000	280,000	280,000	280,000	280,000	2,520,000
役職手当	20,000	20,000	20,000	20,000	20,000	20,000	20,000	20,000	20,000	180,000
職務手当	15,000	15,000	15,000	15,000	15,000	15,000	15,000	15,000	15,000	135,000
固定残業代	30,000	30,000	30,000	30,000	30,000	30,000	30,000	30,000	30,000	270,000
通勤手当	20,000	20,000	20,000	20,000	20,000	20,000	20,000	20,000	20,000	180,000
総支給額	365,000	365,000	365,000	365,000	365,000	365,000	365,000	365,000	365,000	3,285,000
欠勤控除	295,714	345,000	345,000	345,000	345,000	345,000	345,000	345,000	345,000	3,055,714
所得税	0	0	0	0	0	0	0	0	0	0
雇用保険料	0	0	0	0	0	0	0	0	0	0
健康保険料	19,686	19,686	19,686	19,686	19,686	19,686	19,686	19,686	19,686	177,174
厚生年金保険料	31,110	31,110	31,110	31,110	31,110	31,110	31,110	31,110	31,110	279,990
住民税	9,800	9,800	12,000	12,000	12,000	12,000	12,000	12,000	12,000	103,600
控除合計	356,310	405,596	407,796	407,796	407,796	407,796	407,796	407,796	407,796	3,616,478
差引支給額	8,690	▲40,596	▲42,796	▲42,796	▲42,796	▲42,796	▲42,796	▲42,796	▲42,796	▲331,478

※差引支給額の金額がマイナスになっている月については、毎月本人より徴収する。または、復帰後に精算する。

2

休業のルールを把握しよう②

私傷病で休業中の場合

労災以外の病気や怪我＝**私傷病**で会社を休業した従業員が社会保険に加入していない場合、欠勤または有給休暇で処理することになります（本人から請求があれば）。

一方、社会保険に加入していて、医師の証明がある場合には、**傷病手当金**の対象となります。

傷病手当金は、従業員（被保険者）が病気や怪我のために働くことができず、会社を休んだ日が**連続して３日間**あったうえで、**４日目以降、休んだ日に対して支給**されます。最初の３日間は有給休暇とし、それ以降の休業については、要件を満たしている場合に傷病手当金によりまかなわれます（**欠勤控除**）。以前は、肉体的な怪我または「がん」などの病気の事由により休業するケースが多かったのですが、近年では精神的な病気（うつ病など）による休業が増加していて、休業が中長期化する傾向にあります。

●傷病手当金の計算

傷病手当金の金額はおおむね**標準報酬月額の３分の２**になります。また、支給対象期間は最長で**１年６ヶ月**になります。

ただし、休んだ期間について事業主から傷病手当金の額より多い報酬額の支給を受けた場合には、傷病手当金は支給されません。

また、給与計算上、支給金額が少額または０円となる場合は、社会保険料等により給与計算上の支給金額はマイナスとなります。このマイナス分は、従業員から徴収する必要のある金額になりますので、毎月会社へ振込んでもらう、または復帰した際に精算してもらうことになります。

しかし、長期休業の場合にはマイナス金額が膨らみ、一括精算が難しくなるケース、さらにはそのまま退職してしまうケースもあるため、徴収が難しくなることも想定されます。事前に会社でルールを定めておくことも重要です。なお、傷病手当金が給与の計算期間（1ヶ月）すべてに適用される場合、労災保険（➡第4章1項）と同様に、原則、給与支給額は0円になりますが、社会保険料、住民税（特別徴収をしている場合）の控除は発生しますので注意が必要です。

また、休業中の通勤手当の取扱いについては、就業規則等の定めに従うことになります。出勤の有無にかかわらず毎月定額で支給されるものなのか、それとも出勤した日に対応して支給されるものなのかを確認しましょう。もし、規定がない場合には事前に定めておくことが必要です。

CASE：傷病手当金による休業事例

4月22日からうつ病により休業が発生、4月22日、4月23日、4月24日の3日間は有給休暇を消化。休業4日目から傷病手当金を請求する。

なお、通勤手当は就業規則により出勤した日に対して支給されると明記されているため、休業中については通勤手当は支給されない。

- 4月の所定労働日数：21日
- 4月の欠勤控除290,000円×3日/21日＝41,428円、通勤手当10,000円×15日（21日－6日）/21日＝7,142円

項　目	4月	5月	6月	7月	8月	9月	10月	11月	12月	合　計
基本給	250,000	250,000	250,000	250,000	250,000	250,000	250,000	250,000	250,000	2,250,000
役職手当	10,000	10,000	10,000	10,000	10,000	10,000	10,000	10,000	10,000	90,000
職務手当	5,000	5,000	5,000	5,000	5,000	5,000	5,000	5,000	5,000	45,000
固定残業代	15,000	15,000	15,000	15,000	15,000	15,000	15,000	15,000	15,000	135,000
通勤手当	7,142	0	0	0	0	0	0	0	0	7,142
総支給額	287,142	280,000	280,000	280,000	280,000	280,000	280,000	280,000	280,000	2,527,142
欠勤控除	▲41,428	290,000	290,000	290,000	290,000	290,000	290,000	290,000	290,000	2,278,572
所得税	0	0	0	0	0	0	0	0	0	0
雇用保険料	0	0	0	0	0	0	0	0	0	0
健康保険料	17,370	17,370	17,370	17,370	17,370	17,370	17,370	17,370	17,370	156,330
厚生年金保険料	27,450	27,450	27,450	27,450	27,450	27,450	27,450	27,450	27,450	247,050
住民税	7,800	7,800	8,500	8,500	8,500	8,500	8,500	8,500	8,500	75,100
控除合計	11,192	342,620	343,320	343,320	343,320	343,320	343,320	343,320	343,320	2,757,052
差引支給額	275,950	▲62,620	▲63,320	▲63,320	▲63,320	▲63,320	▲63,320	▲63,320	▲63,320	▲229,910

※差引支給額の金額がマイナスになっている月については、毎月本人より徴収する。または、復帰後に精算する。

3 育児休業などの給付金

出産関係で休業中の場合

育児関係の給与計算や手続きは非常に複雑で、法改正で制度が変わる可能性が高いので、必ず最新情報を確認しましょう。

●産前産後休業

産前産後休暇とは**産前休業42日、産後休業56日**を指します。この期間について無給の場合には**出産手当金**が支給されます。出産手当金は、健康保険から給与の**３分の２**相当額が支給されます。

休業計算では、一般的には**無給**とする場合が多いです。よって、所得税、雇用保険料は発生せず、さらに社会保険料の控除もありません（手続きを実施した場合）が、住民税を特別徴収している場合には、その分だけマイナスの給与計算になります。

●産前（42日）産後（56日）および育児休業期間中の社会保険料の免除制度

社会保険料の支払いが、届出により**会社・従業員ともに免除**されます。産前産後および育児休業等を開始した日の属する月から、その**育児休業等が終了する日の翌日が属する月の前月**までの期間となります。

Check この期間は、社会保険料を払っていなくても支払いがあったとみなされて、年金額へ反映されます。
※実務上では、給与計算担当者または手続き担当者がこの免除の制度を知らず、申請をしていないケースが見受けられます。

●育児休業

原則として、**子どもが１歳（最大１歳６ヶ月）**になるまでの期間、育児休業を取得できます。

さらに、保育所等に入れない場合に限り、**2歳に達する日前まで**延長することができます。

Check ☑ 育休の延長には「保育所入所不承諾通知書（保育所に申し込んだにもかかわらず入所できなかったことを証明する書類）」が必要になりますが、各行政により保育所等の申し込み時期が異なるので注意が必要です。

●育児休業給付金

育休手当は支給額の上限と下限が定められています。

育休手当の支給は２ヶ月に１回です。従業員が育休手当の支給を受けるためには、**２ヶ月に一度**、会社側から**ハローワーク**への支給申請が必要です。

- **育児休業開始から180日目まで**
- **休業開始時賃金日額×休業期間日数×67％**
- **（育児休業開始から181日目以降）休業開始時賃金日額×休業期間日数×50％**

●パパ·ママ育休プラス

パパ・ママ育休プラス制度は、育休取得率の低い父親の育休取得を促進する目的で2010年に制定されました。夫婦ともに育休を取得し要件を満たした場合、育休期間をずらして取得すれば１歳２ヶ月まで延長されます。

取得可能な育休期間はあくまで１年間（母親の場合、産後休業を含む）で、１年２ヶ月に延長されるものはないので注意が必要です。

また、パパ・ママ育休プラスの支給額は、通常の育休と同様、**育休開始日から180日目までは67％**で、**181日目以降は50％**です。

●産後パパ育休と育児休業の分割取得

以前は、育児休業の分割取得は認められていませんでした。しかし、2022年10月から、１歳未満の子どもを持つ夫婦ともに、育休を**２回に分けて取得**できるようになりました。

産後パパ育休（出生時育児休業）においても２回の分割が認められ、父親は最大で**４回**に分けて育休を取得することが可能になりました。

この変更に伴い、**給付金も２回まで**分割して受給できるようになりました。給与計算上は育児に係る休業が無給・有給の確認（会社により異なります）をして、また休業期間における控除する項目、控除しなくてもよい項目を確認する必要があります。

さらに通勤手当の取扱い、互助会費等の控除についても就業規則等で確認（または整備）する必要があります。

●出産関係の休業は法律で認められた労働者の権利

育児休業は育児・介護休業法で認められた労働者の権利です。会社は原則、従業員からの育児休業の申し出を拒むことはできません（第６条）。

また、会社は育児休業の取得や申し出を理由に不利益な扱いをしてはならないと定められています（第10条）。

育児休業の取得は男女問わず可能となっており、近年では国の後押し（会社に対する助成金制度など）もあり、男性の育児休業取得も増加傾向にあります。

産前休業（42日）・産後休業（56日）および育児休業（最長2年）については、賃金計算期間の全日を休業している場合には支給金額はありませんので右ページの一覧表の取扱いになります。

しかし、産前取得月および育児休業復帰月については日割計算になるケースが多いので、欠勤控除の計算が必要になります。

産前産後および育児休業中の控除項目について

項目	取扱方法	控除の有無
所得税	支給金額がない場合には発生しない	無
雇用保険	支給金額がない場合には発生しない	無
健康保険料	免除申請を実施することで発生しない	無
厚生年金保険料	免除申請を実施することで発生しない	無
住民税	特別徴収の場合には毎月発生する	有
労使協定による控除	就業規則または内規の定めによる	有・無

以前とは認識が大きく異なる

以前は、女性従業員が妊娠した場合には、それを理由に退職を促す経営者も見受けられましたが、今はそのようなことは当然認められることではなく、育児休業制度も認知されてきました。

人手不足の時代、従業員が妊娠した場合には産前産後休業と育児休業を取得して、その後、復帰してもらえたら人材の確保も可能になります。会社からしたら人件費的なリスク（給与の支給は０円、さらに社会保険料も手続きをすることで負担は０円）もありません。

また、育児休業関係の助成金がいろいろとありますので、実際上は費用負担が０円の状態で、数十万円から数百万円の助成金を申請することも可能です（厚生労働省（全国）＋都道府県の奨励金等）。

給与担当者としては、各種手続きの確認や助成金の申請をサポートすることで、会社の利益に貢献することができます。

休業中の社会保険料、各種税金

長期休業者の場合

長期で休業する従業員等（休職者）が発生した場合、業務を行っていないため、ノーワークノーペイの原則により原則的には給与の支給金額は0円になります。

しかし、**休業中であっても社会保険料、住民税（特別徴収）の控除は発生する**ので、労災または労災以外の私傷病で休業している従業員同様、マイナスの給与計算になります。

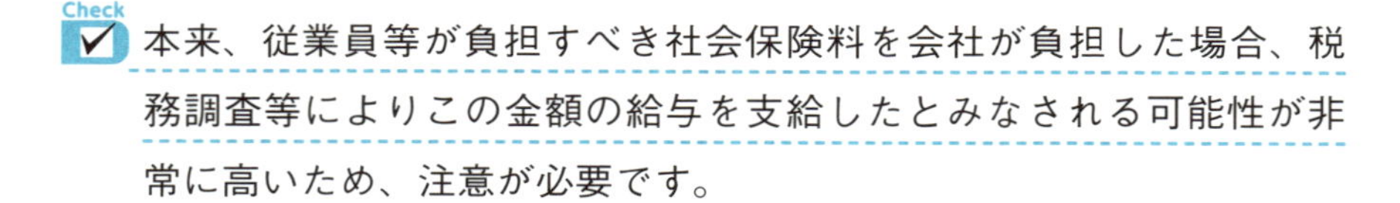

Check 本来、従業員等が負担すべき社会保険料を会社が負担した場合、税務調査等によりこの金額の給与を支給したとみなされる可能性が非常に高いため、注意が必要です。

●休業中の社会保険料

産前産後休業や育児休業の場合は社会保険料は免除されますが、病気や怪我により休業した場合や介護休業の場合は免除の制度はありません。

健康保険料の標準報酬月額は、休業時の金額がそのまま継続されます。給与支給額が0円であっても、月額変更届等により低額になるわけではありません。

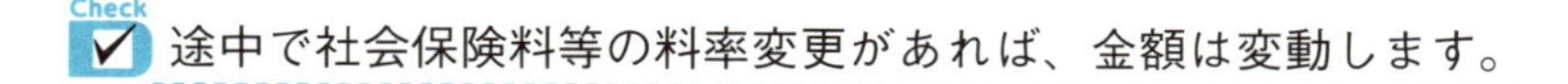

Check 途中で社会保険料等の料率変更があれば、金額は変動します。

●休業中の雇用保険料

雇用保険料については給与の総支給額に対して料率を乗じて計算するので、支給額が0円であれば、本人負担・会社負担ともに0円です。

休業中の住民税

住民税についても全額従業員が負担するため、控除項目になります。長期休業の場合には、市区町村に手続きをすれば特別徴収（給与天引き）から普通徴収（本人が直接支払う）に切り替えることで可能になります。

休業中の社会保険料の免除について

休業種類	社会保険料の免除制度	手当の種類	備　考
出産に伴う休業	あり	育児休業給付金	育児休業
介護に伴う休業	なし	介護休業給付金	介護休業
労災に伴う休業	なし	労災補償給付	通勤災害・業務災害
私傷病に伴う休業	なし	傷病手当金	労災以外の病気怪我

休業中の控除項目の金額について

控除項目	内　容	備　考
所得税	支給金額が０円の場合には発生しない	支給金額に対して計算されるため、支給額がある場合のみ発生する
雇用保険料	支給金額が０円の場合には発生しない	
住民税	特別徴収の金額が継続控除される	普通徴収への切り替えも可能
標準報酬月額	支給金額が０円になっても変更されない	休業中の算定基礎により変更になる可能性はある

第5章

退職金の計算

誰でももらえるわけではない

退職金制度の確認

退職金とは、従業員が退職する際、就労年数や在籍期間中の功績などに基づき、会社から支給される金額となります。「退職手当」「退職慰労金」とも呼ばれます。

退職金の支払いは、**法律上定められている義務ではありません**。会社によっては、退職者に対して退職金が支給されないケースもあります。

終身雇用制度が破綻して数年以上が経過し、昔のように長年勤務して定年退職時に退職金をもらい、貯蓄と合わせて老後の年金生活をまかなうといった時代ではなくなりました。近年では、退職金制度そのものがない企業が増えてきています。

給与計算担当者としては、まず自社に退職金制度等が存在するのかを確認しましょう。退職金は会社で規定していなければ、原則、支給する必要はありません。一方、退職金制度がある、または退職金制度がなくても退職者に対して慣習的に退職金を支給している場合には、**退職金支払いの義務**が生じることがあります。

●退職にはいくつかのパターンがある

- **定年退職**……就業規則等により会社が定めた定年で退職する場合。
- **自己都合退職**……従業員が本人の意思で退職する場合。
- **解雇等**……会社が従業員を辞めさせる（クビ）または退職勧奨（会社を辞めるように誘導する）により退職する場合。
- **死亡**……従業員が業務上、業務外いずれかの理由により亡くなった場合。

会社の退職金規定によって支給内容が異なります。自己都合退職の場合には３割減額、引き継ぎなどを適正に実施したと会社が認めない場合には、退職金の一部または全部を支給しない場合がある等の内容が退職金規定に記載されているケースも見受けられます。

また、退職金規定が適用されるのは正社員のみの場合や、正社員になって３年を経過した後に退職金規定が適用されるケースもあります。

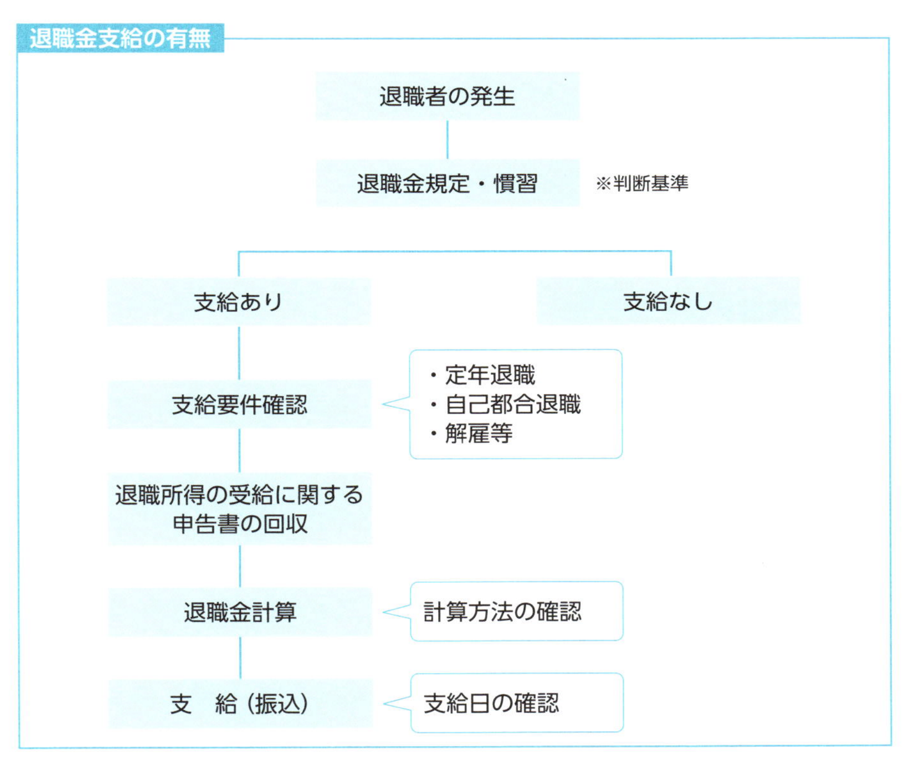

●退職所得の受給に関する申告書

退職所得の受給に関する申告書は、退職金から適正な所得税を控除するために必要な書類です。退職金の支給対象者に記入してもらい回収し、会社で保管します。

2

就業規則・退職金規定等

退職金の計算方法

退職金は、一般的には**退職金規定**に基づき、**算定基礎賃金**に対して勤続年数別の支給率をかけて算定されます。そのため、長年働いてきたことに対する功労報償や給与の後払いのような意味合いがあります。

算定基礎賃金とは

算定基礎賃金とは、退職金算定基礎額ともいわれ、会社の就業規則等に基づき計算された金額になります。具体的には、基本給（月額）をそのまま定めている場合と、基本給に一定の率を乗じて算定する場合があります。

計算方法は、会社によってさまざまです。

退職金は主に４種類あり、その受け取り方法によって**①退職一時金タイプ**と**退職年金タイプ（②退職金共済、③確定給付年金、④確定拠出年金）**、その併用に分けられます。

退職一時金タイプは、退職時にすべての金額を一括して受け取るしくみです。退職年金タイプは、企業の定めた条件（60歳以上など）を満たした段階で、定期的に一定額を受け取るしくみです。

各タイプがどの受け取り方法に当たるのか、あわせて見ていきましょう。

①退職一時金タイプ……退職一時金とは、定年退職時にまとまった額の一時金を一括支給する制度です。それぞれの会社が独自のルールで支給額や支払い方法を決めており、社内で積み立てたお金から個人へ退職金を支払います。

②退職金共済……主に中小企業のための退職金制度です。資金繰りに余裕のない中小企業では、何十年にもわたって、将来支払う退職金を社内で積み立て続けることが難しいケースがあることから、外部に積み立てるしくみが広がりました。

外部積み立て先として一般的なのが、中小企業退職金共済制度（中退共）です。会社が中退共と退職金共済契約を結び、毎月掛金を金融機関に納付します。社員が退職したときに、中退共から退職金が直接支払われるしくみです。掛金をいくらにするか、対象を誰にするかなどは、それぞれの会社が決めて、中退共に伝えます。

③確定給付年金（DB）……事前に退職時の給付額が確定していて、企業が責任を持って運用を行うしくみの退職金で、近年導入する会社が増えています。もし退職段階で約束した給付額に達していない場合は、会社が費用を補填する必要があります。積み立て先は保険会社や信託銀行といった会社が契約する金融機関です。

④確定拠出年金（DC）……掛金の額は事前に確定しているものの、退職時の給付額は確定しておらず、社員自身が積み立てた掛金を運用し、その運用結果によって退職時の給付額が変化する退職金制度です。確定給付年金（DB）とともに近年導入する会社が増えています。積み立て先はDBと同様、保険会社や信託銀行といった会社が契約する金融機関です。

●退職金額の決め方

退職金の額をどう決めるかは会社ごとに異なりますが、主に２つの要素によって変化します。それぞれについて詳しく見ていきましょう。

・退職理由

退職金は、退職理由によってもらえる額が変わることが多いです。一般的に、会社都合での退職と、転職など自己都合での退職とでは、前者のほうが高額な傾向にあります。

会社都合とは、経営破綻や倒産、業績悪化、事業所の廃止といった会社に起因する理由から、やむなく退職することです。リストラの一環として

退職所得控除額の計算方法

勤続年数	退職所得控除額
20年以下	40万円×勤続年数 (80万円に満たない場合には、80万円)
20年超	800万円＋70万円×(勤続年数－20年)

- 障害者になったことが直接の原因で退職した場合の退職所得控除額は、上記の方法により計算した額に、100万円を加えた金額となる
- 前年以前に退職金を受け取ったことがあるとき、または同一年中に2ヶ所以上から退職金を受け取るときなどは、控除額の計算が異なることがある

CASE：勤続年数が10年2ヶ月の人の場合の退職所得控除額

【退職所得控除の計算例①】
勤続年数13年
➡40万円×13年＝520万円

【退職所得控除の計算例②】
勤続年数30年
➡800万円＋70万円×（30年－20年）＝1,500万円

実施される希望退職に応じた場合も会社都合となり、通常よりも退職金が上乗せされることが多いようです。一方、自分から退職を申し出る自己都合や懲戒解雇の場合は、減額される傾向にあります。

・勤続年数

退職金は大抵の場合、勤続年数に比例して高くなります。そのほか基本給や地位・役職、人事考課などに応じて、金額が変動します。これらの変動要素は会社によって異なるため、ご自身が働く会社のルールを知りたい場合は、就業規則や退職金規定で確認しましょう。

中退共のメリットとデメリット

会社側の立場で考えると、中退共（中小企業退職金共済制度）にはメリットとデメリットがあります。

・メリット

メリットは、経費計上で退職金が準備できることです。その根拠

としては、本制度から支払われる退職金等（解約手当金を含む）を受け取る権利は従業員またはその遺族にあり、いかなる理由があっても事業主（会社）が受け取ることはできないと定められているからです。

・デメリット

デメリットは、退職理由を問わず本人へ支給されることです。これは従業員の立場からすると大きなメリットです。毎月会社から掛金で積み立てられ、退職時には会社を経由せずに直接支給されるため、会社側からのさじ加減で退職金が減額されることもなく全額受け取れるからです。

中退共制度の目的としくみ

中退共制度の目的としくみを適正に理解していないと、退職した際の支給や手続きをすることができません。下記で内容を確認してください。

項　目	内　容	ポイント
制度の目的	中小企業者の相互共済と国の援助で退職金制度を確立し、これによって中小企業の従業員の福祉の増進と、中小企業の振興に寄与することを目的としている	従業員別に金額の設定が可能で経費計上できる
制度のしくみ	事業主が中退共と退職金共済契約を結び、毎月の掛金を金融機関に納付する。従業員が退職したときは、その従業員に中退共から退職金が直接支払われる	退職金が会社経由ではなく、退職者に直接支給される（仮に対象者にトラブルがあってもそのまま支給される）

※参照：独立行政法人勤労者退職金共済機構 中小企業退職金共済事業本部（中退共）ホームページ
https://chutaikyo.taisyokukin.go.jp/

3 勤続年数により異なる
退職金の税金計算

退職金を支給する場合には、税金計算を実施する必要があります。

退職所得の金額は、原則として次のように計算します。

（収入金額（源泉徴収される前の金額）－退職所得控除額）×１／２＝退職所得の金額

なお、確定給付企業年金規約に基づいて支給される退職一時金などで、従業員自身が負担した保険料または掛金がある場合には、

支給額－従業員等が負担した保険料または掛金＝退職所得の収入金額

とします。

●退職手当等が「特定役員退職手当等」に該当する場合

特定役員退職手当等（役員等勤続年数が５年以下である人が支払いを受ける退職手当等のうち、その役員等勤続年数に対応する退職手当等として支払いを受けるもの）については、

退職金－退職所得控除額＝退職所得の金額

になります。

上記計算式の２分の１計算の適用はされません。

役員等勤続年数とは

退職金等に係る勤続期間のうち、役員等として勤務した期間の年数（１年未満の端数がある場合はその端数を１年に切り上げたもの）。

役員等とは

・法人の取締役、執行役、会計参与、監査役、理事、監事および清算人ならびにこれら以外の者で法人の経営に従事している一定の者
・国会議員および地方公共団体の議会の議員
・国家公務員および地方公務員

退職手当等が「短期退職手当等」に該当する場合

短期退職手当等（短期勤続年数に対応する退職手当等として支払いを受けるものであって、特定役員退職手当等に該当しないもの）については、退職金の額から退職所得控除額を差し引いた額のうち**300万円を超える部分**については、上記計算式の２分の１計算の適用はありません。

短期勤続年数とは

役員等以外の者として勤務した期間により計算した勤続年数が５年以下であるものをいい、この勤続年数については役員等として勤務した期間がある場合、その期間を含めて計算します。

税額の計算方法

退職所得は、原則として**他の所得と分離**して所得税額を計算します。

・「退職所得の受給に関する申告書」を提出している場合

退職金等の支払者が所得税額および復興特別所得税額を計算し、その退職手当等の支払いの際、退職所得の金額に応じた所得税等の額が源泉徴収されるため、原則として確定申告は**必要ありません。**

Check ✓ 医療費控除や寄附金控除の適用を受けるなどの理由で確定申告書を提出する場合は、確定申告書に退職所得の金額を記載する必要があります。

・「退職所得の受給に関する申告書」を提出していない場合

退職金等の支払金額の20.42％の所得税額および復興特別所得税額が源泉徴収されますが、**受給者本人が確定申告**を行うことにより所得税額および復興特別所得税額の**精算**をします。

2013年１月１日から2037年12月31日までの間に支払いを受ける退職手当等については、所得税とともに復興特別所得税が課されます。

退職金は、原則的な計算方法と、受給者の役職や勤務年数等により計算する方法があります。

給与計算担当者としては、退職金の計算は年に数回、または数年に１回の場合が多いと思いますので、支給対象者が発生した際には都度、計算方法の確認することをおすすめします。

退職金制度を導入する場合

記載内容	設定事例
適用される従業員または役員の範囲	３年以上勤務している従業員（正社員）または役員に対して支給する
退職金の支払い時期	退職金の支払い時期については退職日の翌月末とする
退職金の決定・計算・支払方法	退職金の支給決定については取締役会で決定する
	計算方法については基本給×勤務年数に応じた係数で算出する
	支払方法については対象者が指定する金融機関口座へ振込をする
その他	定年退職の場合には満額を支給し、自己都合退職の場合には３割減額して７割を支給する
	退職時において後任者に対して業務の引き継ぎが適切に実施されていないと会社が認めた場合には、全部または一部について減額を実施する場合がある
	解雇の場合には、解雇事由により全部または一部について減額を実施する場合がある
	各種犯罪行為により逮捕された場合には、退職金は支給しないこととする
	退職金の支給対象者が何らかの原因により死亡した場合には、当該退職金については遺族（法定相続人）の代表者に対して支給することとする
	勤続40年以上かつ会社がその功績を認めた場合には、通常の退職金に対して２割の報奨金を加算して支給することとする
	役員に就任する際に、従業員部分の退職金については、一度退職したとみなして退職金を計算して支給する

※参照：国税庁「退職金を受け取ったとき（退職所得）」
https://www.nta.go.jp/taxes/shiraberu/taxanswer/shotoku/1420.htm

第6章

年末調整の手続き

1 年に1回行う業務

年末調整の基本

年末調整とは、毎月の給与等から徴収した源泉所得税の年間の合計額と、年税額を一致させる**精算の手続き**です。

通常の従業員は、この年末調整によって、その年の**所得税**（➡第1章13項）の金額が決定されます。

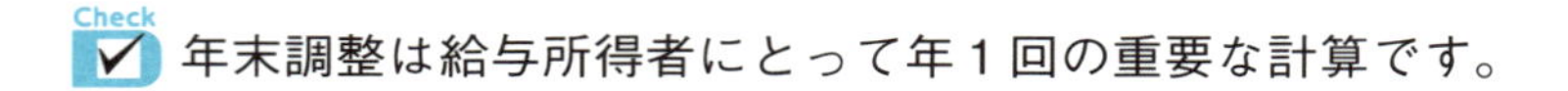

Check ☑ 年末調整は給与所得者にとって年1回の重要な計算です。

毎月の給与計算から控除している所得税は、計算時における扶養（➡第6章4項）から計算された**概算金額**になります。

そこで、年末調整（通常は12月支給の給与計算で行われるケースが多い）

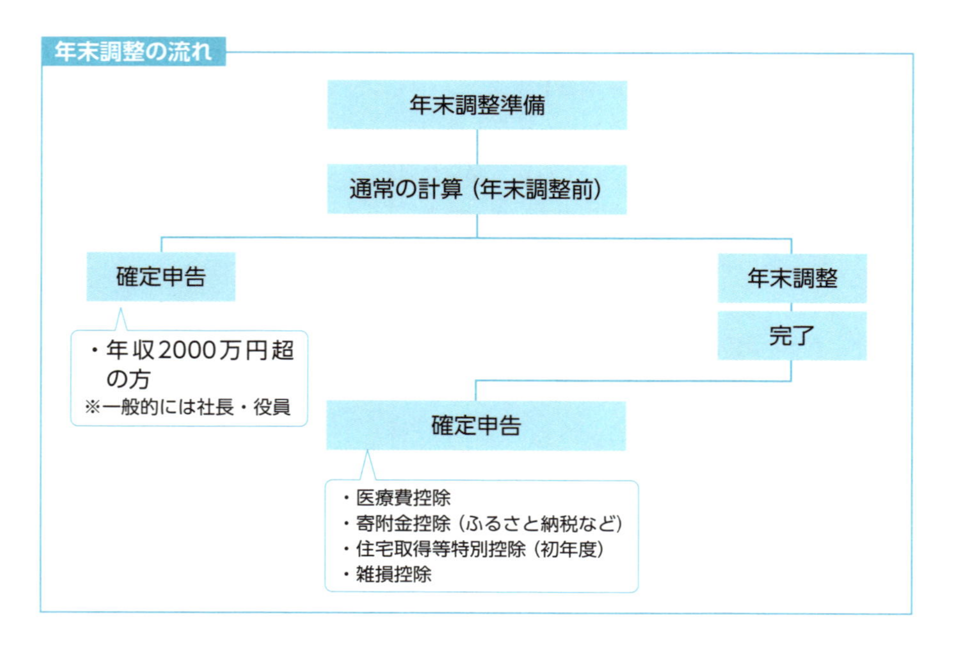

年末調整控除項目一覧

控除項目	概略説明
基礎控除	原則として誰もが受けられる控除
配偶者控除・配偶者特別控除	・給与収入が103万円以下の配偶者がいる従業員は配偶者控除を受けることが可能 ・配偶者の給与収入が103万円を超える場合でも、収入が201.6万円未満であれば、配偶者特別控除を受けることが可能
扶養控除	従業員（納税者）本人に年間の合計所得金額が48万円以下となる扶養親族がいる場合に受けることが可能
生命保険料控除	一般の生命保険料
	介護医療保険料
	個人年金保険料
地震保険料控除	控除金額は支払った保険料の金額に応じて一定の計算式で調整され、最大5万円まで控除可能
小規模企業共済等掛金控除	小規模企業共済掛金、確定拠出年金掛金
社会保険料控除	1年間に支払った健康保険料や介護保険料、国民年金保険料、厚生年金保険料、雇用保険料、後期高齢者医療保険料など
障害者控除	従業員本人に障害がある場合だけでなく、その配偶者や扶養親族に障害がある場合にも適用
ひとり親控除、寡婦控除	一定の要件のもと、ひとり親、いわゆる「シングルマザー、シングルファザー」が受けられる控除
勤労学生控除	勤労学生控除は、従業員がアルバイト学生であるなど働きながら学校に通う場合に受けることができる控除

で、扶養の人数の確定や、配偶者控除、生命保険控除、住宅ローン控除等の各種控除項目を加味して、正しい所得税を計算することになります。

年末調整後に所得税の戻りが多い従業員は、通常の月よりも手取り金額が多くなります。所得税の徴収不足が発生している場合には、手取り金額が少なくなります。

よく勘違いしている方がいますが、年末調整はあくまでも**既に徴収された所得税に対しての精算**です。よって、徴収されている以上の金額は還付されません。

●年末調整で適正な金額になる所得税

給与計算における**所得税**は非常に重要な数値になります。

しかし、基本給、各種手当、通勤手当、社会保険料、雇用保険料、住民税等の金額よって金額が左右されるため、他の部分で間違いがあれば、所得税の金額も異なってきます。

また、月々の所得税は扶養の人数によっても異なってくるので、扶養人数を適正に把握していない場合にも毎月の所得税は異なってきます。

会社によっては、所得税の金額を毎月同額で控除しているケースを現在でも見かけることがあります。

いずれにしても年末調整を実施することで所得税が再計算されるため、正しい金額で算出されます。結果として、徴収または還付という形で精算が行われるからです。

仮に月々の所得税の計算が間違っていても、**年末調整で適正な金額になる**ということを覚えておくと、間違いに気づいてあわてて遡って計算したりする手間が省けると思います。

●年末調整の準備

給与担当者としては、年末調整の準備が重要な業務となります。年末調整における制度内容は、ほぼ毎年、変更があります。まずは昨年と比べて変わった制度の確認をしてください。

また、年末調整は年に１回の業務なので、従来の手続き手順や内容の再確認について手引き（国税庁のホームページからダウンロード可能です。近年は動画もあります）で復習しましょう。

※参照：国税庁「令和５年分 年末調整のしかた」
https://www.nta.go.jp/publication/pamph/gensen/nencho2023/01.htm

年末調整の案内の例

2025年11月

従業員　各位

株式会社　帝王経営コンサルタンツ
代表取締役社長　　田中　實

2025年分年末調整のご案内

さて、本年も年末調整の時期がまいりました。 速やかに業務の進行を図るため、下記の資料を**11月21日(金)(※必着)まで**に本部管理部までご**提出**願います。

なお、扶養控除申告書、給与所得者の保険料控除申告書兼給与所得者の配偶者特別控除申告書は同封してありますので、各人必要な箇所をご記入願います(記入漏れがないようにしてください)。

記

① 2024年分　給与所得者の扶養控除等(異動)申告書

※　本人および扶養家族の生年月日は正確に記入してください。

※　扶養家族に所得がある場合は、年間所得金額を記入してください。

※　障害者手帳をお持ちの方は等級を記入してください。

② 2025年分　給与所得者の保険料控除申告書兼給与所得者の配偶者特別控除申告書

※　配偶者に所得がある場合は、年間所得金額を記入してください。

※　年金基金、国保、生命保険、地震保険、小規模企業共済の支払いのある方は2025年1月～12月までの支払額を記入してください。

③ 国民年金基金支払証明書、国民年金保険料控除証明書、生命保険料および地震保険料の控除証明書、小規模企業共済掛金証明書等。

※証明書は必ず必要です！ 提出期限に間に合うようにお手配願います。

④ 中途入社の方は、前職分の源泉徴収票(入社時に未提出の方)

⑤ 住宅取得控除関係書類

ア、税務署から送られてきた「給与所得者の住宅取得等特別控除申告書」

イ、金融機関から交付を受けた「住宅取得資金に係る借入金の年末残高等証明書」

⑥ ①は必ず提出が必要で、②～⑤については控除を受ける方のみで結構です。
ご不明の場合、本部管理部までご連絡ください。

★提出期限厳守！　→11月21日(金)まで

※提出期限を経過した場合には理由を問わず各個人で確定申告をしていただくことになります。

準備は、毎年10月くらいから情報収集等を開始します。必要な資料をそろえ、提出期限を設けて案内文を作成し、各従業員へ配布します。

年末調整は、一般的には12月支給の給与計算で実施する場合が多いので、給与の締日・支払日によっても異なりますが、**11月末〜12月初旬には回収**する必要があります。

給与計算ソフトを導入している場合には、給与計算をする前であっても、**年末調整の情報を事前に入力**しておくことが可能です。給与計算の際に、同時に年末調整についても入力しようとすると事務処理量が多くなり、ミスの原因にもなりかねません。時間的余裕を持って準備をしましょう。

●所得税は扶養の異動で変動する

年末調整において、各種保険料控除以外に扶養の異動により所得税が変動するケースがあります。扶養が減少した場合には控除金額が減少するために所得税は増加し、逆に扶養が増加した場合には控除額が増えるために所得税は減少します。

扶養の異動による所得税の増減

所得税が増加	➡扶養が減少 ・扶養が死亡した ・扶養が結婚した ・扶養が就職した
所得税が減少	➡扶養が増加 ・扶養が生まれた ・扶養が退職した

●従業員から「還付金額が少ない」とクレームがきたら

年末調整でよくある質問が、住宅ローン控除のことです。住宅ローン控除の適用になる従業員の場合、マスコミやメディアの「所得税が毎年○万円、得します」といった情報を見聞きし、「年末調整時の還付金額が少ない」とクレームを入れてくるケースがあります。

得する金額以上の所得税を徴収されている人は確かにその通りなのです

が、通常の従業員の所得では、そのような金額の所得税に達しないため、それほどのメリットがありません。

所得税の大前提の考え方として、毎月の給与より所得税の徴収（控除）が行われて、年末調整で所得税が精算されます（徴収されている所得税の範囲内で）。その結果、還付または追加徴収となります。

●還付金の金額が多かったら

会社側からの質問で多いのは、年末調整で所得税の還付金額が従業員の給与に上乗せされているケースです。「なぜ、給与の支給金額を会社が多く負担しているのか？」といった質問がきます。

例えば、中途入社の従業員の前職での収入が高額で、本来だったら10万円程度のところ、源泉徴収票の所得税額が「甲」ではなく「乙」になっていました(間違えて計算されていました)。その金額は50万円程度でした。

年末調整の結果、還付が40万円になりましたが、通常の月額に対して40万円が上乗せされて支給となるため、社長の理解がなく揉めたケースもありました。

会社側からすれば、確かに通常月よりも支給する給与の金額は多くなります。しかし、年末調整以降に納付する源泉所得税の納付書で調整をするため、会社側は従業員へ還付した金額分や所得税を納付する際に従業員に還付した金額を控除するので、損することはありません。

特に、中途入社の従業員が質問してくるケースはさらに多くなります。

年末調整で控除できる金額の上限

年末調整の控除金額は理解が難しいので、さらに下図で理解を深めてください。

年末調整前の所得税額（支払いベース（実際に振込された月）で集計した金額）よりも上回る控除可能金額があっても、給与から徴収されている所得税が上限であり、それ以上は控除できません。

CASE：年末調整の控除可能金額の上限

単位：円

氏名	年末調整前所得税額	年末調整控除可能額	年末調整実際の控除額	年末調整後所得税額	控除不可金額	備考
三上	110,000	80,000	80,000	30,000	0	源泉徴収金額が控除可能額よりも多いため全額控除できた
松前	85,000	75,000	75,000	10,000	0	
高坂	120,000	135,000	120,000	0	15,000	源泉徴収金額が控除可能額よりも少ないため全額控除できない※控除不可金額は損することになる
久石	60,000	100,000	60,000	0	40,000	
押水	40,000	150,000	40,000	0	110,000	

年末調整について

通常パターン

単位：円

	年末調整前	年末調整後
基本給	3,000,000	3,000,000
役職手当	600,000	600,000
業務手当	240,000	240,000
家族手当	120,000	120,000
固定残業代	240,000	240,000
非課税通勤手当	180,000	180,000
総支給額	4,380,000	4,380,000
雇用保険料	13,140	13,140
健康保険料	251,424	251,424
厚生年金保険料	395,280	395,280
所得税	97,680	97,680
住民税	84,500	84,500
控除額合計	842,024	842,024
差引支給額	3,537,976	3,537,976
※年調過不足額		32,580
差引支給額		3,570,556

還付される金額

年末調整後の源泉徴収税額：97,680円－32,580円＝65,100円

※年末調整により正しい所得税額に再計算された差額

➡会社は年末調整を実施した次の支払い分に32,580円を加算して従業員へ振込をする。

年末調整の還付金額が1,580,000円の場合

単位：円

対象月	金　額	年末調整による超過税額	納付金額
1月	580,000		580,000
2月	568,000		568,000
3月	578,000		578,000
4月	520,000		520,000
5月	610,000		610,000
6月	542,000		542,000
7月	559,000		559,000
8月	647,000		647,000
9月	510,000		510,000
10月	557,000		557,000
11月	621,000		621,000
12月	670,000	670,000	0
1月	520,000	520,000	0
2月	658,000	390,000	268,000
3月	556,000		556,000

（12月・1月）納付書は税務署へ郵送・持参

※金額は会社全体の納付金額

●12月、翌年1月については、納付金額は0円、2月は差額の納付となっている。年末調整時の還付によって、会社側が一時的に立替になるが、所得税の納付時に年末調整による超過税額の金額に達するまで所得税の納付金額から控除できるので、損も得もない。

●所得税が0円の納付の場合には金融機関では納付できないため、所轄の税務署へ郵送または持参する。

田川さんの年末調整で控除可能な金額が300,000円の場合

単位：円

対象月	所得税	年末調整による超過税額	納付金額
1月	12,000		12,000
2月	9,800		9,800
3月	10,000		10,000
4月	12,500		12,500
5月	11,000		11,000
6月	10,500		10,500
7月	9,500		9,500
8月	13,100		13,100
9月	12,500		12,500
10月	9,900		9,900
11月	11,400		11,400
12月	12,000		12,000
合　計	134,200	134,200	0

●毎月の給与から控除された所得税の合計金額は134,200円。

基礎控除、生命保険料控除、住宅ローンの合計金額が300,000円であっても、給与から控除されて金額が134,200円のため、それ以上の控除は不可。よって、控除金額は134,200円となる。

2 所得金額に応じて変動する控除額

基礎控除

年末調整において所得税額の計算をする場合、総所得金額などから差し引くことができる控除のひとつに**基礎控除**があります。

基礎控除額は、給与所得者等の本人の合計所得金額に応じて、それぞれ右ページの通りとなります。

●2020年、基礎控除額が見直しに

2019年分以前の基礎控除の金額は、本人の合計所得金額にかかわらず一律38万円でした。2020年から基礎控除が見直され、給与所得者等の所得に応じて控除金額が**変動**することになりました。

「**基礎控除申告書**」は2020年分から新しく設けられた申告書です。2020年分以降、年末調整において基礎控除（最大48万円の控除）の適用を受けるときは、給与所得者等は「基礎控除申告書」を勤務先（会社）に提出する必要があります。

Check ☑ 年間合計所得金額が2,400万円以下の従業員は、38万円から48万円に控除額が増加したので得になりましたが、逆に2,500万円以上の従業員は38万円から０円になったため、大幅な損となっています。

このように、数年ぶりに改訂が行われた場合には知識のアップデートが不可欠です。改定後、数年が経過しているにもかかわらず、いまだに基礎控除額は一律38万円だと思っている担当者もいます。申告書の提出がない場合には基礎控除を実施することができませんので、注意しましょう。

※参照：国税庁「令和５年分　給与所得者の基礎控除申告書兼給与所得者の配偶者控除等申告書兼所得金額調整控除申告書」
https://www.nta.go.jp/publication/pamph/gensen/nencho2023/pdf/98-99.pdf

2020年分以降の基礎控除

納税者本人の合計所得金額	基礎控除額
2,400万円以下	48万円
2,400万円超2,450万円以下	32万円
2,450万円超2,500万円以下	16万円
2,500万円超	0円

配偶者控除

控除を受ける人の合計所得金額	控除額	
	一般の控除対象配偶者	老人控除対象配偶者（70歳以上）
900万円以下	38万円	48万円
900万円超950万円以下	26万円	32万円
950万円超1,000万円以下	13万円	16万円

配偶者特別控除

配偶者の合計所得金額	控除を受ける人（従業員）の合計所得金額		
	900万円以下	900万円超950万円以下	950万円超1,000万円以下
48万円超95万円以下	38万円	26万円	13万円
95万円超100万円以下	36万円	24万円	12万円
100万円超105万円以下	31万円	21万円	11万円
105万円超110万円以下	26万円	18万円	9万円
110万円超115万円以下	21万円	14万円	7万円
115万円超120万円以下	16万円	11万円	6万円
120万円超125万円以下	11万円	8万円	4万円
125万円超130万円以下	6万円	4万円	2万円
130万円超133万円以下	3万円	2万円	1万円

3

わかりにくい2つの控除

配偶者控除・配偶者特別控除

配偶者を養っていると、年末調整で**配偶者控除**または**配偶者特別控除**により所得税の還付を受けることができます。

●配偶者控除とは

給与所得者等に**所得税法上の控除対象配偶者**がいる場合には、一定の金額の所得控除が受けられます。これを**配偶者控除**といいます。

配偶者控除の金額は、控除を受ける給与所得者等本人の**合計所得金額**と控除対象配偶者の**年齢**により、次の表の通りになります。

対象者は、所得税法上の控除対象配偶者がいる者になります。

●配偶者特別控除とは

配偶者控除

控除を受ける人の合計所得金額	控除額	
	一般の控除対象配偶者	老人控除対象配偶者（70歳以上）
900万円以下	38万円	48万円
900万円超950万円以下	26万円	32万円
950万円超1,000万円以下	13万円	16万円

控除対象配偶者となる人の範囲

控除対象配偶者＝その年の12月31日の現況で、次の4つの要件のすべてに当てはまる人

※2018年分以後は、控除を受ける納税者本人の合計所得金額が1,000万円を超える場合は、配偶者控除は受けられない。

❶民法の規定による配偶者であること（内縁関係の人は該当しない）

❷納税者と生計を一にしていること

❸年間の合計所得金額が48万円以下（2019年分以前は38万円以下）であること（給与のみの場合は、給与収入が103万円以下）

❹青色申告者の事業専従者として、その年を通じて一度も給与の支払いを受けていないこと。または、白色申告者の事業専従者でないこと

配偶者に48万円（2019年分以前は38万円）を超える所得があるため、配偶者控除の適用が受けられないときでも、配偶者の所得金額に応じて、一定の金額の所得控除が受けられる場合があります。これを**配偶者特別控除**といいます。

対象者は、一定の要件に該当する配偶者がいる者になります。

配偶者特別控除

配偶者の合計所得金額	控除を受ける人（従業員）の合計所得金額		
	900万円以下	900万円超 950万円以下	950万円超 1,000万円以下
48万円超95万円以下	38万円	26万円	13万円
95万円超100万円以下	36万円	24万円	12万円
100万円超105万円以下	31万円	21万円	11万円
105万円超110万円以下	26万円	18万円	9万円
110万円超115万円以下	21万円	14万円	7万円
115万円超120万円以下	16万円	11万円	6万円
120万円超125万円以下	11万円	8万円	4万円
125万円超130万円以下	6万円	4万円	2万円
130万円超133万円以下	3万円	2万円	1万円

配偶者特別控除を受けるための要件

❶控除を受ける納税者本人のその年における合計所得金額が1,000万円以下であること

❷配偶者が、次の要件すべてに当てはまること

イ　民法の規定による配偶者であること（内縁関係の人は該当しない）

ロ　控除を受ける人と生計を一にしていること

ハ　その年に青色申告者の事業専従者としての給与の支払いを受けていないことまたは白色申告者の事業専従者でないこと

ニ　年間の合計所得金額が48万円超133万円以下（2018年分から2019年分までは38万円を超え123万円以下、2017年分までは38万円を超え76万円未満）であること

❸配偶者が、配偶者特別控除を適用していないこと

❹配偶者が、給与所得者の扶養控除等申告書または従たる給与についての扶養控除等申告書に記載された源泉控除対象配偶者がある居住者として、源泉徴収されていないこと（配偶者が年末調整や確定申告で配偶者特別控除の適用を受けなかった場合等を除く）

❺配偶者が、公的年金等の受給者の扶養親族等申告書に記載された源泉控除対象配偶者がある居住者として、源泉徴収されていないこと（配偶者が年末調整や確定申告で配偶者特別控除の適用を受けなかった場合等を除く）

Check ☑ 配偶者特別控除は夫婦間で互いに受けることはできません。

●配偶者控除・配偶者特別控除と年収の壁

この制度を難しくしているのは、「年収」と「所得」という２種類の言葉が出てくる点と、年収（所得）に応じて控除する名称が異なる点です。

年収とは、会社から支払われる給与の1年間分（支払ベース）の総支給額を意味します。所得とは、年収から給与所得控除を差し引いた後の金額になります。

配偶者の年収が103万円以下なら「配偶者控除」、配偶者の年収が103万円以上201.6万円未満なら「配偶者特別控除」を受けることができます。

一方、所得金額で説明した場合には、配偶者の所得が48万円以下なら配偶者控除となり、配偶者の所得が48万円以上133万円以下なら配偶者特別控除を受けることができます。

年末調整において「配偶者控除」と「配偶者特別控除」のどちらを適用するかは配偶者の年収（所得）で決定することになるので、自由に選択することはできません。

なお、配偶者の年収150万円以下の場合には、配偶者控除と配偶者特別控除の控除金額は同額になります。配偶者の年収150万円のボーダーライン（年収の壁➡第３章21項）です。年末調整の対象者の年収が1,095万円以下で、さらに配偶者の年収が150万円以下であれば、配偶者控除と配偶者特別控除、どちらも同額の38万円の控除となります。

また、配偶者の年収が150万円を超過すると配偶者特別控除の金額が段階的に減少する制度になっています。配偶者の年収が150万円（所得が95万円）を超えると、配偶者特別控除が満額の38万円から減少し始めることから、「150万円の壁」と呼ばれています。

ミスしやすいポイント

年末調整では、「給与所得者の基礎控除申告書 兼 給与所得者の配偶者控除等申告書 兼 所得金額調整控除申告書」に、配偶者の本年中の合計所得金額見積額の収入金額と所得金額の計算を明記することになっています。

しかし、この用紙を記入するのは年末調整の対象者である従業員なので、この記入段階で間違えているケースが多々あります。まずは、用紙に記載されている金額が正しいのかどうかを確認する必要があります。

4 扶養人数は変動する
扶養控除

給与計算では、**扶養人数の確認**は非常に重要です。毎月の給与の所得税計算にも影響し、さらに年1回の年末調整時においては、「**扶養控除等申告書**」(➡巻末付録P.296)に基づき、より正確な扶養の人数や状況確認が必要になります。

扶養とは、自身の収入で生活ができない家族や親族に対して、経済的な援助をすることを意味します。一般的には、収入がない(経済的に自立していない)、あるいは収入の少ない子ども、配偶者、両親などの親族を、自身の収入によって養うことをいいます。

Check ☑ 扶養する人のことを「扶養者」といい、扶養される人を「扶養家族」「扶養親族」「被扶養者」といいます。扶養家族がいると、家族を扶養している人(従業員)が納付する税金が少なくなります。

扶養控除とは、納税者(従業員および役員等)に所得税法上の控除対象扶養親族となる人がいる場合には、一定の金額の所得控除を受けることができる制度です。

毎月の給与計算とは異なり、年末調整では1年間の所得税を精算することになるため、年末調整時点での扶養の人数等が重要になってきます。

●よくある扶養控除の計算ミス

ここで、よくある計算ミスを紹介しましょう。

前年の年末調整の際に提出された「扶養控除等申告書」に基づき、給与計算ソフトに扶養の設定をして計算を実施。しかし、実際には扶養の変動(結婚、出産、就職、退職、体調不良、収入変動、死亡)があった……というケースです。

扶養の変動は、従業員等が会社側に報告をしてこないと気がつかないので、当初に設定した扶養人数等での所得税計算になります。そのため、所得税を多く計算（扶養人数が実際は減少していた）、逆に所得税を少なく計算（扶養人数が実際は増加していた）ということが発生してしまうのです。

しかし、毎月の所得税はあくまでも仮計算となっており、年末調整で精算が行われます。

扶養家族と扶養親族の違い

扶養家族と扶養親族は言葉は似ていますが、扶養の範囲が異なります。

扶養家族とは、従業員本人が扶養している家族全体のことを意味します。扶養親族とは本人（従業員）の配偶者（妻または夫）以外の親族、または養育を委託された児童や養護を委託された老人のことをいいます。

Check ☑ 年末調整の際には、「扶養控除申告書」は余裕を持って回収しましょう。未記入部分があった場合には、確認が必要になります。期日ギリギリで回収すると、生年月日等が不明な場合には正しい扶養控除ができません。

なお、扶養の生年月日等が定かではない場合には、住民票等の公的な書類を提出してもらう方法もあります。

●所得税の扶養控除

所得税の扶養控除については、次の要件があります。年齢、同居、国内外により区分が異なり、さらに控除金額も異なります。

所得税：扶養控除の金額

単位：円

区分		控除額	備考
一般の扶養親族		380,000	
特定扶養親族		630,000	
老人扶養親族	同居老親等以外	480,000	
	同居老親等	580,000	

※控除額は、扶養親族の年齢、同居の有無等により異なる

扶養親族に該当する人の範囲

(1) 配偶者以外の親族（6親等内の血族および3親等内の姻族）または都道府県知事から養育を委託された児童（いわゆる里子）や市町村長から養護を委託された老人であること

(2) 納税者と生計を一にしていること

(3) 年間の合計所得金額が48万円以下（2019年分以前は38万円以下）であること（給与のみの場合は給与収入が103万円以下）

(4) 青色申告者の事業専従者としてその年を通じて一度も給与の支払いを受けていないことまたは白色申告者の事業専従者でないこと

扶養親族とは、その年の12月31日の現況で、上記4つの要件の**すべてに該当**する者

※納税者が年の中途で死亡または出国する場合は、その死亡または出国のとき

控除対象扶養親族に該当する人の範囲

原則：扶養親族のうち、その年12月31日現在の年齢が**16歳以上**の者

例外：2023年分以後の所得税においては、**非居住者である扶養親族**については、下記のいずれかに該当する者に限り、控除対象扶養親族に該当する

(1) その年12月31日現在の年齢が16歳以上30歳未満の人

(2) その年12月31日現在の年齢が70歳以上の人

(3) その年12月31日現在の年齢が30歳以上70歳未満の人であって次に掲げるいずれかに該当する人

- 留学により国内に住所および居所を有しなくなった人
- 障害者である人
- 納税者からその年において生活費または教育費に充てるための支払いを38万円以上受けている人

●社会保険の扶養

社会保険の扶養（所得税の扶養とは要件が異なる）については、下記の要件があります。年齢、同居、国内外により区分が異なり、さらに控除金額も異なります。

収入要件

被保険者との関係（同居・別居）	扶養に入れる要件（いずれも満たしている場合）
同一世帯に属している	・年間収入130万円未満
	・扶養者の年間収入の2分の1未満
同一世帯に属していない	・年間収入130万円未満
	・扶養者からの仕送り（援助額）未満

同一世帯の条件

被保険者と同居している必要がない者	①配偶者
	②子、孫および兄弟姉妹
	③父母、祖父母などの直系尊属
被保険者と同居していることが必要な者	・上記①以外の3親等内の親族（伯叔父母、甥姪とその配偶者など）
	・内縁関係の配偶者の父母および子（当該配偶者の死後、引き続き同居する場合を含む）

扶養のタイミング

扶養に入る例	扶養から外れる例
・子どもが生まれた	・被扶養者が就職する
・結婚した（扶養の要件を満たす場合）	・被扶養者の年間収入が130万円を超過する
・扶養対象者の失業給付の受給が終了した	・60歳以上、障害者の場合は年間収入180万円以上
・扶養対象者が離職（失業給付なし）	・被扶養者が75歳以上（後期高齢者制度へ） ・被扶養者が失業給付を受給する ・婚姻等により他の被保険者に扶養される ・離婚した場合

※参照：国税庁HP「扶養控除」
https://www.nta.go.jp/taxes/shiraberu/taxanswer/shotoku/1180.htm

保険会社からの控除証明書が重要

5 生命保険料控除

給与所得者が生命保険料、介護医療保険料、個人年金保険料を支払った場合には、一定の金額の所得控除を受けることができます。これを**生命保険料控除**といいます。

平成24年１月１日以後に締結した保険契約等に係る保険料と**平成23年12月31日以前**に締結した保険契約等に係る保険料では、生命保険料控除の取扱いが異なります。

Check ☑ 保険期間が５年未満の生命保険などの中には、控除の対象とならないものもあります。

●生命保険料控除の金額

生命保険料控除額は、右ページ図の計算で算出した各控除額の合計額となります。

Check ☑ 合計額が12万円を超える場合には、生命保険料控除額は12万円となります。いくら保険料を支払っていても、最大12万円までしか控除されません。

●対象者または非対象者

生命保険料、介護医療保険料または個人年金保険料を支払った従業員。年末調整の対象者が被保険者であっても、**他の人が保険料を支払っている場合には対象外**となります。

●年末調整の方法

生命保険料控除を受ける場合には、**「給与所得者の保険料控除申告書」**

新契約に基づく場合の控除額

（平成24年1月1日以後に締結した保険契約等）

新契約に基づく新生命保険料、介護医療保険料、新個人年金保険料の控除額

年間の支払保険料等	控除額	備　考
20,000円以下	支払保険料等の全額	
20,000円超　40,000円以下	支払保険料等×1/2+10,000円	
40,000円超　80,000円以下	支払保険料等×1/4+20,000円	
80,000円超	一律40,000円	

注意事項

①	支払保険料等とは、その年に支払った金額から、その年に受けた剰余金や割戻金を差し引いた残りの金額をいう。 ➡**給与所得者の保険料控除申告書に対象者本人が記載してくる数値が間違っている場合が多い。剰余金、割戻金を差し引く前の金額で記入していないかチェックしよう。**
②	新契約については、主契約または特約の保障内容に応じ、その保険契約等に係る支払保険料等が各保険料控除に適用される。 ➡**各保険会社により保険料控除証明書の形式は異なる。新契約、旧契約なのか見つけるのが困難な場合もあり、対象者本人が新契約、旧契約を間違えて記載してくることも多々ある。**
③	異なる複数の保障内容が一の契約で締結されている保険契約等は、その保険契約等の主たる保障内容に応じて保険料控除を適用する。 ➡**1つの証明書に複数の契約内容が記載されているケースがある。内容を適切に把握できず、対象者本人が間違えて記載している場合が多い。**
④	その年に受けた剰余金や割戻金がある場合には、主契約と特約のそれぞれの支払保険料等の金額の比に応じて剰余金の分配等の金額を按分し、それぞれの保険料等の金額から差し引く。 ➡**非常に複雑なケース。対象者本人の記載を信用せず、最初から計算をするほうが無難。**

※国税庁「No.1140 生命保険料等控除」をもとに著者が作成
https://www.nta.go.jp/taxes/shiraberu/taxanswer/shotoku/1140.htm

の生命保険料控除の欄に記入して、支払金額や控除を受けられることを証明する書類、または電磁的記録印刷書面（電子証明書等に記録された情報の内容と、その内容が記録された二次元コードが付された出力書面）を添付する必要があります。

生命保険料控除の場合、給与所得者の「保険料控除申告書」に記載されている金額が正しいかどうかの検証は必須です。生命保険料の証明書は複雑で、複数契約している場合、複数の項目で契約しているケース、剰余金や割戻金が発生しているケースもあります。

年末調整も給与計算ソフトで実施しているケースがほとんどだと思われますが、最近のソフトは生命保険料控除をはじめ、各種控除項目について、支払先（保険会社名など）、種類、支払金額（剰余金や割戻金を除く）を入力すると自動計算されます。

給与計算担当の実務テクニックとしては、**保険会社からの控除証明書（これが一番正しい）**を見ながら、ソフトの年末調整事項に**直接入力**を行い、計算された金額に基づいて「給与所得者の保険料控除申告書」に記載されている金額（対象者本人が記載した金額）を確認すると効率的です。

給与会計ソフトを使用して年末調整を実施する場合の実務

本来の確認方法

給与所得者の保険料控除申告書と生命保険料控除証明書等を確認。間違っている場合には内容、金額の訂正を行う。		給与所得者の保険料控除申告書を見ながら給与計算ソフトへの入力を実施。		給与計算ソフトから入力項目の印刷。印刷データと生命保険料控除証明書等との最終確認を行う。
時間がかかり非効率。		申告書の訂正が適正に行われていなければ入力も間違えることになる。		★この段階で訂正がある場合には、再度給与所得者の保険料控除申告書の修正が必要となる。

正確・時短になる効率的な確認方法

生命保険料控除証明書等を見ながら給与計算ソフトへ直接入力をする。	→	給与所得者の保険料控除申告書と生命保険料控除証明書等を確認。間違っている場合には内容、金額の訂正を行う。	→	給与計算ソフトから入力項目の印刷。印刷データと生命保険料控除証明書等との最終確認を行う。
正しい書類により入力しているので間違いがない。さらに、給与計算ソフトにより自動計算される。		給与計算ソフトで正しい内訳が自動計算されているため、データを見ながら訂正を実施する。		正しいデータで入力をしているため、従来よりも大幅に入力ミスが軽減される。

6

対象者が提出をしてこないケースも多い

地震保険料控除

従業員（役員含む）等が特定の損害保険契約等に係る地震等損害部分の保険料または掛金を支払った場合には、一定の金額の所得控除を受けることができます。これを**地震保険料控除**といいます。

●対象者または対象物

特定の損害保険契約等に係る地震等損害部分の保険料または掛金を支払った従業員が対象です。

地震保険料控除の対象となる保険や共済の契約は、一定の資産を対象とする契約で、地震等による損害により生じた損失の額をてん補する（保険会社が損害に対して保険金を支払う）契約になります。

勘違いしている人も少なくないのですが、名称は地震保険料控除でも、実際には火災保険として加入しているケースが多々あります。火災保険の上乗せとして地震保険に加入することが多いからです。右ページの対象となる保険の一覧表を参照してください。

●対象となる保険契約

対象となる契約は、給与所得者等本人やその者と生計を一にする配偶者、その他の親族の所有する家屋で、常時その居住の用に供するもの、または生活に通常必要な家具、道具、衣服などの生活用動産を保険や共済の対象としているものになります。

地震保険料控除を受ける場合には、損害保険会社が発行した支払金額や控除を受けられることを証明する書類が必要になります。

地震保険料控除の金額

控除額＝その年に支払った保険料の金額に応じて、下記により計算した金額

区　　分	年間の支払保険料の合計	控除額
(1)地震保険料	50,000円以下	支払金額の全額
	50,000円超	一律50,000円
(2)旧長期損害保険料	10,000円以下	支払金額の全額
	10,000円超20,000円以下	支払金額×1/2＋5,000円
	20,000円超	15,000円
(1)・(2)両方がある場合	—	(1)・(2)それぞれの方法で計算した金額の合計額（最高50,000円）

- 1つの損害保険契約等または1つの長期損害保険契約等に基づき、地震保険料および旧長期損害保険料の両方を支払っている場合には、納税者の選択により地震保険料または旧長期損害保険料のいずれか一方の控除を受けることとなる。

※国税庁「No.1145 地震保険料控除」をもとに著者が作成
https://www.nta.go.jp/taxes/shiraberu/taxanswer/shotoku/1145.htm

地震保険料控除の対象となる保険契約

	保険の種類
①	損害保険会社または外国損害保険会社等と締結した損害保険契約のうち一定の偶然の事故によって生ずることのある損害をてん補するもの ※外国損害保険会社等と国外において締結したものは除かれる
②	農業協同組合と締結した建物更生共済契約または火災共済契約
③	農業協同組合連合会と締結した建物更生共済契約または火災共済契約
④	農業共済組合などと締結した火災共済契約または建物共済契約
⑤	漁業協同組合などと締結した建物や動産の共済期間中の耐存を共済事故とする共済契約や火災共済契約
⑥	火災等共済組合と締結した火災共済契約
⑦	消費生活協同組合連合会と締結した火災共済契約、自然災害共済契約
⑧	財務大臣の指定した火災共済契約、自然災害共済契約

※国税庁「No.1145 地震保険料控除」をもとに著者が作成
https://www.nta.go.jp/taxes/shiraberu/taxanswer/shotoku/1145.htm

●注意事項

年末調整時に必要な資料として、地震保険料控除、生命保険料控除、住宅ローン控除等は**証明書の回収**が必要になります。必ず、年末調整対象者から提出してもらいましょう。

地震保険料控除の証明については、金額も少なく、年末調整対象者の認識も低いため、提出してこないケースも少なくありません。給与担当者としては、あくまでも提出されたものがすべてになりますが、

「地震保険の控除も年末調整の対象になりますよ」

「地震保険控除は火災保険も対象ですよ」

と伝えてあげると、ほぼすべての対象者から提出されると思います。なぜなら、地震保険等は自宅でも（住宅ローンを組んでいれば火災保険に強制的に加入）、賃貸物件でも（マンション、アパート、貸家などは物件契約時に必須）、必ずといってよいほど加入しているからです。よって、年末調整対象者が世帯主の場合には、地震保険等を支払っている可能性が非常に高いといえます。

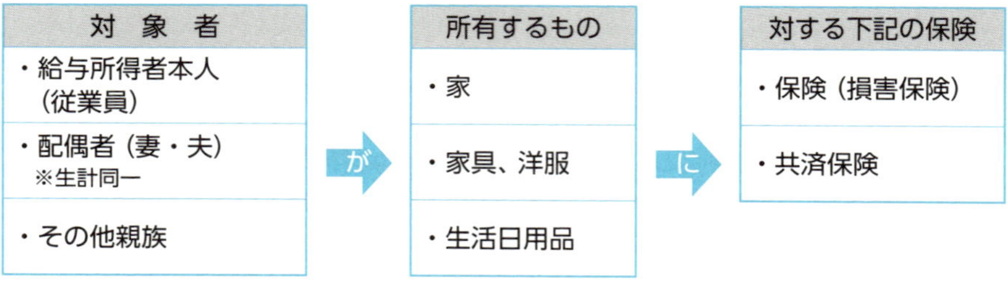

対　象　者
・給与所得者本人（従業員）
・配偶者（妻・夫）※生計同一
・その他親族

が →

所有するもの
・家
・家具、洋服
・生活日用品

に →

対する下記の保険
・保険（損害保険）
・共済保険

証明書について

保険会社により取扱いは多少異なりますが、基本的には毎年９月下旬から10月中旬までに、各保険会社から保険契約ごとに、契約した住所に対して証明書が郵送されます。

保険の支払い方法は、下記の通りさまざまで、支払い方法により郵送時期が異なるケースもあります。控除証明書を紛失または何らかの事由により到着しないケースもよく見受けられますが、その場合には契約者本人が保険会社に連絡して再発行依頼をします。

10～12月頃に保険契約をして12月末日までに支払いをした場合には、本年中の年末調整の対象になりますが、すでに会社で年末調整の計算が終了した後に証明書が到着した場合には間に合いません。その対象者の分だけ翌月に追加で年末調整を実施する、もしくは従業員本人が確定申告を実施することになります。再発行の控除証明書が間に合わない場合も同様です。

各種保険の納付方法

保険料の支払いには、さまざまな納付方法があります。割引率については一括払いが最も高くなります。

支払方法	内　容
月払い	基本的には毎月同額を決められた日に支払い ※通常は金融機関の口座より自動引き落とし
半年（一括）払い	半年分を一括で支払う 通常は指定された金融機関へ振込する
年間（一括）払い	１年分を一括で支払う ※通常は指定された金融機関へ振込する
前納	将来の振込予定の保険料の一部、または全額について前もって振込をして保険会社へ預ける支払い方法
一括払い	一時払いともいわれ、対象期間のすべての保険料を契約時に一括で支払い、保険料に充当する

2回目以降の控除は年末調整が可能

住宅ローン控除

住宅ローン控除は、一般的には対象者が多くはないと思われますが、対象の従業員がいる場合には、ローンの対象期間が数年の場合、毎年処理することになります。年度により制度が変更され、複雑化していますので、年末調整の準備として住宅ローン控除のしくみを理解しましょう。

個人が住宅ローン等を利用して、マイホームの新築、中古物件の取得または増改築等をして、**2022年1月1日から2025年12月31日まで**の間に自己の居住の用に供したときは、一定の要件の下、その取得等に係る住宅ローン等の年末残高の合計額等をもとにして計算した金額を、居住の用に供した年分以後の各年分の所得税額から控除（**住宅借入金等特別控除**）することができます。

「自己の居住の用に供したとき」とは

原則として、「居住の用に供する」とは、住宅ローン控除の対象の家に住み始めたということを意味します。よって居住の用に供した年は住民票で判断されます。

※住民票で証明できないような場合（年末ぎりぎりに入居して生活を開始したが、住民票の手続きは翌年1月となった等）には、水道光熱費の領収書で証明するケースもあります。

「一定の要件の下」とは

まず、大前提として住宅ローンを組んでいることです。住宅ローンを組まずに現金一括払いの場合には対象外になります。

次に、住宅ローンの残高があり、控除対象期間中である必要があります。控除期間については、住宅ローンを組んだ年度により異なりますので、基本的には対象者ごとに違うと認識してください（法改正が頻繁に行われているため）。

住宅を購入し、住宅ローンを組めば初年度（１回目）から年末調整で住宅ローン控除が適用されるというわけではなく、初年度は対象者本人（従業員）が確定申告をする必要があります。

初年度、確定申告を実施したことにより、２年目以降の住宅ローン控除の書類が対象期間分（数年分）一括で対象者本人（従業員）の自宅に郵送されます。この書類で2年目以降については年末調整が可能になります。

この**特例**は、次ページの図の通り、住宅等の区分および居住年に応じて、借入限度額や控除期間が異なります。

Check 対象者＝住宅ローン等を利用してマイホームの新築等をした人となります。よって、現金一括払いの人は該当しません。

●対象物件と内容

住宅ローン控除の対象となる住宅は、新築、中古は問いません。ほぼすべての住宅が対象になります。さらに、増改築や大規模リフォームでも適用が可能です。

一戸建て、マンション、新築建築、建売、増改築など、形式・工事を問わず対象となります。

●計算方法

住宅借入金等特別控除の控除期間や控除額の計算方法については、住宅ローン等の**年末残高の合計額**をもとに、居住の用に供した年分の計算方法により算出します。

住宅を新築等した場合の借入限度額、控除期間等

区分	居住年			
	2022（令和4）年	2023（令和5）年	2024（令和6）年	2025（令和7）年
認定長期優良住宅（長期優良住宅）	5,000万円【13年間】		4,500万円【13年間】	
低炭素建築物（認定低炭素住宅）	5,000万円【13年間】		4,500万円【13年間】	
低炭素建築物とみなされる特定建築物（認定低炭素住宅）	5,000万円【13年間】		4,500万円【13年間】	
特定エネルギー消費性能向上住宅（ZEH基準省エネ住宅）	4,500万円【13年間】		3,500万円【13年間】	
エネルギー消費性能向上住宅（省エネ基準適合住宅）	4,000万円【13年間】		3,000万円【13年間】	
一般の新築住宅（その他の住宅）	3,000万円【13年間】		0万円（2,000万円）【10年間】	
控除率	全期間一律 0.7%			
所得要件	合計所得金額2,000万円以下（特例居住用家屋・特別認定住宅等 ⇒ 1,000万円以下）			
床面積要件	50㎡以上（特例居住用家屋・特別認定住宅等 ⇒ 40㎡以上50㎡未満）			

※国税庁「No.1211-1　住宅の新築等をし、令和4年以降に居住の用に供した場合（住宅借入金等特別控除）」をもとに著者が作成
https://www.nta.go.jp/taxes/shiraberu/taxanswer/shotoku/1211-1.htm

100円未満の端数金額は切り捨てとします。

●申告等の方法

住宅借入金等特別控除の適用を受けるための手続きは、控除を受ける「最初の年分」と「2年目以後の年分」とで異なります。

●控除を受ける最初の年分について

控除を受ける最初の年分は、必要事項を記載した**確定申告書**に、右図の提出書類の区分に応じて書類を添付し、所轄税務署長に提出する必要があ

共通の提出書類

1	「(特定増改築等) 住宅借入金等特別控除額の計算明細書」 ※連帯債務がある場合は「(付表) 連帯債務がある場合の住宅借入金等の年末残高の計算明細書」も必要です。
2	金融機関等から交付された「住宅取得資金に係る借入金の年末残高等証明書」
3	家屋の「登記事項証明書」などで床面積が50㎡以上 (特例居住用家屋または特例認定住宅等の場合は、40㎡以上50㎡未満) であることを明らかにする書類
4	家屋の「工事請負契約書」または家屋の「売買契約書」の写しなど家屋の取得対価の額を明らかにする書類
5	＜土地の購入に係る住宅借入金等について控除を受ける場合＞ (1) 土地の「登記事項証明書」など敷地の取得年月日を明らかにする書類 (2) 土地の売買契約書の写しなど土地の取得対価の額を明らかにする書類
6	＜国または地方公共団体等から補助金等の交付を受けた場合＞ 市区町村からの補助金決定通知書などの補助金等の額を証する書類
7	＜住宅取得等資金の贈与の特例 (措法70の2、70の3) を受けた場合＞ 贈与税の申告書の写しなど住宅取得等資金の額を証する書類

ります。

● 2年目以後の年分について

給与所得者は、控除を受ける最初の年分については、確定申告書を提出する必要があります。よって、給与計算には影響しません。しかし、2年目以後の年分は、年末調整でこの特別控除の適用を受けることになります。

対象者がいる場合には、従業員から次の書類を提出してもらいます。

- **①「年末調整のための住宅借入金等特別控除証明書兼給与所得者の住宅借入金等特別控除申告書」➡税務署より**
- **②「住宅取得資金に係る借入金の年末残高等証明書」➡金融機関より**

担当者として注意すべき点は、従業員が提出してきた金額をそのまま信じて入力するのではなく、**金融機関の残高と一致しているか**、また、**計算が間違っていないか**を検算する必要があります。

住宅ローン控除の適用になる従業員の場合、マスコミなどによる「毎年○万円所得税がお得になります」などのうたい文句を目にし、言葉の意味

住宅ローンの用語集

種　　類	説　　明
認定住宅	認定長期優良住宅および認定低炭素住宅
認定長期優良住宅	長期優良住宅の普及の促進に関する法律に規定する認定長期優良住宅に該当するものとして証明されたもの
認定低炭素住宅	都市の低炭素化の促進に関する法律に規定する低炭素建築物に該当する家屋および同法の規定により低炭素建築物とみなされる特定建築物に該当するものとして証明がされたもの
特定エネルギー消費性能向上住宅	認定住宅以外の家屋でエネルギーの使用の合理化に著しく資する住宅の用に供する家屋（断熱等性能等級5以上および一次エネルギー消費量等級6以上の家屋）に該当するものとして証明がされたもの
エネルギー消費性能向上住宅	認定住宅および特定エネルギー消費性能向上住宅以外の家屋でエネルギーの使用の合理化に資する住宅の用に供する家屋（断熱等性能等級4以上および一次エネルギー消費量等級4以上の家屋）に該当するものとして証明がされたもの
認定住宅等	認定住宅、特定エネルギー消費性能向上住宅およびエネルギー消費性能向上住宅
特例居住用家屋	床面積が40平方メートル以上50平方メートル未満で2023年12月31日以前に建築基準法第6条第1項の規定による建築確認を受けた居住用家屋
特例認定住宅等	床面積が40平方メートル以上50平方メートル未満で2023年12月31日以前に建築基準法第6条第1項の規定による建築確認を受けた認定住宅等
一般の新築住宅	認定住宅等に該当しない住宅を新築等した場合の新築住宅

※参照：国税庁「No.1211-1　住宅の新築等をし、令和4年以降に居住の用に供した場合（住宅借入金等特別控除）」
https://www.nta.go.jp/taxes/shiraberu/taxanswer/shotoku/1211-1.htm

をよく理解せずに、「年末調整時の還付金額が少ない」とクレームを入れてくるケースがあります。

得する金額以上の所得税を徴収されているような従業員は確かにその通りですが、一般の従業員の所得では、そのような金額の所得税に達しないことがほとんどです。そのため、それほどのメリットはありません。

Check ✔ 大手企業の役職者クラスでないと、すべての恩恵を受けるのは難しいでしょう。

住宅借入金等特別控除の控除期間および控除額の計算

住宅の区分	居住の用に供した年	控除期間	各年の控除額の計算（控除限度額）
認定長期優良住宅 認定低炭素住宅	2022年・2023年	13年	年末残高等×0.7%（35万円）
	2024年・2025年	13年	年末残高等×0.7%（31.5万円）
特定エネルギー消費性能向上住宅	2022年・2023年	13年	年末残高等×0.7%（31.5万円）
	2024年・2025年	13年	年末残高等×0.7%（24.5万円）
エネルギー消費性能向上住宅	2022年・2023年	13年	年末残高等×0.7%（28万円）
	2024年・2025年	13年	年末残高等×0.7%（21万円）
一般の新築住宅	2022年・2023年	13年	年末残高等×0.7%（21万円）
	2024年・2025年	10年	年末残高等×0.7%（14万円）

所得税の大前提の考え方として、毎月の給与から徴収（控除）して、年末調整で精算して（徴収されている所得税の範囲内で）、還付または追加徴収となります。追加で徴収される場合はあっても、追加で所得税が還付になることはありえません。

※参照：国税庁「住宅借入金等特別控除」
https://www.nta.go.jp/taxes/shiraberu/taxanswer/shotoku/1211-1.htm

8 年末調整対象外で確定申告すべき対象者
確定申告

通常12月に行う年末調整の対象となる人は、会社に１年を通じて勤務している人や、年の中途で就職し、年末まで勤務している人（青色事業専従者も含む）になります。

しかし、次の項目に該当する従業員は年末調整の対象者ではなく、従業員または役員等の**本人が確定申告**を実施することになります。

- **１年間の給与の総額が2,000万円を超える人**
- **災害減免法の規定により、その年の給与に対する所得税および復興特別所得税の源泉徴収について徴収猶予や還付を受けた人**
- **住宅ローン控除を受ける最初の年度の人（２年目以降は、初年度の確定申告後に税務署から自宅に郵送される申告書を添付して年末調整が可能になる）**
- **日雇い労働の人（継続して同一の雇用主に雇用されない日雇い労働者など、「源泉徴収税額表」の日額表の丙欄の適用者）**
- **２ヶ所以上から給与の支払いを受けている人（他の会社に「給与所得者の扶養控除等（異動）申告書」を提出している者や、年末調整までに「給与所得者の扶養控除等（異動）申告書」を提出していない人）**
- **非居住者（所得税法では、「居住者」とは、国内に「住所」を有し、または、現在まで引き続き１年以上「居所」を有する個人をいい、「居住者」以外の個人を「非居住者」と規定されている）**

●年末調整しても確定申告が必要な人

給与所得者は給与等（給与、役員報酬、賞与）を支給される際に所得税を源泉徴収され、年末調整が行われているので、基本的に確定申告は必要ありませんが、次に該当する場合には確定申告をする必要があります。

- **1ヶ所の会社から給与や賞与を受けている人で、家賃収入など給与所得以外の所得（副業など）が20万円を超える人**
- **2ヶ所以上の会社から給与や賞与の支払いを受けている人**
- **その年中に支払いを受ける給与（役員報酬）および賞与が2,000万円を超える人**
- **災害によって被害を受け、災害減免法の規定により源泉徴収の猶予または還付を受けた人**
- **源泉徴収の規定が適用されない給与や賞与を受けている人**

近年ではメルカリ、ヤフーオークション等の物品販売による副業、ウーバーイーツ等の副収入、ニコ生、ふわっち、ツイキャス等の配信による投げ銭収入など、本業以外で収入を得る方法が多様化しているため、年末調整後に確定申告をする必要がある人が増えてきています。給与担当者としては、その人が**年末調整の対象者なのか、確定申告の対象者なのか**、また**年末調整後に確定申告が必要なのか**を確認して計算をします。

また、雑損控除、医療費控除、寄附金控除については、年末調整では控除ができないため、対象者本人が自分で確定申告をする必要があります。

住宅取得等特別控除（初年度）などの還付を受けるときにも、確定申告をします。

寄附金控除について

ふるさと納税は、地方公共団体への寄附金として確定申告における寄附金控除の対象となります。ふるさと納税の金額については、一定の限度額までは、**その金額から2,000円を差し引いた金額**が所得税と翌年度の個人住民税から控除されます。

※参照：国税庁ホームページ　https://www.nta.go.jp/

9 従業員に還付した金額は相殺され納付しない

年末調整還付金は会社が損をするわけではない

年末調整で従業員に対して還付するケースの場合、会社側（経営者）からよく質問されるのは、「年末調整で従業員の給与に所得税の還付金額が上乗せされて、給与の支給金額が多くなっています。なぜ、会社がお金を負担しているのですか？」というものです。

例えば、中途入社の従業員の前職での収入が高額であったにもかかわらず、源泉徴収票の所得税額の計算が誤っていて「乙」になっており、その金額は50万円程度でした。年末調整の結果、還付が40万円になり、通常の月額に対して40万円が上乗せされて支給されました。実際、経営者の理解が不足していて、会社内で揉めたケースもありました。通常の月の2倍程度の振込になるため、経営者がこの従業員へ還付金額を支給しなかったのです。

言い分としては、この所得税はもともと会社が納付したものなので、還付金額は会社のものだと経営者が主張して、従業員へ支給しなかったということです。

確かに、会社側からすれば通常月よりも支給する金額は高くなります（**資金の流失**）。

しかし、年末調整以降に納付する源泉所得税の納付書で調整をするため、会社側は従業員へ「還付」した金額分、所得税を納付する際に「控除」するため、損をすることはありません。

Check ☑ 特に中途入社の従業員からの質問が多いケースです。

右ページのCASEを見てください。確かに還付する分の資金は先に立替となりますが、その分、所得税の納付金額が減少するため、結果は同じになります。

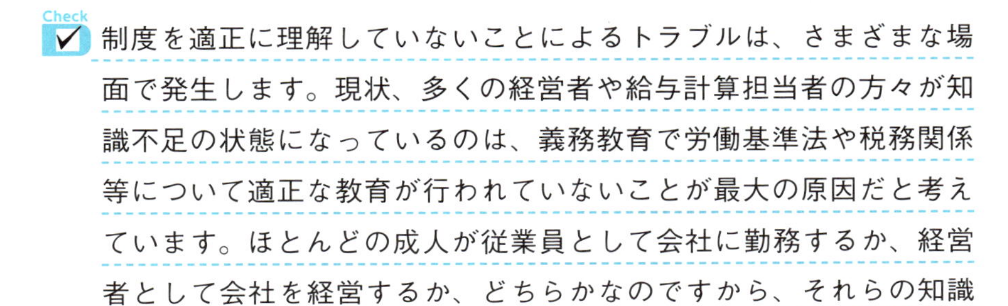

Check 制度を適正に理解していないことによるトラブルは、さまざまな場面で発生します。現状、多くの経営者や給与計算担当者の方々が知識不足の状態になっているのは、義務教育で労働基準法や税務関係等について適正な教育が行われていないことが最大の原因だと考えています。ほとんどの成人が従業員として会社に勤務するか、経営者として会社を経営するか、どちらかなのですから、それらの知識は常識といえるでしょう。

CASE：12月の年末調整で従業員へ40万円の所得税を還付した場合

所得税の納付書において、下記のように還付金額と納付金額が相殺されます。

	1月10日の所得税納付書	2月10日の所得税納付書
給与等の税額	250,000	250,000
年末調整による超過税額	▲ 250,000	▲ 150,000
本税	0	100,000
合計額（納付金額）	0	100,000

・1月10日の納付税額が全体で25万円とした場合
・2月10日の納付税額が全体で15万円とした場合

還付がなければ1月10日に25万円を納付し、2月10日も25万円を納付することになります。しかし、年末調整で40万円の還付をしているため、その金額が0円になるまで、年末調整による超過税額として納付金額と相殺することができます。よって上図の通り、1月10日は0円納付、2月10日は10万円納付となります。

還付がなければ50万円を税務署に納付するところ、従業員へ還付40万円、税務署へ10万円を納付したことになり、結果としては同じになります。

所得税納付額　500,000円
- 従業員　400,000円
- 税務署　100,000円

10

必要に応じて随時発行

源泉徴収票の作成・交付

「給与所得の源泉徴収票」は、給与等を支払ったすべての人（役員・従業員など）について作成し、交付することが義務付けられています。

源泉徴収票は役員、従業員ともに同じ形式のものです。

源泉徴収票を作成（発行）するのは、大きく３つの場合があります。

- **退職時（辞任時など）に作成**
- **年末調整後に作成**
- **年末調整は行わずに作成**

昨今は給与計算ソフトを使用するのが主流なので、源泉徴収票も簡単な操作で作成、印刷が可能です。

手計算の場合にはその年の支給項目、控除項目を集計して作成する必要があります。

源泉徴収票は、給与計算ソフトを使用している場合には、２種類発行されます。１つは**受給者用**、もう１つは**税務署提出用**になります（右ページを参照）。また、税務署提出用については、対象者のみを提出することになります。

給与計算ソフトによる源泉徴収票の作成・印刷の例

給与支払報告書、源泉徴収票（税務署提出用）

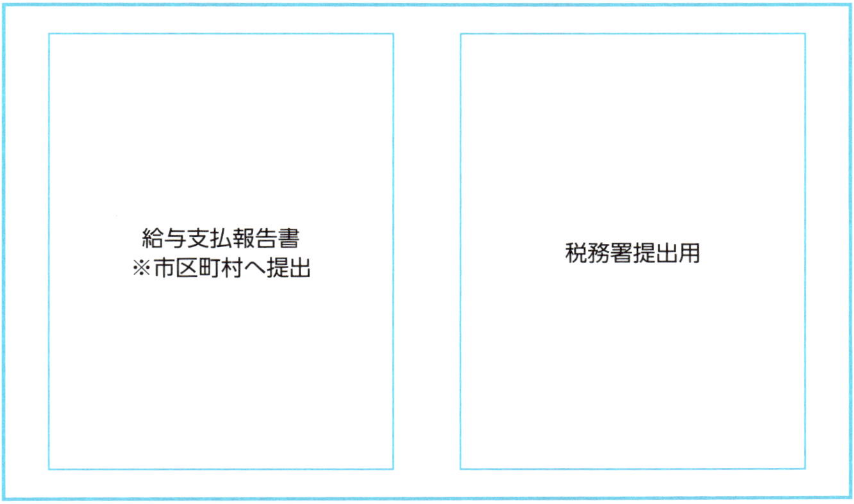

給与支払報告書 ※市区町村へ提出	税務署提出用

源泉徴収票（受給者交付用）

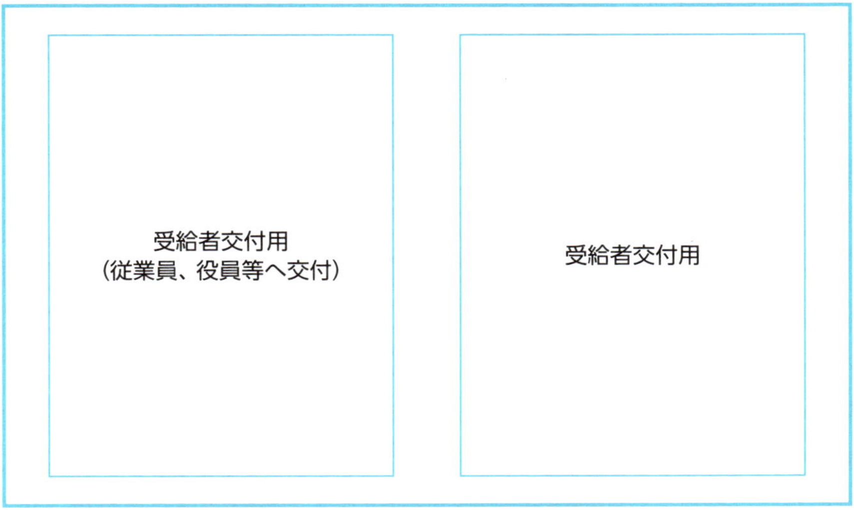

受給者交付用 （従業員、役員等へ交付）	受給者交付用

- 一般的なソフトの場合、Ａ４用紙に２枚印刷される。
- 専用用紙であれば点線で切り取り、通常のコピー用紙の場合にはハサミ等で半分に切って使用する。

源泉徴収票作成・交付のチェックポイント

①	すべての給与等の受給者に対し、その年の翌年の1月31日までに作成・交付しなければならない（強制） ※年の中途で退職した人の場合は、退職の日以後1ヶ月以内に交付
②	国内に住所または1年以上居所を有する居住者である「外国人従業員」にも必ず作成・交付しなければならない（強制） ●外国人雇用が増加する中、重要なポイント！
③	給与所得の源泉徴収票に記載すべき事項を電磁的方法（メール・サーバー保管、PDF、USB 等の記録媒体など）により提供することができる ※最近は、LINE、Dropbox、Discord、Facebook等のアプリによる送信も増えた ※電磁的方法により提供した場合でも、受給者から請求があるときは、書面により交付しなければならない ※あらかじめ支払いを受ける人の承諾を得る等一定の要件を満たしている場合のみ、書面（紙）による交付に代えてＰＤＦ等での交付が認められている

マイナンバーの注意事項

税務署に提出する源泉徴収票は、平成28年1月1日以後の支払いに係る給与所得の源泉徴収票の場合、対象者のマイナンバーおよび法人番号を記載する必要があります。

受給者（役員・従業員など）へ交付する源泉徴収票には、マイナンバーおよび法人番号は記載しないので注意が必要です。

●再発行を依頼されるケース

源泉徴収票は、対象者に対しては年1回の作成・交付が一般的ですが、再発行を依頼されるケースもあります。具体的には、紛失、住宅ローン等への提出、確定申告時、再就職（転職）した際等です。さらに、住宅や車のローン等を契約する場合は、過去分を要求されることもあります。給与計算ソフトを使用している場合にデータが入っていれば、すぐに作成は可能ですが、途中で給与計算ソフトを変更した場合、新たにソフトを導入した場合等については、過去データがソフトに入力されていなければ、正しい源泉徴収票を発行することはできなくなります。給与計算ソフトを導入・変更する場合には、**事前にデータ移行・データ入力をしておく**ことをおすすめします。

給与所得の源泉徴収票

令和　年分　給与所得の源泉徴収票

支払を受ける者	住所又は居所	(受給者番号)
		(個人番号)
		(役職名)
		氏名 (フリガナ)

種別	支払金額	給与所得控除後の金額(調整控除後)	所得控除の額の合計額	源泉徴収税額
	内　千　円	千　円	千　円	内　千　円

(源泉)控除対象配偶者の有無等		老人	配偶者(特別)控除の額	控除対象扶養親族の数(配偶者を除く。) 特定		老人			その他		16歳未満扶養親族の数	障害者の数(本人を除く。) 特別		その他	非居住者である親族の数
有	従有		千　円	人	従人	内	人	従人	人	従人	人	内	人	人	人

社会保険料等の金額	生命保険料の控除額	地震保険料の控除額	住宅借入金等特別控除の額
内　千　円	千　円	千　円	千　円

(摘要)

生命保険料の金額の内訳	新生命保険料の金額	円	旧生命保険料の金額	円	介護医療保険料の金額	円	新個人年金保険料の金額	円	旧個人年金保険料の金額	円

住宅借入金等特別控除の額の内訳	住宅借入金等特別控除適用数		居住開始年月日(1回目)	年　月　日	住宅借入金等特別控除区分(1回目)		住宅借入金等年末残高(1回目)	円
	住宅借入金等特別控除可能額	円	居住開始年月日(2回目)	年　月　日	住宅借入金等特別控除区分(2回目)		住宅借入金等年末残高(2回目)	円

(源泉・特別)控除対象配偶者	(フリガナ) 氏名	区分	配偶者の合計所得	円	国民年金保険料等の金額	円	旧長期損害保険料の金額	円
	個人番号				基礎控除の額	円	所得金額調整控除額	円

控除対象扶養親族			16歳未満の扶養親族			(備考)
1	(フリガナ) 氏名 / 個人番号	区分	1	(フリガナ) 氏名	区分	
2	(フリガナ) 氏名 / 個人番号	区分	2	(フリガナ) 氏名	区分	
3	(フリガナ) 氏名 / 個人番号	区分	3	(フリガナ) 氏名	区分	
4	(フリガナ) 氏名 / 個人番号	区分	4	(フリガナ) 氏名	区分	

未成年者	外国人	死亡退職	災害者	乙欄	本人が障害者 特別	その他	寡婦	ひとり親	勤労学生		中途就・退職 就職	退職	年	月	日	受給者生年月日 元号	年	月	日

支払者	個人番号又は法人番号	(右詰で記載してください。)
	住所(居所)又は所在地	
	氏名又は名称	(電話)

整理欄

375

※出典：国税庁「給与所得の源泉徴収票」https://www.nta.go.jp/taxes/tetsuzuki/shinsei/annai/hotei/pdf/0024008-045_01.pdf

第7章

毎年発生する手続き

市区町村により異なる雛形

給与支払報告書①
提出方法

年末調整後、「**給与支払報告書（個人別明細）**」と「**総括表**」の２種類の書類を、**翌年１月31日まで**に役員・従業員等の住所地（会社の所在地ではない）の市区町村へ提出します。

・**給与支払報告書（個人別明細）**……源泉徴収票と同様、給与支払いを受ける従業員等の詳細がまとめられています。従業員等の氏名、住所、個人番号、給与額、保険料の控除額などが記載されています。

・**総括表**……その市区町村に提出する給与支払報告書（個人別明細）をまとめた表です。提出する際の書類の表紙となります。

「総括表」には、その市区町村に「給与支払報告書（個人別明細）」を提出した人数、特別徴収・普通徴収を選択した人数等を記載します。よって、従業員が住んでいる市区町村の数だけ「総括表」が必要になります。

給与計算ソフトを導入している会社の場合には、年末調整を実施した際に給与支払報告書と総括表が印刷できます。「給与支払報告書」を提出している市区町村から「総括表」が事前に郵送されてくるケースも多いのですが、最近は給与計算ソフトを導入している会社が主流なので、ソフトで作成・印刷した「総括表」で提出するケースが多くなっています。

ただ、各市区町村の「総括表」も全国統一はされておらず、雛形も異なります。市区町村によってはいまだに、市区町村指定の「総括表」で提出しないと電話で苦情を言ってくるケースもあります。

Check ☑ 市区町村の雛形が統一されることを願っている給与実務担当者は多いと思われます。

総括表の例

令和7年度（令和6年分）給与支払報告書（総括表）

文京区提出用（総括表 兼 普通徴収切替理由書）

文京区長殿　　令和7年　　月　　日提出　　1月31日までに提出してください

給与支払者の個人番号又は法人番号		指定番号	
郵便番号	〒　　－	他社分（前職等）を含む場合は必ず給与支払金額等を摘要欄にご記載ください	
給与支払者所在地又は送付先		給与支払の方法及び期日	
フリガナ		事業種目	
給与支払者の名称（氏名）		所轄税務署	
代表者の職及び氏名		受給者総人数	人
連絡者の氏名、所属課、係名及び電話番号	課　係　氏名　電話番号（　）	文京区への報告人員：特別徴収（給与引去者とし）	人
		普通徴収切替理由書記載の人数	人
関与税理士等の氏名及び電話番号	氏名　電話番号（　）	合計	人
		納入書の送付	必要・不要

～普通徴収に該当する受給者がいる場合の注意事項～
①下記、「普通徴収切替理由書」の人数欄を記載してください。
②「個人別明細書」の摘要欄に「普通徴収切替理由書」の符号（普A～F）を記載してください。
③普通徴収仕切り紙（本紙の右側）の下に「個人別明細書（普通徴収分）」を綴ってください。
※符号「普F」欄の休職者とは、休職により4月1日現在で給与の支払を受けていない場合に限ります。

普通徴収切替理由書

符号	普通徴収該当理由	人数
普A	総従業員数が2人以下 （「普B」から「普F」までに該当する全ての（他市区町村分を含む）従業員数を差し引いた人数）	人
普B	他の事業所で特別徴収（例：乙欄該当者）	人
普C	給与が少なく税額が引けない（例：年間の支払額が100万円以下）	人
普D	給与の支払が不定期（例：給与の支払が毎月ではない）	人
普E	事業専従者（個人事業主のみ対象）	人
普F	退職者、退職予定者（5月末日まで）、休職者	人
合計		人

※出典：文京区「総括表」https://www.city.bunkyo.lg.jp/documents/394/r7-tyaso.pdf

給与支払報告書の例

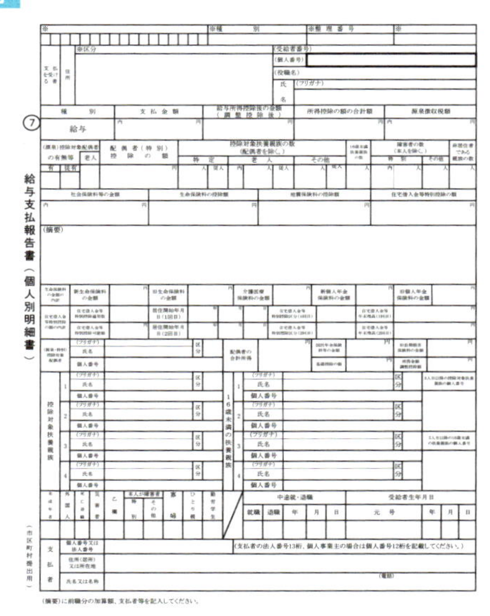
給与支払報告書（個人別明細書）

支払を受ける者	住所		
種別	支払金額	給与所得控除後の金額（調整控除後）	所得控除の額の合計額	源泉徴収税額
給与	円	円	円	円

社会保険料等の金額／生命保険料の控除額／地震保険料の控除額／住宅借入金等特別控除の額

（摘要）

控除対象扶養親族／16歳未満の扶養親族

支払者　個人番号又は法人番号（支払者の法人番号13桁、個人事業主の場合は個人番号12桁を記載してください。）　住所（居所）又は所在地　氏名又は名称　（電話）

（市区町村提出用）

（摘要）に前職分の加算額、支払者等を記入してください。

※出典：文京区「給与支払報告書」
https://www.city.bunkyo.lg.jp/documents/394/r7-kohyo.pdf

2 毎年１月末までに提出

給与支払報告書②
特別徴収税額通知書

住民税は**市区町村民税・道府県民税**の「総称」になります。対象者（役員・従業員等）が１月１日時点に住んでいる住所地（市区町村）に納付する税金です。

住民税の金額は、各市区町村により異なります。

市区町村は、会社から提出される**「給与支払報告書」**の内容をもとに、対象者の所得を把握します。

その年の５月くらいに市区町村から会社へ**「特別徴収税額通知書（事業所用・従業員用）」**と納付書が郵送されてきます。

Check ☑ 各市区町村から郵送されてくる用紙は統一されておらず、色や大きさ等、すべてバラバラです。

「特別徴収税額通知書」により、**６月から翌年５月まで**の毎月の給与から住民税を控除し（**特別徴収**）、**翌月10日まで**に各市区町村に住民税を納付することになります。

従業員および役員等の住所が複数の市区町村に分かれている場合には、５月に複数の市区町村から書類が届くので、対象者が多い会社の場合には、かなりの書類が到着します。

例えば、役員と従業員合わせて100人いた場合、全員が異なる市区町村に住んでいれば、100の書類が到着するので処理するのも大変です。

封筒の中には、**通知書・納付書・冊子**の３種類が同封されています。すべて必要な書類ですので、しっかり保管しましょう。

森林環境税

2024年６月より、住民税に**森林環境税**が上乗せになりました。こちらは全国的な徴収であり、居住地の森林の有無にかかわらず徴収されます。

森林環境税とは

概要

森林環境税の目的は、パリ協定の枠組みにおける我が国の温室効果ガス排出削減目標の達成や災害防止を図ること。森林整備等に必要な地方財源を安定的に確保する観点から創設された制度になる。
2019年3月に「森林環境税及び森林環境譲与税に関する法律」が成立し、「森林環境税」と「森林環境譲与税」が創設された。

徴収金額

森林環境税は、2025年6月（2025年度）から国内に住所を有する個人に対して課税される国税として、新たに徴収が開始されている。賦課徴収については、国税ではあるが、個人住民税均等割とあわせて１人年額1000円を市区町村が徴収する。

徴収と配分

森林環境税は、地方税である個人住民税に上乗せする形で国が課税徴収し、森林保全が必要な市区町村や都道府県に「森林環境譲与税」の形で再配分するしくみとなっている。
配分先の市区町村が山林所有者に代わって間伐を行ったり、林業の担い手を育成したりする事業に活用される。

3 住民税の納付方法を切り替える際に注意

給与支払報告書③ 市区町村の冊子

「給与支払報告書」を**毎年1月末まで**に会社が郵送することで、その年の5月に住民税が決定されて通知書が郵送されてきます。これに同封されているのが、**冊子「特別徴収のしおり」**です。

冊子を不要と思い、廃棄している会社も見受けられますが、必要となる場合もあるので**1年間は保管が必要**です。

その年、その市区町村に対象者がいない場合には使用しないケースもあります。

例えば、冊子は次の手続きをするために必要なものです。

①特別徴収の対象者（従業員）の手続き

・「退職」することになった

→「特別徴収に係る給与所得者異動届出書」を提出します。

・新たに「入社」した

→「特別徴収への切替依頼書」を提出します。

・「退職金」を支給して住民税を徴収した

→「退職所得に係る市民税・県民税納入申告書」等を提出します。

②特別徴収義務者（事業所）の手続き

・「移転」「名称」が変わった

→「特別徴収義務者の所在地・名称変更届出書」を提出します。

・「事業」をやめることになった

→従業員全員の「特別徴収に係る給与所得者異動届出書」を提出します。

最近は特別徴収のしおりが市区町村のホームページから電子版で印刷できる場合もあります。

市区町村の「特別徴収のしおり」の例

令和6年度　特別区民税・都民税

特別徴収のしおり

特別徴収義務者　様

特別区民税・都民税の特別徴収につきましては、平素から御協力をいただき厚く御礼申し上げます。
さて、地方税法第321条の4第1項及び墨田区特別区税条例第33条の規定により、貴事務所を令和6年度の給与所得等に係る特別徴収義務者に指定させていただきました。
つきましては、このしおりをお読みいただき、特別徴収事務に一層の御協力をお願い申し上げます。

≪当初の税額通知書について≫

■給与支払報告書が法定提出期限である令和6年1月31日（水）の後に提出された場合、当初の税額通知発送にその内容が反映されない場合がございます。

■当初にお送りする税額通知書は、令和6年4月15日（月）までに到着した「給与所得者異動届出書」（以下「異動届」といいます。）に基づいて作成しております。退職された方が税額通知書に含まれている場合は、次の手続きをお願いいたします。
(1) 異動届が未提出の場合
異動届を至急、「課税係」まで御提出ください。
(2) 4月16日（火）以降に異動届が到着した場合
該当の方の異動届を、5月20日（月）から順次処理した上で、特別徴収税額の変更通知書を送付しますので、御確認ください。

■令和6年3月16日（土）以降に確定申告された場合、当初の税額通知発送にその内容が反映されない場合がございます。その際は改めて内容を変更し、通知書をお送りしますので御了承ください。

墨田区 区民部 税務課
〒130-8648
東京都墨田区吾妻橋一丁目23番20号

■ **課税（税額）について　『課税係』**
電話　03－5608－6135～9・6700（直通）

■ **納入及び還付について　『税務係』**
電話　03－5608－6140～1（直通）

月～金曜日　午前８時３０分～午後５時
（祝日及び12月29日～１月３日を除く）

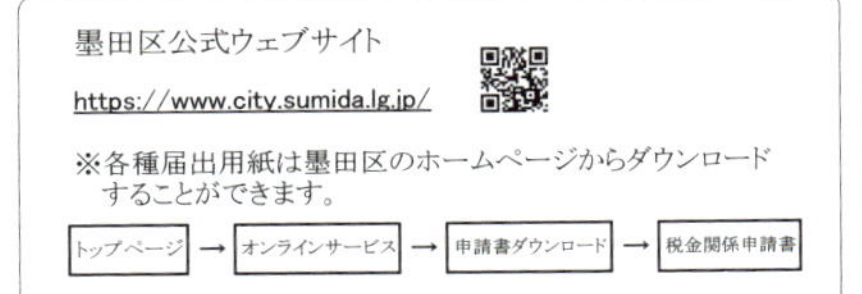
墨田区公式ウェブサイト
https://www.city.sumida.lg.jp/

※各種届出用紙は墨田区のホームページからダウンロードすることができます。

トップページ → オンラインサービス → 申請書ダウンロード → 税金関係申請書

※出典：墨田区「令和６年度 特別区民税・都民税 特別徴収のしおり」
https://www.city.sumida.lg.jp/online_service/sinsei/zeikin/kyuuyosiharai.files/2024shiori.pdf

4

毎年7月10日までに申告（確定申告、概算申告）

申告業務①
労働保険申告書

労働保険料の申告の対象期間は、原則、**発生ベース**で**前年の４月から当年（申告年）の３月まで**の給与データをもとに計算を実施します。よって、給与計算が間違っている場合には、労働保険の申告金額も連動して間違えることになります。

労働保険料の制度は毎年、**確定申告**と**概算前払い**を７月10日までに労働基準監督署または労働局へ申告することになっており、対象期間の給与金額に対して保険料率（業種別に異なる）を乗じて計算を行います。

Check ☑ 雇用保険、労災保険の料率は業種によって異なり、さらに年度により保険料率が変更になります。

●労働保険料の計算

労働保険とは**労災保険**（**➡第１章９項**）と**雇用保険**（**➡第１章10項**）を合わせた名称です。毎月の給与から控除している雇用保険料は１年分を会社で預かり、申告により会社負担分と合算して労働保険料として納付することになります。

また、労災保険料は会社が全額負担になるので、労災保険料の計算の対象者となる給与支払者への１年間（対象期間）の合計金額（退職者を含む）で算出した金額を納付することになります。

給与計算ソフトによっては、労災保険・雇用保険対象者について各人別にチェックをつけることにより雇用保険料を自動計算し、さらに労働保険の計算資料または申告書が発行される仕様のソフトの場合には、労災保険の対象者にチェック（✓）をつけることにより自動集計されます。

そこで注意すべきは、給与計算により自動計算した申告書の資料と、実際の賃金台帳より抽出して集計した金額と**異なる場合がかなり多い**という点です。理由としては、**対象者に対して適切なチェックがつけられていない**からです。

給与計算と労働保険の申告は関係ないと思われがちですが、実はこのチェック間違いにより大きな給与計算のミスが発生します。

仮に、チェックがされていない人がいる場合には、自動集計される人数がその分減少しますので集計数値は少なくなり、労働保険料の納付金額は減少します。しかし、適正な納付ができていないため違法になりますし、後から調査等で発覚した場合には、遡って労働保険料を徴収される可能性が高いです。

一方、チェックされた人数が多い場合（本来対象者ではない人も対象になっている場合。例えば、役員等は労災保険の対象外になるが、チェックがついている場合など）には、労働保険料の支払いが増加することになりますので、納付金額が不必要に増加して会社に損害が生じます。

適正なチェックがつけられているのか、定期的な確認が必要になります。

労働保険の年度更新の申請期間は、毎年6月1日から翌7月10日までと定められており、この期間中に手続きを完了しなければなりません（強制）。ただし、土日祝祭日が重なる場合には申告期限の日付が前後するケースもあります。 手続きが遅れると、前年度分の確定保険料に対して10％の追徴金が課されることがあるため、提出期間内に提出できるよう事前に準備（集計や対象者の確認）をしておくことが望ましいです。

年度更新の申告書は緑色のＡ４封筒で、労働基準監督署より通常毎年5月末頃、会社（事業所が複数ある場合には各労働保険番号の事業所別）に送付されてきます。

Check ☑ 労働保険の提出が一般的に７月10日といわれているのは、提出期限の最終日が７月10日になるためです。

Check ✓ 会社に支店、支社、営業所、店舗など拠点が複数ある場合は、その拠点ごとに労働保険（労災＋雇用保険）を設置・申告するので、各拠点別に労働保険番号があります。よって、拠点が数多くある場合には数多くの申告書が届くことになります。

発生ベースと支払いベース

労働保険の際に集計する発生ベースとは、実際に勤務した日（出勤簿ベース）に対応した支払い分を集計することを意味します。

一方、社会保険の算定基礎届や月額変更届に記載する支払いベースとは、実際に仕事をした月には関係なく支給（振込日ベース）された月でカウントすることを意味しています。

この意味を混同して間違えた金額で手続きを実施すると異なる保険料になるので注意が必要です。下記の図で発生ベースの意味を確認してください。

CASE：労働保険の年度更新集計

末締め、翌月末払いのケース

出勤月	4月	5月	6月	7月	8月	9月	10月	11月	12月	1月	2月	3月
支払月	5月末払	6月末払	7月末払	8月末払	9月末払	10月末払	11月末払	12月末払	1月末払	2月末払	3月末払	4月末払
発生ベース（労働保険）	●	●	●	●	●	●	●	●	●	●	●	●

集計期間は前年の4月～当年の3月までの発生ベースになるため、支払いベースでは5月末支払い分～4月末支払い分を集計する。

労働保険料の対象期間と納付期限

概算保険料額が40万円（労災保険か雇用保険のどちらか一方の保険関係のみ成立している場合は20万円）以上の場合または労働保険事務組合に労働保険事務を委託している場合は、原則として下記の通り、労働保険料の納付を３回に分割することができます（一括納付も可能）。

	前年度以前に成立した事業場			4/1 ～ 5/31に成立した事業場			6/1 ～ 9/30に成立した事業場	
	第1期	第2期	第3期	第1期	第2期	第3期	第1期	第2期
対象期間	4月1日～7月31日	8月1日～11月30日	12月1日～3月31日	成立した日～7月31日	8月1日～11月30日	12月1日～3月31日	成立した日～11月30日	12月1日～3月31日
納付期限	7月10日	10月31日	1月31日	成立した日の翌日から50日	10月31日	1月31日	成立した日の翌日から50日	1月31日

※納期限が土曜日に当たるときはその翌々日、日曜日に当たるときはその翌日が納期限となる。
※労働保険事務組合に委託している場合には、納期限が10月31日→11月14日へ、納期限が1月31日→2月14日となる。

※参照：厚生労働省「労働保険料の申告・納付」
https://www.mhlw.go.jp/www2/topics/seido/daijin/hoken/980916_3.htm

労働保険事務組合とは

労働保険事務組合とは、会社の委託を受けて、会社が行う労働保険の事務を処理することについて、厚生労働大臣の認可を受けた中小事業主等の団体のことです。代表的な団体としては商工会議所、商工会、労働基準協会等があります。

※参照：厚生労働省「令和６年度の雇用保険料率について」
https://www.mhlw.go.jp/content/001211914.pdf
厚生労働省「令和６年度の労災保険料率表」
https://www.mhlw.go.jp/content/rousaihokenritu_r05.pdf

5 4月、5月、6月の支払い分で手続き
申告業務②
社会保険算定基礎届

事業主は、7月1日現在で使用している全被保険者の**3ヶ月間（4・5・6月）の報酬月額**を**「算定基礎届」**で届出をし、毎年1回、新しい金額での標準報酬月額（従業員等の月額給与等を一定の金額別に区分したもの）の決定（定時決定）を受けます。

Check ☑ 標準報酬月額決定通知書が郵送されてきます。

定時決定された標準報酬月額は、**9月から翌年8月まで**の各月に適用されます。

●届出用紙の発送

届出用紙（**算定基礎届**）は、6月中旬以降、順次事業所あてに郵送されてきます。この届出用紙には、5月中旬頃までに手続きをした被保険者（従業員）の氏名、生年月日、従前の標準報酬月額等が印字されています。

毎年**7月10日までに**、**事務センター**または**管轄の年金事務所**へ提出します。

Check ☑ 労働保険の申告期日と同日です。よって、業務効率化を図るためには事前の準備が必要です。提出は電子申請、電子媒体、郵送、窓口持参などさまざまな方法が認められています。

●特定適用事業所の概要

特定適用事業所とは、1年のうち6ヶ月間以上、適用事業所の厚生年金保険の被保険者（短時間労働者は含まない。共済組合員を含む）の総数が**51人以上**となることが見込まれる企業等のことです。

以前は101人以上とされていましたが、特定適用事業所に該当する事業所の企業規模の範囲は段階的に拡大され、2024年10月からは、51人以上の企業等で働く短時間労働者の社会保険加入が**義務化**されました。今後も拡大が想定され、社会保険手続き、給与計算、算定基礎届にも影響が出るので要注意です。

特定適用事業所等に属する事業所に勤務する、通常の労働者の1週間の所定労働時間または1月の所定労働日数が4分の3未満で勤務する従業員の場合には、次の要件すべてに該当する人が社会保険加入の対象者です。

- **週の所定労働時間が20時間以上**
- **賃金の月額が8万8,000円以上**
- **学生でないこと**

社会保険加入の制度も随時改定されているので、定期的な確認が必須です。

月額変更届

算定基礎届以外に、標準報酬月額が2等級以上変動して3ヶ月以上継続した場合には、「**月額変更届**」を提出することになります。これにより、標準報酬月額が4ヶ月目から変更になります。

この手続きを実施していないと、間違えた標準報酬月額で給与計算することになってしまいます。

※参照：厚生労働省「社会保険適用拡大ガイドブック」
https://www.nenkin.go.jp/service/pamphlet/kouseinenkin.files/jigyounushi_guidebook.pdf
日本年金機構「算定基礎届の記入・提出ガイドブック」
https://www.nenkin.go.jp/service/kounen/hokenryo/hoshu/20121017.files/santei.guide.book.pdf

CASE：社会保険の算定基礎届

末締め、翌月末払のケース

出勤月	1月	2月	3月	4月	5月	6月	7月	8月	9月	10月	11月	12月
支払月	2月末払	3月末払	4月末払	5月末払	6月末払	7月末払	8月末払	9月末払	10月末払	11月末払	12月末払	1月末払
支払いベース（社保）			●	●	●							

集計期間は支払いベースで4月、5月、6月のため、発生ベースでは3月、4月、5月を集計する。

申告業務③ 36協定作成・提出

給与計算において時間外労働、休日労働等を計算する際に、**36協定**の確認が必要になります。労働時間は原則1日8時間、1週間40時間と定められていますが、この時間を超過した場合には**割増賃金**の支払いが必要になり、法定休日に労働した場合にも割増賃金の支払いが必要になります。

そもそも、36協定を締結して労働基準監督署へ提出していなければ、法定の労働時間を超過して、休日労働をすることはできません。

36協定を締結した場合の残業の限度時間は、**月45時間かつ年360時間**（1年単位の変形労働時間制の場合は、月42時間かつ年320時間）です。特別条項を締結している場合には720時間が上限になります。

2023年4月1日から、中小企業も残業時間が60時間を超過した場合には割増率が25%ではなく**50%**になりました。残業時間に応じて、給与計算における割増率も異なってくるというわけです。

残業時間の集計をした後に単に25%を乗じるだけではなく、**60時間以上**の残業時間となった場合には、さらなる計算が必要になります。

●労働者代表

36協定における労働者代表については、次の要件があります。例えば役員、部長等の管理職はこの要件に該当しません。

- **労働者の過半数を代表していること**……パートやアルバイトなど事業所のすべての労働者の過半数を代表している必要があります。
- **その選出にあたっては、すべての労働者が参加した民主的な手続きがとられていること**……投票、挙手、労働者による話し合いなどです。
- **管理監督者に該当しないこと**……管理監督者とは、労働条件の決定、その他、労務管理について経営者と一体的な立場にある人を意味します。

特別条項

2018年の法改正によって、法律上、時間外労働の上限は原則として月45時間かつ年360時間となり、**臨時的な特別の事情**がなければ、これを超えることができなくなりました。

臨時的な特別の事情があって労使が合意する場合、特別条項でも、次の事項を守らなければなりません。

- **時間外労働が年720時間以内**
- **時間外労働と休日労働の合計が月100時間未満**
- **時間外労働と休日労働の合計について、「2ヶ月平均」「3ヶ月平均」「4ヶ月平均」「5ヶ月平均」「6ヶ月平均」がすべて1ヶ月あたり80時間以内**

時間外労働が月45時間を超えるのは年6ヶ月が限度

36協定は、給与計算以前に法律違反をしている可能性がないかどうかを適正に把握する必要があります。例えば、残業時間が原則の年間360時間を超過しているにもかかわらず、特別条項付きの36協定を締結して労働基準監督署へ提出していなければ**違法**になります。

さらに、36協定は**毎年**の締結・提出が必要になるので、締結期間が切れている状態で残業、休日出勤があれば違法です。

しかし仮に、このような状況であったとしても、残業手当や休日出勤手当等は適正に支給する必要があります。このあたりの知識が不足していると、給与計算を間違える原因にもなるので注意が必要です。

労働基準監督署に届け出た36協定は、労働者に周知しなければなりません。周知しなかった場合、労働基準法第106条違反になり、30万円以下の罰金となります。

※参照：厚生労働省「時間外労働の上限規制わかりやすい解説」
https://www.roudoukyoku-setsumeikai.mhlw.go.jp/briefing/20231108/1271b98d11c74f45ab69afed31b46ddd.pdf
厚生労働省「36協定を締結する際は」
ttps://www.mhlw.go.jp/file/06-Seisakujouhou-11200000-Roudoukijunkyoku/0000187490.pdf

36協定届の記載例（特別条項）

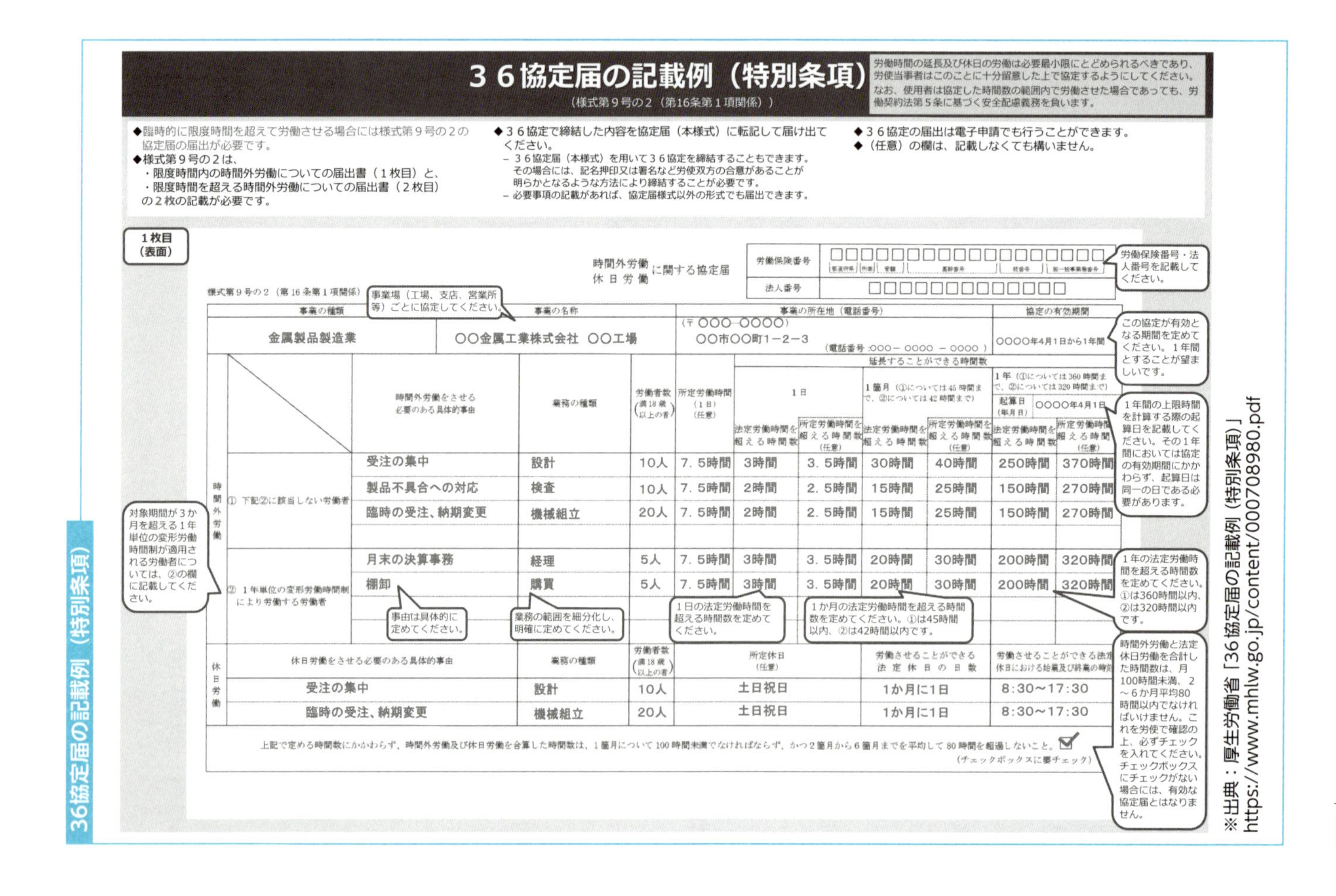

３６協定届の記載例（特別条項）

（様式第９号の２（第16条第１項関係））

労働時間の延長及び休日の労働は必要最小限にとどめられるべきであり、労使当事者はこのことに十分留意した上で協定するようにしてください。なお、使用者は協定した時間数の範囲内で労働させた場合であっても、労働契約法第５条に基づく安全配慮義務を負います。

◆臨時的に限度時間を超えて労働させる場合には様式第９号の２の協定届の届出が必要です。
◆様式第９号の２は、
・限度時間内の時間外労働についての届出書（１枚目）と、
・限度時間を超える時間外労働についての届出書（２枚目）
の２枚の記載が必要です。

◆３６協定で締結した内容を協定届（本様式）に転記して届け出てください。
－３６協定届（本様式）を用いて３６協定を締結することもできます。その場合には、記名押印又は署名など労使双方の合意があることが明らかとなるような方法により締結することが必要です。
－必要事項の記載があれば、協定届様式以外の形式でも届出できます。

◆３６協定の届出は電子申請でも行うことができます。
◆（任意）の欄は、記載しなくても構いません。

１枚目（表面）

様式第９号の２（第16条第１項関係）

時間外労働
休日労働
に関する協定届

労働保険番号	□□□□□□□□□□□□□□□□□□□
法人番号	□□□□□□□□□□□□□

事業の種類	事業の名称	事業の所在地（電話番号）	協定の有効期間
金属製品製造業	○○金属工業株式会社 ○○工場	（〒○○○－○○○○）○○市○○町１－２－３（電話番号：○○○－○○○○－○○○○）	○○○○年４月１日から１年間

時間外労働	時間外労働をさせる必要のある具体的事由	業務の種類	労働者数（満18歳以上の者）	所定労働時間（１日）（任意）	延長することができる時間数 １日 法定労働時間を超える時間数	１日 所定労働時間を超える時間数（任意）	１箇月（①については45時間まで、②については42時間まで） 法定労働時間を超える時間数	１箇月 所定労働時間を超える時間数（任意）	１年（①については360時間まで、②については320時間まで）起算日（年月日）○○○○年４月１日 法定労働時間を超える時間数	１年 所定労働時間を超える時間数（任意）
① 下記②に該当しない労働者	受注の集中	設計	10人	７．５時間	3時間	３．５時間	30時間	40時間	250時間	370時間
	製品不具合への対応	検査	10人	７．５時間	2時間	２．５時間	15時間	25時間	150時間	270時間
	臨時の受注、納期変更	機械組立	20人	７．５時間	2時間	２．５時間	15時間	25時間	150時間	270時間
② １年単位の変形労働時間制により労働する労働者	月末の決算事務	経理	5人	７．５時間	3時間	３．５時間	20時間	30時間	200時間	320時間
	棚卸	購買	5人	７．５時間	3時間	３．５時間	20時間	30時間	200時間	320時間

休日労働 休日労働をさせる必要のある具体的事由	業務の種類	労働者数（満18歳以上の者）	所定休日（任意）	労働させることができる法定休日の日数	労働させることができる法定休日における始業及び終業の時刻
受注の集中	設計	10人	土日祝日	1か月に1日	8:30～17:30
臨時の受注、納期変更	機械組立	20人	土日祝日	1か月に1日	8:30～17:30

上記で定める時間数にかかわらず、時間外労働及び休日労働を合算した時間数は、１箇月について100時間未満でなければならず、かつ２箇月から６箇月までを平均して80時間を超過しないこと。☑
（チェックボックスに要チェック）

※出典：厚生労働省「36協定届の記載例（特別条項）」
https://www.mhlw.go.jp/content/000708980.pdf

36協定届の一般条項（通常の会社）

３６協定届の記載例

（様式第９号（第16条第１項関係））

労働時間の延長及び休日の労働は必要最小限にとどめられるべきであり、労使当事者はこのことに十分留意した上で協定するようにしてください。
なお、使用者は協定した時間数の範囲内で労働させた場合であっても、労働契約法第５条に基づく安全配慮義務を負います。

◆３６協定で締結した内容を協定届（本様式）に転記して届け出てください。
３６協定届（本様式）を用いて３６協定を締結することもできます。
その場合には、記名押印又は署名など労使双方の合意があることが明らかとなるような方法により締結することが必要です。必要事項の記載があれば、協定届様式以外の形式でも届出できます。

◆３６協定の届出は電子申請でも行うことができます。
◆（任意）の欄は、記載しなくても構いません。

表面

様式第９号（第16条第１項関係）

時間外労働・休日労働に関する協定届

労働保険番号	□□□□□□□□□□□□□□□□□□
法人番号	□□□□□□□□□□□□□

事業の種類	事業の名称	事業の所在地（電話番号）	協定の有効期間
金属製品製造業	○○金属工業株式会社 ○○工場	（〒○○○－○○○○）○○市○○町1－2－3（電話番号：○○○－○○○○－○○○○）	○○○○年4月1日から1年間

時間外労働（延長することができる時間数）

区分	時間外労働をさせる必要のある具体的事由	業務の種類	労働者数（満18歳以上の者）	所定労働時間（1日）（任意）	1日 法定労働時間を超える時間数	1日 所定労働時間を超える時間数（任意）	1箇月（①については45時間まで、②については42時間まで） 法定労働時間を超える時間数	1箇月 所定労働時間を超える時間数（任意）	1年（①については360時間まで、②については320時間まで）起算日（年月日）○○○○年4月1日 法定労働時間を超える時間数	1年 所定労働時間を超える時間数（任意）
① 下記②に該当しない労働者	受注の集中	設計	10人	7．5時間	3時間	3．5時間	30時間	40時間	250時間	370時間
	製品不具合への対応	検査	10人	7．5時間	2時間	2．5時間	15時間	25時間	150時間	270時間
	臨時の受注、納期変更	機械組立	20人	7．5時間	2時間	2．5時間	15時間	25時間	150時間	270時間
② 1年単位の変形労働時間制により労働する労働者	月末の決算事務	経理	5人	7．5時間	3時間	3．5時間	20時間	30時間	200時間	320時間
	棚卸	購買	5人	7．5時間	3時間	3．5時間	20時間	30時間	200時間	320時間

休日労働

休日労働をさせる必要のある具体的事由	業務の種類	労働者数（満18歳以上の者）	所定休日（任意）	労働させることができる法定休日の日数	労働させることができる法定休日における始業及び終業の時刻
受注の集中	設計	10人	土日祝日	1か月に1日	8:30～17:30
臨時の受注、納期変更	機械組立	20人	土日祝日	1か月に1日	8:30～17:30

上記で定める時間数にかかわらず、時間外労働及び休日労働を合算した時間数は、１箇月について100時間未満でなければならず、かつ２箇月から６箇月までを平均して80時間を超過しないこと。☑（チェックボックスに要チェック）

協定の成立年月日 ○○○○ 年 3 月 12 日
協定の当事者である労働組合（事業場の労働者の過半数で組織する労働組合）の名称又は労働者の過半数を代表する者の 職名 検査課主任 氏名 山田花子
協定の当事者（労働者の過半数を代表する者の場合）の選出方法（ 投票による選挙 ）
上記協定の当事者である労働組合が事業場の全ての労働者の過半数で組織する労働組合である又は上記協定の当事者である労働者の過半数を代表する者が事業場の全ての労働者の過半数を代表する者であること。☑（チェックボックスに要チェック）
上記労働者の過半数を代表する者が、労働基準法第41条第２号に規定する監督又は管理の地位にある者でなく、かつ、同法に規定する協定等をする者を選出することを明らかにして実施される投票、挙手等の方法による手続により選出された者であって使用者の意向に基づき選出されたものでないこと。☑（チェックボックスに要チェック）
○○○○年 3 月 15 日
使用者 職名 工場長 氏名 田中太郎
○ ○ 労働基準監督署長殿

※出典：厚生労働者「３６協定届の記載例」
https://jsite.mhlw.go.jp/tokyo-roudoukyoku/content/contents/000833429.pdf

第8章

自社の制度の確認

1　柔軟な働き方を可能にする４つの制度 ……… 変形労働時間制導入

2　会社が自由に設定することができる
… 通勤手当の計算方法（距離、定額、定期代、上限の有無）

3　違法状態になっていないか？ …………… 正しい残業の計算方法

4　互助会費、旅行積立金等控除 ……………………… 労使協定とは

1 柔軟な働き方を可能にする４つの制度

変形労働時間制導入

変形労働時間制とは、業務の繁閑に応じて、勤務時間を自由に設定させて、**柔軟に労働日や労働時間を定める**こと意味します。

変形労働時間制には、**フレックスタイム制、１週間単位、１ヶ月単位、１年単位**の４種類の制度があります。

・フレックスタイム制

フレックスタイム制とは、１ヶ月以内の一定期間（清算期間）における総労働時間をあらかじめ定めておき、従業員はその枠内で各日の始業・終業の時刻を自主的に決定して働く制度です。

労働者が生活と業務の調和を図りながら、効率的に働くことができ、労働時間を短縮しようとするものです。

コアタイム（➡P.232）を設ける場合と、設けない場合があります。

・１ヶ月単位の変形労働時間制

１ヶ月以内の一定期間を平均し、１週間あたりの労働時間が法定労働時間を超えない範囲内で、特定の日または週に法定労働時間を超えて労働させることができる制度です。

・１年単位の変形労働時間制

１年単位の変形労働時間制は、繁閑差のある事業場で、忙しい時期に労働時間を長めに設定し、暇な時期には労働時間を短めに設定することで、年間を通して時間外労働や休日労働を削減し、総労働時間を短縮することを目的としています。

●残業代に注意

いずれの制度を採用するにしても、それぞれ定められたルールや清算期間があるので、変形労働時間制を導入しているからといって**残業代金の支払いが発生しないとは限りません**。

また、1年単位の変形労働時間制の場合は、特に最後の精算金額（**残業精算**）が多くなるケースもあるので運用には注意が必要です。

年間の労働時間が定められているので、最後の月で年間の労働時間と予定されている労働時間との差を精算することになります。

変形労働時間制の種類と各種届出書類一覧表

種類名称	就業規則（A）	労使協定（B）の締結	労使協定の届出	期間内の週平均労働時間	1日の労働時間上限	1週間の労働時間上限	備考	（A）・（B）
1ヶ月単位の変形労働時間制	必要	必要	必要	40（44時間）		なし	週1日または4週4日の休日	どちらか
1年単位の変形労働時間制	不要	必要	必要	40時間	10時間	52時間		
1週間単位の非定型的変形労働時間制	不要	必要	必要	40時間	10時間		特定の事業・規模限定：労働者数30人未満の小売業・旅館・料理店・飲食店	
フレックスタイム制	必要	必要	必要	40（44時間）	清算期間1ヶ月超で週平均50時間		始業・終業の時刻をその労働者の決定にゆだねる旨の定めが必要	両方

⬇

労働基準監督署へ

年間の労働時間の実績が予定されていた労働時間よりも大幅に超過している場合には、残業代金の精算金額も大きくなるため、対象となる従業員の人数が多い場合には支払い金額が多くなり、会社によっては資金繰りに影響する場合もあります。

なお、変形労働時間制の導入は、就業規則または労使協定、上限時間、上限日数、連続日数、コアタイムなど非常に複雑になるため、必ず社会保険労務士などの専門家に相談しましょう。

コアタイムとは

フレックスタイム制で設定する、従業員が必ず勤務していなければならない時間帯のことを「コアタイム」といいます。会社によってコアタイムを設ける場合と設けない場合があります。コアタイムを設ける場合には、所定労働日すべてに設定する場合や、曜日ごとに異なるコアタイムを設定する場合もあります。

例えば、毎週水曜日に全体朝礼がある会社の場合には、水曜日の9時〜10時をコアタイムに設定します。

一方で、コアタイムを設けない会社もあります。この場合、従業員側としては自由に出勤したり、休んだり、残業時間の消化をしたりと柔軟な勤務が可能になります。

例えば、残業時間が前日以前で8時間あった場合、フレックスタイム制度を活用して、この8時間を消化すれば、有給休暇を使用せずに1日休みを取得することが可能になります。

会社側のデメリットとしては、必要なときに出勤していないケースが挙げられます。また、労働時間の管理の複雑化は避けられません。

【コアタイムの考え方】

所定労働時間：9時～18時　昼休み12時～13時（60分）

勤務時間要件	9時	10時	11時	12時	13時	14時	15時	16時	17時	18時	備　考
基本ベース	勤務時間			昼休	勤務時間						
コアタイムなし				昼休							1日フレックスも可能
コアタイムあり（9時～10時）	勤務時間（コアタイム）			昼休							コアタイム以外はフレックス可能
コアタイムあり（13時～14時）				昼休	勤務時間（コアタイム）						コアタイム以外はフレックス可能
コアタイムあり（13時～15時）				昼休	勤務時間（コアタイム）						コアタイム以外はフレックス可能
コアタイムあり（9時～12時）	勤務時間（コアタイム）			昼休							コアタイム以外はフレックス可能
コアタイムあり（9時～12時、13時～15時）	勤務時間（コアタイム）			昼休	勤務時間（コアタイム）						コアタイム以外はフレックス可能

2 会社が自由に設定することができる
通勤手当の計算方法(距離、定額、定期代、上限の有無)

通勤手当については第1章8項で説明しましたが、ここでは通勤手当の計算方法について述べていきます。

通勤手当の計算は、会社で支給要件を定めている場合には毎月発生する業務になります。また、他の給与計算の項目と異なり、1つの会社の中で各人別に計算方法が異なるケースがあります。

例えば、**月額定期代、6ヶ月ごとの定期代、日額×出勤日数、ガソリン代**などの支給方法があります。

毎月定額支給の対象者の場合は、給与計算ソフトでは定額を設定することで自動的に計算が行われますが、日割計算、実費精算、毎月ではない支給などになると、注意が必要です。

また、JR、私鉄、バス等の運賃改定が行われた場合や、引っ越し等により通勤経路が変更になった場合には通勤手当が都度変更になります。

●通勤手当の変更に伴う管理

通勤手当について変更があった場合、通勤経路変更届等による届出制にするなど、適正な管理が求められます。

従業員が「実は通勤経路の変更があり、通勤手当が変更になっていました」と数ヶ月後になって報告してくるケースなどはよくあることです。

この場合には、遡っての給与計算の訂正はできないので、次回の給与支給時に支給することで差額を調整することになります。

通勤手当は本来、支給する必要がない項目ですが、会社で定めた場合には支給する必要があります。

●通勤手当の設定方法

通勤手当の設定方法はさまざまです。

一例を挙げると、次のようなものがあります。

- **距離に応じて支給する**
- **定額で設定する（1ヶ月3,000円など）**
- **公共交通機関を利用した場合の定期代金で支給する**
- **上限設定で支給する（実際には月額で1万2,000円発生する場合でも上限月額5,000円と定めているような場合）**

上限設定等が可能なのは、本来、労働基準法上支給する必要のない項目なので、会社で自由に設定することができるからです。

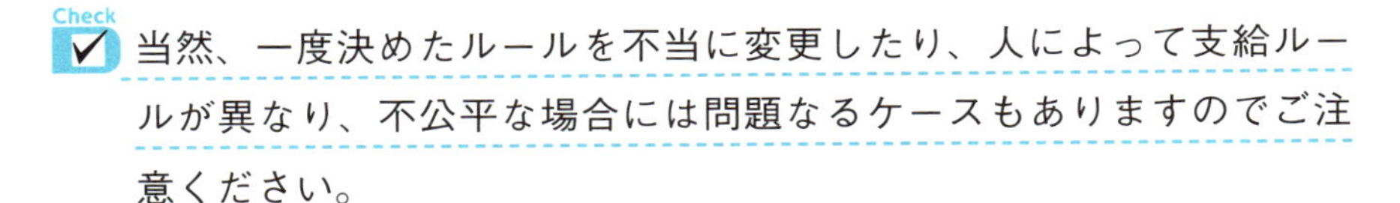

当然、一度決めたルールを不当に変更したり、人によって支給ルールが異なり、不公平な場合には問題なるケースもありますのでご注意ください。

通勤手当の悪用注意

通勤手当の上限金額は現状では月額**15万円**となっています。

そこで、給与を支給する際に通常の給与（基本給、各種諸手当など所得税の計算の基礎となる支給金額）から上限金額である15万円を控除して、通勤手当として15万円を支給する方法を実施している会社があると耳にします（ネットやSNSで悪用方法が蔓延しているようです）。

この方法を採用した場合には、15万円は非課税となり、本来課税される金額が減額されるため、手取り金額はその分増加されます。

しかし、通勤手当には国税庁が定めた非課税限度額のルールがあります。支給した金額がルールに反する場合には、税務調査等により指摘されて、遡って所得税等を納付することになります。

ですので、通勤手当を支給している場合には、支給している金額が非課税の枠の中に納まっているのかを随時確認する必要があります。

違法状態になっていないか？

3 正しい残業の計算方法

正しい残業計算、実は給与計算において、これが一番難しいと思います。

勤務時間の集計、残業単価の算出、各種変形労働時間制の導入などで複雑化しており、どれか１つでも誤ったら、間違った給与計算になってしまいます。

また、会社の独自ルールで計算している場合も、違法になるケースがあります。

●勤務時間の集計

勤務時間は**出勤簿またはタイムカード等で毎日１分単位で管理して、集計を実施します。**

残業代金の適切な算出には、**正確な残業時間の集計**が不可欠です。

残業集計は**１日１分単位で行うのが原則**です。15分、30分単位で切り捨て、手計算を行っている会社がよくありますが、違法の可能性が高いです。

●残業単価の算出

残業単価の計算も、どこまでが残業計算の基礎になるのかを適正に把握していることが重要です。

割増賃金の計算の基礎となる賃金は、原則として**通常の労働時間**または**労働日の賃金**になりますが、家族手当、通勤手当、別居手当、子女教育手当、住宅手当、臨時に支払われた賃金や、賞与など１ヶ月を超える期間ごとに支払われる賃金等は除外されます。ただし、除外される賃金の項目であっても、割増賃金計算上の基礎賃金に含まれるケースもあります。このあたりが間違いやすい理由のひとつでもあります。

残業計算にはこのようなルールがあるので、同じ総支給額であっても、対象者の給与の構成により残業単価が異なることになります。計算方法等については、第10章９項を参照してください。

第8章 自社の制度の確認

正しい残業時間

【総支給額が同額であっても残業単価が異なるケース】

Aさん（事務職） 単位：円

	項　目	金　額
①	基本給	280,000
②	役職手当	20,000
③	職務手当	15,000
④	家族手当	10,000
⑤	住宅手当	20,000
⑥	別居手当	10,000
⑦	固定残業代	30,000
⑧	通勤手当（非課税）	15,000
⑨	総支給額	400,000

残業計算の基礎となる項目
①＋②＋③ 315,000

Bさん（事務職） 単位：円

	項　目	金　額
①	基本給	300,000
②	役職手当	30,000
③	資格手当	30,000
④	家族手当	5,000
⑤	住宅手当	0
⑥	別居手当	0
⑦	固定残業代	30,000
⑧	通勤手当（非課税）	5,000
⑨	総支給額	400,000

残業計算の基礎となる項目
①＋②＋③ 360,000

【いろいろな手当が混在するケース】

Cさん（飲食店） 単位：円

	項　目	金　額
①	基本給	200,000
②	店長手当	150,000
③	歩合給	18,000
④	SNS更新手当	5,000
⑤	住宅手当	10,000
⑥	家族手当	5,000
⑦	固定残業代	30,000
⑧	通勤手当（非課税）	12,000
⑨	総支給額	430,000

残業計算の基礎となる項目
①＋②＋③＋④ 373,000

Dさん（運送会社） 単位：円

	項　目	金　額
①	基本給	320,000
②	早朝勤務手当	30,000
③	運行手当	30,000
④	洗車手当	5,000
⑤	資格手当	5,000
⑥	住宅手当	15,000
⑦	固定残業代	30,000
⑧	通勤手当（非課税）	5,000
⑨	総支給額	440,000

残業計算の基礎となる項目
①＋②＋③＋④＋⑤ 390,000

互助会費、旅行積立金等控除

労使協定とは

給与計算の控除欄ではさまざまな項目の控除が行われますが、法律上、**全額払いの原則**により**勝手に控除して支払うことは禁止**されています。

しかし、次の場合には賃金から控除して支払うことが可能です。

- **所得税、住民税、社会保険料の本人負担分控除など、法令に別段の定めのある場合**
- **労使によって賃金控除に関する協定が結ばれた場合**

これらについては、労働基準監督署へ届出する必要はありません。

一般的には財形貯蓄、互助会費、旅行積立金、親睦会の会費、社宅・寮その他の福利厚生施設の費用、昼食等の費用、組合費などになりますが、労使協定や労働協約を締結していれば控除することが可能です。

しかしながら、実際には労使協定等を締結していない会社が少なくありません。労使協定等が締結されていない状態で賃金控除をしている場合には、**労働基準法違反**になるので、注意しましょう。

●労使協定を結んでいても控除NGになる場合も

労使協定等を締結している場合であっても、**何でも控除していいわけではありません**。例えば、以下のようなケースがあります。

- **従業員がお茶をこぼして、会社のパソコンが故障した。**
- **ドライバーが納品する際に、門扉や縁石に接触して車を破損させた。**
- **会社から支給されているスマートフォンを紛失した。**

このような場合に、会社側としては「損害」が発生していますが、損害の全額を給与から一方的に控除することは認められません。

なお、ここでは給与からの控除について説明をしています。損害賠償金額を対象従業員が全額補填するか否かの説明をしているわけではありませんので、ご注意ください。

「労使」とは

労使とは、「労働者」と「使用者」を意味します。労働者は従業員（役員を含む場合もあります）、使用者は会社になります。よって、社会保険料は「労使折半」と一般的に表現されますが、これは従業員（役員含む）と会社で社会保険料を半分ずつ費用を負担することを意味します。

また「労使協定」とは、会社と従業員（役員を含まない）の過半数を代表する人と締結するもので、労働条件や労働環境について書面で取り決める制度です。

給与支払いの5原則

●労働基準法第24条により、給与の支払いについて5原則が定められています。この5原則に基づき、給与計算を実施して支給する必要があります。

項　　目	内　　容
通貨払いの原則	通貨（日本円の現金）で支払う必要がある。現物支給（食べ物や衣服など）ではなく、通貨で支給する
直接払いの原則	従業員本人に直接支払うことになっており、親、兄弟、親族であっても代理人に対して支払うことは原則禁止されている ※仲介者（ブローカー）を介して賃金を支払うことは、中間搾取につながることから禁止されている
全額払いの原則	法定控除（所得税、雇用保険料、社会保険料、住民税）以外については全額を従業員に支給しなければならない ※勝手に給与から天引きしてはいけない
毎月1回以上払いの原則	給与は毎月1回以上支給することになっている。一般的には締日、支払日により毎月支給。日払い、週払いは毎月1回以上の支給に該当するので問題はない
一定期日払いの原則	原則として、一定の期日ごとに支払う必要がある ※給与の対象計算期間を頻繁に変更することは従業員の生活に影響が出るので禁止されている

第9章

退職時の手続き

退職日がポイント

退職時の社会保険料の控除等

給与計算において、**社会保険**に加入している退職者がいた場合には注意が必要です。

社会保険料は**退職日の翌日が資格喪失日**になります。これにより、退職月の社会保険料が発生するケース、しないケースがあります。

社会保険の資格喪失日のある月は、社会保険料は発生しません。よって、月末以外に退職した場合には、退職日した月の社会保険料は発生しません。

仮に退職日が月末の場合には、その翌日１日が資格喪失日になります。よって、退職した月の社会保険料は発生します。

- 社会保険は退職日の翌日が資格喪失日
- 社会保険の資格喪失日のある月は、社会保険料は発生しない

●基本的ルールの理解が重要

この基本的なルールを理解していない給与計算担当者が実に多いことに驚きます。

給与計算で考えると、社会保険料を控除してはいけない月に控除している、逆に控除しなくてはいけない月に控除していないケースもありえます。これによって、会社側が損する場合、対象者が損する場合のどちらかが発生してしまうのです。

また、社会保険の資格喪失手続きは適正でも、給与計算が間違っているというケースも非常に多く見受けられます。

仮に３月30日に退職した場合、社会保険の資格喪失日は３月31日にな

ります。よって３月は資格喪失月となり、社会保険料は発生しません。

31日に退職した場合には資格資喪失日は４月１日となり、３月の社会保険料は発生します。たった１日の違いで社会保険料の控除の有無が変わってしまうのです。

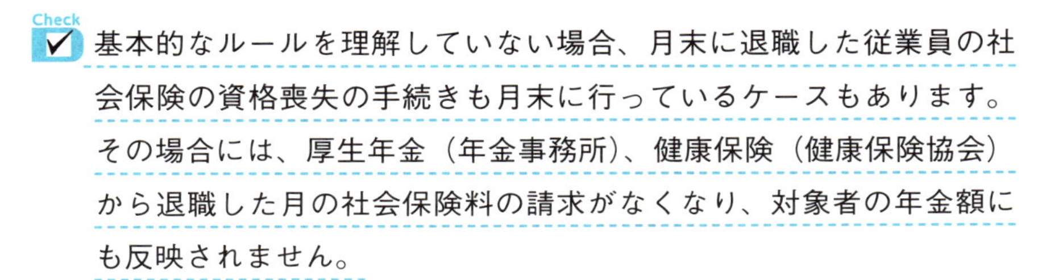

Check 基本的なルールを理解していない場合、月末に退職した従業員の社会保険の資格喪失の手続きも月末に行っているケースもあります。その場合には、厚生年金（年金事務所）、健康保険（健康保険協会）から退職した月の社会保険料の請求がなくなり、対象者の年金額にも反映されません。

同月得喪

社会保険の同月得喪とは、同月内に社会保険の資格取得日と資格喪失日があることをいいます。ただし、あくまで同じ月内で資格取得日と資格喪失日が発生することが前提です。例えば、退職日が月末である場合、資格喪失日は翌月1日のため、同月得喪は成立しません。

●同月得喪が発生するケース

同月得喪が発生するケースとして、４月１日に入社し社会保険に加入、４月20日に退職し資格を喪失した場合、被保険者資格を取得した月に資格を喪失しているため、同月得喪が生じていることになります。

例えば、上記と同じ４月１日に社会保険の資格を取得し、４月30日に退職して資格を喪失した場合には、入社日と退職日は同じ４月ですが、資格取得日は４月１日、資格喪失日は5月1日になるので、同月得喪には該当しません。

退職時の必須手続き

2 市区町村への普通徴収の切替手続き

特別徴収で住民税を控除している対象者が退職した場合、**普通徴収への切替手続き**が必要になります。

普通徴収への切替手続きとは、退職者の居住している市区町村に対して、専用の書類を提出して行います。この手続きを実施することで、市区町村側は特別徴収の対象者が退職したことを知ることになります。

逆に手続きをしない場合には、市区町村側は退職した事実を把握することができないため、退職者の住民税を納付していない場合などが発生し、請求がきたり、会社に電話がかかってくることになります。

普通徴収への切替手続きの書類は、特別徴収の書類が各従業員の市区町村から会社に郵送されてくる際に、同封されている冊子の中にあります。

Check ✓ 冊子は各市区町村ごとに色、大きさ、書類の雛形等が異なり、非常にわかりづらくなっています。必要ないと思い、担当者が破棄してしまうケースもあるので、注意しましょう。

普通徴収の切替手続きの書類を紛失してしまった場合には、対象の市区町村へ連絡して再発行してもらうか、最近では市区町村のホームページからダウンロードできる場合もあります。

なお、必要事項を満たしていれば、自社で作成したオリジナルの用紙であっても手続きができる場合もあります。

Check ✓ 市区町村によっては拒否されるケースもあります。

従業員が多い場合には、年間の退職者が多いのは仕方のないことです。

従業員がいろいろな場所から通勤している場合には、特別徴収の対象となる市区町村も非常に多くなり、先ほどの冊子も大量になります。

冊子の保管だけでも大変ですし、退職者が発生する都度、対象の市区町村の冊子を探すのも大変です。そのような場合には、**併用型**の書類を作成して手続きをするほうが効率的です。

給与支払報告書・特別徴収に係る給与所得者異動届出書

給与支払報告書
特　別　徴　収　**に係る給与所得者異動届出書**

※異動があった場合は、すみやかに提出してください。

年　度	1．現年度　2．新年度　3．両年度

●●市区町村　殿	給与支払者（特別徴収義務者）	所　在　地	〒	特別徴収義務者指定番号	
				宛　名　番　号	
		フ リ ガ ナ		担当者連絡先　所　属	
		氏名又は会社名		氏　名	
令和　年　月　日　提出		個人番号又は法人番号	一個人番号の記載に当たっては、左端を空欄とし右詰めで記載	電　話	

給与所得者		A 特別徴収税額（年税額）	B 徴収済額	C 未徴収税額（ア）－（イ）	異動年月日	異動の事由	異動後の未徴収税額の徴収方法
フリガナ							
氏　名							
生年月日	年　月　日						
個人番号		円	月から　月まで　円	月から　月まで　円	年　月　日	右から番号を記入　1．退職　2．転勤　3．休職・長欠　4．死亡　5．支払少額・不定期　6．合併・解散　7．その他　（事由・理由）	右から番号を記入　1．特別徴収継続　2．一括徴収　3．普通徴収（本人納付）
受給者番号							
1月1日現在の住所							
異動後住所							

1．特別徴収継続の場合

新しい勤務先（特別徴収義務者）			
特別徴収義務者指定番号	新規	法人番号	
所　在　地	〒	担当者連絡先　所属	
フ リ ガ ナ		氏名	
氏名又は会社名		電話	

新しい勤務先へは、月割額　　円を　　月分（翌月10日納入期限分）から徴収し、納入するよう連絡済み。

受給者番号	
納入書の要否（新規のみ記載）	1．必要　2．不要

2．一括徴収の場合

理由（番号を記入）	徴収予定月日	徴収予定額（上記（C）と同額）
1．異動が令和　●年12月31日までで、一括徴収の申出があった為 2．異動が令和●年1月1日以降で、特別徴収の継続の申出がない為	月　日	円

左記の一括徴収した税額は、　　月分（翌月10日納入期限分）で納入します。

3．普通徴収の場合

理由（番号を記入）	※市区町村記入欄
1．異動が令和●年12月31日までで、一括徴収の申出がない為 2．令和●年5月31日までに支払われるべき給与・退職手当などの額が未徴収税額（C）以下である為 3．死亡による退職	

3

離職票発行

雇用保険資格喪失

雇用保険に加入していた人が退職した場合には、**雇用保険の資格喪失**の手続きを実施する必要があります。その際に離職票を希望している場合には発行する手続きを行う必要があります。

手続きは、**雇用保険被保険者離職証明書（離職票）**等をハローワークに提出します。離職証明書を発行する際には、給与計算ソフトから賃金台帳を印刷して、用紙に入力または記入していきます。

電子申請で手続きをすれば、全国どこであっても迅速に発行可能です。郵送も可能ですが、その場合には２週間程度時間がかかるケースもあります。

●離職票を発行するルール

離職票は、雇用保険に加入している退職者に対して、事業主（会社）が発行（手続き）する書類になります。

・雇用保険に加入している離職者に対しては、原則として離職票を発行
・退職者が59歳以上である場合は、必ず離職票を発行
※59歳未満の退職者が離職票の発行を希望しない場合は、手続きをする必要はありません。

●注意事項

退職者が離職票をハローワークに提出して求職活動をする中で、仕事が見つからない場合には生活保障として**失業給付（俗にいう失業保険）**を受

給することができますが、退職理由により受給できるタイミング、受給日数が異なります。

自己都合退職の場合には**待期期間が３ヶ月**必要なため、すぐに失業給付を受けることができませんが、会社都合の場合には待期期間はないので、すぐに受給することが可能になります。

さらに会社都合退職の場合には、受給できる日数も増加します。よって、受給できる金額がアップすることになります。

そこで、退職者から「自己都合退職を会社都合退職ということにしてください」と相談してくるケースもあります。

この行為は**虚偽の申請**になりますので、絶対に行ってはいけません。また、会社側にとってもデメリットが多数ありますので、注意してください。

虚偽申告をすると、助成金受給に制限がかかったり、後から不当解雇として訴えられる可能性もあります。

●基本手当の計算方法

失業保険や失業手当は、正式には**基本手当**といいます。失業（自己都合退職、会社倒産、解雇など）している状態の中、要件を満たしている場合に、就職活動をする際の生活を保障として支給される手当になります。

基本手当の給付総額は、基本手当日額と所定給付日数により算出されます。それぞれの項目の算出方法は下記を参照してください。

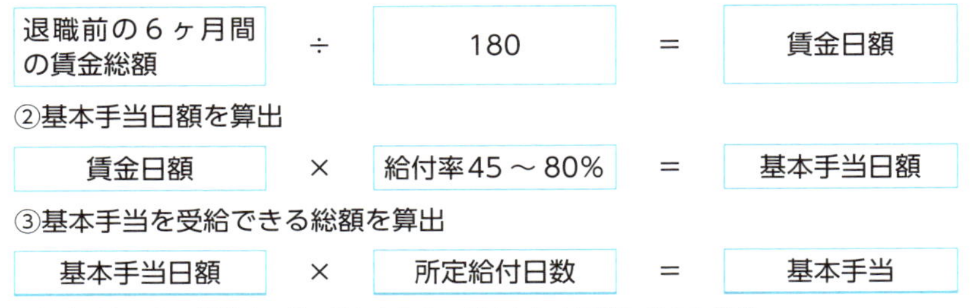

※基本手当日額＝離職する前の給与をもとに算出した１日当たりの支給額
※所定給付日数＝受給できる日数

●離職票の作成手続き

離職票の作成は自社（会社）でできますが、ハローワークへの提出時に必要な書類が多く実務的に大変なことと、対象者がパート・アルバイトの場合には離職票の作成が難しくなるため、社会保険労務士へ依頼することをお勧めします。

提出時に必要な資料は下記を参照してください。

離職票発行についての必要書類

必要書類	手続きを実施する者	
	会社（事業主）	社会保険労務士
雇用保険被保険者資格喪失届	必要	必要
離職証明書	必要	必要
退職願	必要	不要
出勤簿（タイムカード）	必要	不要
賃金台帳（給与明細）	必要	不要
労働者名簿	必要	不要
比較説明	会社が手続きを実施する場合には、原則添付書類を管轄のハローワークに持参して行う。	社会保険労務士が手続きをする場合には添付書類は省略されるので、スムーズに手続きが行える。 ※稀に退職願を求めるハローワークもある。
ハローワークの対応	ハローワークで出勤簿、賃金台帳との整合性を細かくチェックされる。	添付ファイル（出勤簿、賃金台帳等）がなく確認することが不可能なので、確認はない。 ➡そもそも社会保険労務士が作成しているので、確認する必要がない。

基本手当の受給金額は退職者ごとに異なる

基本手当は退職者の勤務年数（被保険者期間）、退職理由、年齢により給付日数が異なり、さらに退職前の6ヶ月間の給与も違うので、基本手当の金額は退職者ごとに異なってきます。

所定給付日数は下記を参照してください。

基本手当の所定給付日数

特定受給資格者および一部の特定理由離職者

<table>
<tr><th colspan="2" rowspan="3"></th><th colspan="5">被保険者であった期間</th></tr>
<tr><th rowspan="2">1年未満</th><th>1年以上</th><th>5年以上</th><th>10年以上</th><th rowspan="2">20年以上</th></tr>
<tr><th>5年未満</th><th>10年未満</th><th>20年未満</th></tr>
<tr><td rowspan="5">区分</td><td>30歳未満</td><td rowspan="5">90日</td><td>90日</td><td>120日</td><td>180日</td><td>—</td></tr>
<tr><td>30歳以上35歳未満</td><td>120日</td><td rowspan="2">180日</td><td>210日</td><td>240日</td></tr>
<tr><td>35歳以上45歳未満</td><td>150日</td><td>240日</td><td>270日</td></tr>
<tr><td>45歳以上60歳未満</td><td>180日</td><td>240日</td><td>270日</td><td>330日</td></tr>
<tr><td>60歳以上65歳未満</td><td>150日</td><td>180日</td><td>210日</td><td>240日</td></tr>
</table>

就職困難者

<table>
<tr><th colspan="2" rowspan="3"></th><th colspan="5">被保険者であった期間</th></tr>
<tr><th rowspan="2">1年未満</th><th>1年以上</th><th>5年以上</th><th>10年以上</th><th>20年以上</th></tr>
<tr><th>5年未満</th><th>10年未満</th><th>20年未満</th><th></th></tr>
<tr><td rowspan="2">区分</td><td>45歳未満</td><td rowspan="2">150日</td><td colspan="4">300日</td></tr>
<tr><td>45歳以上65歳未満</td><td colspan="4">360日</td></tr>
</table>

上記以外（通常の人の場合）

<table>
<tr><th colspan="2" rowspan="3"></th><th colspan="5">被保険者であった期間</th></tr>
<tr><th rowspan="2">1年未満</th><th>1年以上</th><th>5年以上</th><th>10年以上</th><th>20年以上</th></tr>
<tr><th>5年未満</th><th>10年未満</th><th>20年未満</th><th></th></tr>
<tr><td>区分</td><td>全年齢</td><td>90日</td><td colspan="2">90日</td><td>120日</td><td>150日</td></tr>
</table>

健康保険証の回収等

4 社会保険資格喪失

社会保険に加入している者が退職する場合には、**社会保険の資格喪失手続き**を行う必要があります。

●基本的なルール

会社を退職した場合や健康保険の扶養家族から外れる等により、健康保険の加入資格を喪失する場合は、**資格喪失した日以降その保険証は使用できません。**

給与計算担当者は、資格喪失した従業員から**速やかに保険証を回収**しましょう。「**資格喪失届・被扶養者異動届**」に保険証を添付のうえ、日本年金機構（実際には広域事務センター）へ届け出をします。

●保険証の回収のコツ

退職者（扶養家族含む）から保険証の回収ができず、本来、退職日以降に使用できない保険証で、医療機関等に受診した場合には**後から返金になる可能性**があります。

実際、退職日以降も保険証が医療機関で使用できるケースは多々あります。医療機関では保険証の対象となる人が会社を退職しているとは知りえないからです。

基本的には、健康保険証により**３割負担**となるので、残りの７割については健康保険協会が負担することになります。しかし、退職して保険証が使用できないのに使用しているわけですから、後から７割分の請求が行われるのは当然のことです。

仮に、その人が退職後、国民健康保険に加入した場合には、機関が異なります。まず健康保険協会に対して請求された7割分を一括支払い（原則一括支払いだが、例外的に分割支払いが認められるケースもある。健康保険協会本部に要確認）をして、その領収書を持って、本来加盟するべき健康保険の機関に対して請求することが可能です。

時効期間の２年を経過した部分については請求できません。

健康保険証が使用できないタイミング（健康保険協会の場合）

保険証が使用できなくなる事由
●退職日の翌日
●雇用形態の変更などにより被保険者に該当しなくなった日
●被扶養者でなくなった日
●75歳の誕生日

●在職中の保険証が使用できるのは退職日まで。

退職後の保険証使用防止対策

被保険者（退職者）	退職後すぐに保険証（被扶養者分をあわせて）を事業主に返却
事業主	被保険者が退職する際には、必ず保険証（被扶養者分を併せて）を回収

●退職者が病院を受診する際、退職後に加入する保険証が手元にない場合は、必ず医療機関にその旨を伝える。
●誤って保険証を使用した場合は、健康保険協会が立替えして保険医療機関等へ支払いが行われる。後日、健康保険協会より請求がくる。

注意事項

間違った認識
●退職月の月末まで使用できると思った ●家族の分は使用できると思っていた ●次回就職するまでは使用できると思っていた ●会社から保険証の返還を求められなかったのでそのまま使用できると思った ●保険証を病院・薬局（医療機関窓口）に提示したら使用できた ●新しい保険証が到着するまで使用できると思っていた

※参照：全国健康保険協会「保険証の回収（返却）について」
https://www.kyoukaikenpo.or.jp/shibu/tokyo/cat080/kouhou03/syo_kaisyuu/

5 国民健康保険への切替

社会保険離脱証明書の作成

退職者が社会保険の資格喪失をした後は、次のいずれかの保険適用となります。

- **国民健康保険 ➡ 国民健康保険へ加入**
- **社会保険 ➡ 転職先の社会保険に加入**
- **任意継続 ➡ 現状の社会保険の継続**
- **被扶養者 ➡ 誰かの扶養になる**

国民健康保険に切り替える際には、「**社会保険離脱証明書**」が必要になります。国民健康保険に加入することが想定されるパターンは次の通りです。

- **転職活動をする**
- **誰かの扶養に入れない**
- **週30時間未満の勤務（適用拡大対象外の会社へ勤務した場合）**
- **社会保険の強制適用事業所以外（個人事業主で常時5人未満の会社等）への転職**
- **本来は社会保険に加入する条件であるが、違法の会社のため、社会保険未加入で国民健康保険に加入している**

●国民健康保険への切替手続き

退職者が居住する市区町村の保険業務担当窓口で、退職（異動）した日（社会保険喪失日）から**14日以内**に届出を実施することになっています。

その際、「**社会保険離脱証明書**」が必要です。

Check ☑ 退職証明書や離職票など、退職日がわかる書類でも手続きが可能です。

Check ☑ 「社会保険離脱証明書」は、「健康保険資格喪失証明書」など名称は異なっても意味合いは同じになります。

「社会保険離脱証明書」は、会社で作成して、退職者に対して交付します。離職票の発行が不要の人（失業給付の手続きをしない場合）が国民健康保険に切り替える場合、証明のためにわざわざ離職票を発行するのであれば、「社会保険離脱証明書」を発行したほうが効率的で、交付もスムーズです。

●「社会保険資格喪失証明書」の必要事項

「社会保険資格喪失証明書」に決まった書式はありません。原則任意ですが、作成する際には下記の情報が必要になります。これらの情報が揃っていれば、保険証がなくても発行可能です。

- 健康保険の記号、番号
- 健康保険名（協会けんぽなど）
- 従業員の氏名
- 従業員の住所
- 従業員の生年月日
- 退職日・喪失日年月日
- 喪失理由
- 扶養家族の氏名
- 扶養家族の生年月日
- 扶養者の喪失理由
- 被保険者と扶養していた家族との続き柄
- 扶養者の資格喪失年月日

退職証明書・社会保険離脱証明書

退職証明書・社会保険離脱証明書

下記の被保険者は退職のため、帝王グループ株式会社の社会保険より離脱したことを証明致します。

記

氏　名　　高坂　流一
被扶養者　高坂　麗奈
生年月日　19XX年2月9日
住　所　　東京都台東区松が谷2-9

退職日　　20XX年8月31日

なお、20XX年8月31日に被保険者は退職のため、帝王グループ株式会社の社会保険より20XX年9月1日付にて社会保険の資格を喪失したことも併せて証明いたします。

保険者番号・名称　　0109○○○○　全国健康保険協会　東京支部

被保険者記号　　記号　○○○○○○○　番号　○○○

資格喪失年月日　　20XX年9月1日

以上の通り相違ないことを証明いたします。

20XX年9月5日

〒110-0005
東京都台東区上野7-10-12　安達ビル1階
帝王グループ株式会社
代表取締役　田中　實　　㊞

事務センターとは

日本年金機構では事務センターを設置して、年金事務所で受け付けた届書や申請書の処理を行うほか、郵送による受付業務を行っています。

ただし、窓口相談・電話相談は受け付けていないため、その場合には年金事務所に連絡することになります。届出をする場合、年金事務所へ持参または郵送しても、結局は年金事務所から年金事務センターへ転送されることになります。よって急ぎの場合は、ダイレクトに年金事務センターへ郵送または電子申請するほうがスムーズに手続きが進みます。

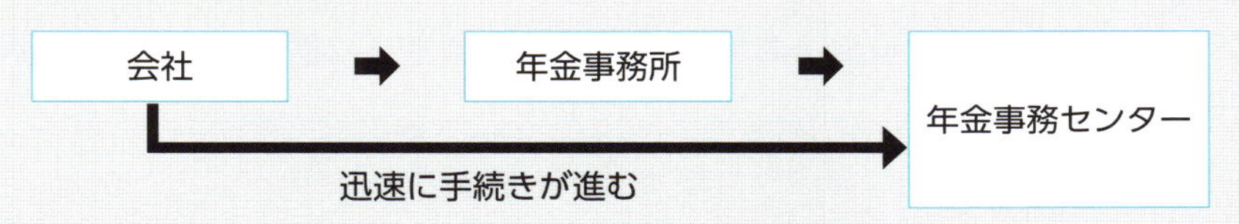

※日本年金機構「全国の事務センター一覧」
https://www.nenkin.go.jp/shinsei/kounen/tekiyo/20150216.html

再就職先への提出

6 源泉徴収票の作成

退職者が発生した場合、最終の給与の支払いが終了した際には**源泉徴収票**を発行して、本人に交付します。

退職者は、この源泉徴収票を転職先（起業して法人設立をした場合も含む）に提出するか、退職した年度に転職しない場合や個人事業主として開業した場合には、確定申告で添付して提出することになります。

いずれにしても、退職後の源泉徴収票は**さまざまな面で重要となる書類**です。

源泉徴収票は給与計算ソフトを導入していれば、ボタン１つで集計、印刷が可能ですが、給与計算ソフトを導入していない場合には、集計してExcel等で作成したり、手書きで交付することになります。

源泉徴収票は原則、**本人からの請求がなくても、最終給与の給与明細等と一緒に本人に渡します。**

●１年の前半に退職した場合

退職した日が年の前半だった場合に特に発生するのが、転職先で年末調整をする際、あるいは、その翌年の確定申告をする際の、**源泉徴収票の再発行依頼**です。

例えば、退職時に源泉徴収票を発行しても、年末調整まで間があいてしまうと、退職者が紛失してしまい、後から再発行を求めてくるというのはよくあるパターンです。

そのため、**退職者のデータはすぐに消去しない**ことをおすすめします。給与計算ソフトの場合には、データがあればすぐに発行できるので問題はないと思います。しかし手書きの場合には、源泉徴収票を発行した際にコピーをして保管しておいたほうが、再発行する際にも再集計する二度手間を防げます。

なお、退職者、在籍中の人を問わず、住宅ローンや賃貸物件の契約等に際して、過去3年分程度の源泉徴収票を求められることがあります。給与計算ソフトを使用しているにせよ、手書きにせよ、源泉徴収票を交付した場合には、**その控え（コピー）は必ず保管しておく**ようにしましょう。

●給与計算ソフトのアップデート

また、給与計算ソフトを変更する際にも、注意が必要です。以前に使っていた給与計算ソフトのデータが移行できるのであれば、データ移行を必ず行いましょう。難しい場合には、以前の給与計算ソフトも、3年程度は操作、印刷、閲覧などができる状態をキープしておく必要があります。

キープする際に、年間使用料金や保守料が発生する場合は、過去3年程度のデータを新しい給与計算ソフトに入力するなどして、バックアップを取っておきましょう。

この作業は非常に手間がかかりますが、いざ退職者等から過去の源泉徴収票を求められた場合には、迅速に対応することが可能です。

特に従業員数が多い会社では、過去分の再発行依頼は少なくないので、ミスなくスムーズに対応できるよう備えておきましょう。

※参照：国税庁「給与所得の源泉徴収票　入力シート」
https://www.nta.go.jp/taxes/tetsuzuki/shinsei/annai/hotei/pdf/0023010-019_1-2.pdf

第10章

正しい給与計算
よくあるQ&A

給与計算のミスのポイント

給与計算が合わない最大の理由とは？

私は年間、数百人分の給与明細を確認していますが、適正に計算されていないケースが非常に多いと感じています。

その理由は、いくつか考えられます。

- **給与計算担当者の「知識・経験不足」**
- **給与計算の「保守契約」を締結していない**
- **所定労働時間、年間休日の把握ができていないため、「平均賃金」の計算を間違えている**
- **残業時間等の「集計方法」を間違えている**
- **社会保険料の「料率変更」の際に、適切なタイミングで切り替えができていない**
- **労災、傷病手当金を申請する際の「休業ルール」を理解していない**

他にも、給与計算は合っているのが当たり前という「慢心」も要因のひとつでしょう。もし給与計算を実施している会社側が間違えていても、給与を受け取る側の従業員は、給与計算は正しいものと疑いもしていないのです。誰も気づかずにずっと、同じミスが継続されていきます。

本書でも繰り返しお伝えしてきたように、給与計算を完璧にできる人というのは、あまりいないのが実情です。

それは、そもそも給与計算を実施している人は、給与計算の教育を受けてきた実績・経験のあるスペシャリストではないからです。それは仕方のないことです。学校で、給与計算を教えてもらっているわけではありませんから。

私自身は、サラリーマン時代に約15年、総務経理部で給与計算を担当していましたので、通算30年ほど給与計算業務を行ってきました。そのため、給与計算を見れば、わずかな時間で間違いを探すことができます。

正しい給与計算を実施するのは、たとえ国家資格を持った士業の先生方でも、実務経験がなければ、なかなか難しいことだと思います。

給与計算の間違いには、「ポイント」があるのです。先ほど列挙したミスの原因に気をつけることで、正しい給与計算に近づいていけるはずです。

●支給金額や各種税金関係にも間違いが生じる

給与計算のミスは、給与計算担当者にあってはならないことです。しかし、そうは言っても人間ですから、実際は間違いが発生することもあります。

そもそも、仮に給与計算が間違っていても、よほど大きなミスでない限り、その間違いを指摘してくる従業員は皆無だと思います。

給与計算をミスすると、会社側・従業員側双方にメリット・デメリットがあることを理解する必要があります。給与計算のミスにより、税金の納付金額、社会保険料、労働保険料等の各種保険料の金額にも影響が出てしまいます。

個々の具体的なメリット・デメリットについては、次ページの一覧表にまとめました。ここでは大きな考え方についてお話しします。

給与計算で一番ミスが発生しやすいのが、**勤務時間集計による残業代金、休日出勤手当等の計算**です。

給与計算のミスは、支給金額が少ないケースが多いです。ミスが発覚した場合には、従業員側からの信用が失われますし、社会保険料の計算（算定基礎届、月額変更届）に影響が発生すると、従業員の将来の年金額にも影響することになります。

また、労働基準監督署の定期的な調査等で未払い部分が発覚した場合には、**是正勧告書**が発行されて、未払い分を精算することになります。

逆に、社会保険料等の改定分を適正に控除していないことで、多く支給している場合もあります。この場合には会社側が損をしていることになりますが、１人あたりの金額は少額でも、該当者の人数が多くなり、さらに

給与計算ミスによるメリット、デメリット

内容		会社側		従業員側	
		メリット	デメリット	メリット	デメリット
基本給	少なく支給	支給する金額が少ない	・労働基準法違反 ・後から請求されるリスク	各種税金等の金額が少なくなる	支給される金額が少なくなる
	多く支給		支給する金額が多くなる	支給される金額が多くなる	
各種手当	少なく支給	支給する金額が少ない	・労働基準法違反 ・後から請求されるリスク	各種税金等の金額が少なくなる	支給される金額が少なくなる
	多く支給		支給する金額が多くなる	支給される金額が多くなる	
残業時間	少なく計算	支給する金額が少ない	・労働基準法違反 ・後から請求されるリスク	各種税金等の金額が少なくなる	支給される金額が少なくなる
	多く計算		支給する金額が多くなる	支給される金額が多くなる	
休業時間	少なく計算	支給する金額が少ない	・労働基準法違反 ・後から請求されるリスク	各種税金等の金額が少なくなる	支給される金額が少なくなる
	多く計算		支給する金額が多くなる	支給される金額が多くなる	

所得税	少なく控除	★年末調整が正しく実施された場合には精算される	・納付金額の差額を負担 ・支給する金額が多くなる	支給される金額が多くなる	
	多く控除	支給する金額が少ない	後から返金するリスク		支給される金額が少なくなる
雇用保険	少なく控除		・納付金額の差額を負担 ・支給する金額が多くなる	支給される金額が多くなる	
	多く控除	支給する金額が少ない	後から返金するリスク		支給される金額が少なくなる
社会保険料	少なく控除		・納付金額の差額を負担 ・支給する金額が多くなる	支給される金額が多くなる	将来受給する年金額に影響がある可能性が高くなる
	多く控除	支給する金額が少ない	後から返金するリスク		支給される金額が少なくなる
住民税	少なく控除		・納付金額の差額を負担 ・支給する金額が多くなる	支給される金額が多くなる	
	多く控除	支給する金額が少ない	後から返金するリスク		支給される金額が少なくなる

年額となると高額になる可能性もあります。

給与計算のミスは多少のメリットはあっても、長期的に考えてメリットはありません。

源泉所得税のように、毎月の給与計算が仮に違っていても、年末調整で再計算されて正しい金額になる項目もありますが、それ以外の項目については再計算される機会はありません。このような影響が出ないようにするためにも、給与計算のミスの撲滅を図る必要があります。

2 何もしていなくても指示待ちは労働となる

待機時間は労働時間？

結論からいうと、**待機時間（手持ち時間）は労働時間**になります。よって、給与計算では労働時間として集計し、反映しないといけません。

待機時間とは、労働時間内において、作業中ではないが、会社から指示があればすぐに従事できるよう待機している時間のことを意味します。

待機時間

使用者（会社）の指揮命令の下にある状態であり、完全に自由な状態ではないことから、労働時間に該当する。

しかし、実情としては待機時間が労働時間とされていないケースが多いのです。

わかりやすい事例で説明します。

●運送会社：納品時の順番待ちの待機時間４時間のケース

大手企業の工場等に原料を搬入する運送会社のケースで考えてみましょう。

工場納品の受け入れが午前９時で、朝５時に工場の前にトラックを停車して順番待ちをしようとしたところすでに数台のトラックが停車していました。

納品先の会社のフォークリフト担当が、トラックから原料をおろしてテント倉庫等へ保管するとき、１台あたりの荷下ろし作業に１台について１時間程度かかる場合もあります。

その場合、５～９時までが待機時間です。さらに実際に荷下ろしの開始までに２時間程度かかった場合には、合わせて６時間の待機時間になります。

この間、運転手によってはスマホで動画を見たり、ゲームをしたり、電話をしたり、配信を見たりなど自由にしている場合であっても、待機時間には変わりませんので「就業時間中」となります。

他の業種で考えると、次のようなケースがあります。

- **飲食店等の従業員がお客様の来ない時間帯に待機している状態**
- **タクシー運転手が駅等に車を停めて、お客様の順番待ちをしている状態**
- **商業施設のショップ等でお客様を待っている状態**
- **スーパー等のレジ打ちの従業員が、客がおらず待機している状態**

実は、身近なところにさまざまな待機時間があります。

待機時間と休憩時間の区分を適正に判断しないと、結果として給与計算を間違えることになりますので、勤務実態の確認をする必要があります。

3

勤務時間がスタートするタイミング

就業時間前の着替えは労働時間？

労働時間の考え方として、厚生労働省のガイドラインでは「労働時間とは使用者の指揮命令下に置かれている時間であり、使用者の明示または黙示の指示により労働者が業務に従事する時間は労働時間に当たること」と定義されています。

よって、次のようなことが就業時間前に行われている場合に、それが会社の指示命令または暗黙のルールで実施されている場合には、労働時間に当たる可能性が十分に高いです。

- **現場系、工場系、運送会社系等に多い、就業時間前のラジオ体操の時間**
- **事務系・受付等の女性の制服等への着替え、工場系などにおける作業服への着替え時間**
- **営業系等に多い朝礼時間**

就業時間と同時に業務がスタートしている、業務時間前に会社に来て仕事をしているなどの古いスタイルの考え方は、現代社会ではもう通用しません。このような行動を繰り返している場合には、労働時間における未払い残業（早出残業など）が積み上がっていくことになります。

仮に、着替えや朝礼、ラジオ体操が合わせて毎日30分あったケースで簡単に計算すると、年間約26万円の未払い残業の金額となり、現状時効が２年なので２年間で約52万円。同様の条件の従業員が30人いた場合には２年間の未払い残業は驚愕の1,570万円に達してしまいます（右ページ図を参照）。

このように、小さなことの積み上げを年間で換算すると、とんでもなく大きな数値になり、後から発覚した場合には、給与計算担当者として責任を取ることはもはや不可能な金額になってきます。

どこまでが労働時間で、どこまでが労働時間ではないのかを的確に把握することも、給与計算担当者の重要な務めになります。

就業時間前の着替え、朝礼、ラジオ体操

基本給28万円、年間休日104日、1日8時間勤務
残業単価：2011.49円
※{(280,000円×12ヶ月)÷(365日−104日＝261日×8時間＝2,088時間)}×1.25＝2011.49円

項　目	1日	1年間	1年間	金額
	単位：分	単位：分	単位：時間	単位：円
着替え	5	1,305		
ラジオ体操	5	1,305		
朝礼	20	5,220		
合計	30	7,830	130.5	262,499

- 2年間➡約262,500円×2年＝525,000円
- 30人➡ 525,000円×30人＝15,750,000円

会社の強制参加イベントは勤務時間

忘年会等は労働時間？

最近は昔とは違い、社員旅行、花見、バーベキュー、ボーリング大会、カラオケ大会、スポーツ大会などはなくなりつつあると思います。しかし懇親会、忘年会、新年会等はいまだに実施している会社も数多くあると思います。

近年、こうした会社の行事を勤務時間外や休日に実施するケースについて、質問が増加傾向にあります。

行事参加は「任意」ですか、「強制」ですか？

「残業」や「休日出勤」の手当は対象になりますよね？

実際、このような問い合わせが、皆さんのもとにもきているかもしれません。

本来、会社の行事は従業員の親睦を深めるために、または福利厚生的に実施されてきたと思いますが、もうそんな時代ではありません。そのような行事を廃止した会社が多いのも事実です。

ただし、忘年会、新年会は今も実施されているケースもあり、その際の従業員の参加時間について労使（会社、従業員）にするかどうかで揉めているケースもあります。

結論としては、会社側からの**「業務命令」での参加**、参加は任意であるが**参加しないと不利益な取扱いをされるケース**などは強制と見なされるので、いずれの場合でも「勤務時間」となります。

しかし、参加があくまでも任意の場合には、勤務時間にはなりません。

任意なのか、強制なのかは難しい判断になりますが、会社の行事に参加したくない人がいるのも事実ですから、会社側はあくまでも参加は任意であり、**参加しなくても不利益はないと告知**したうえで開催する配慮が求められます。

社員旅行も同様です。女性社員から時々相談されるのが、「**社員旅行に行くとホステス（コンパニオン）扱い**をされ、お酌、カラオケなどを強要され、セクハラまがいのこともあるので参加したくない」というものです。

会社側も時代に合わせた行事へと「変化」が必要です。

なお、「業務命令」での社員旅行（会社の休日で社員旅行を兼ねて取引先の工場見学を実施する等）の場合には休日出勤等の取扱いにする場合も考えられます。

忘年会における残業計算

・所定労働時間８時～17時（休憩１時間）　忘年会は全員参加で一次会、二次会強制参加
・時給1,200円

8時	通常の勤務時間	4時間	
9時			
10時			
11時			
12時	昼休み	1時間	
13時	通常の勤務時間	4時間	
14時			
15時			
16時			
17時	移動時間	①25％割増（残業）	8時間以上超過の残業
18時	忘年会（一次会）		
19時			
20時			
21時	忘年会（二次会）	②50％割増（残業）	残業＋深夜残業
22時			
23時			
24時			

通常勤務　8時間×1,200円＝9,600円
残業①　4時間×1,200円×1.25＝6,000円
残業②　3時間×1,200円×1.5　＝5,400円
合　計　21,000円

雇用の際の健康診断との違い

健康診断受診時は給与減額？

健康診断には、大きく区分して次の３つがあります。

▶ **一般健康診断**

対象者は常時使用する労働者（従業員）です。

①雇入れ時の健康診断：雇入れの際

②定期健康診断：１年以内ごとに１回

▶ **特殊健康診断**

法定の有害業務に常時従事する従業員（詳細は次ページURL「労働安全衛生法に基づく健康診断を実施しましょう」を参照）が対象です。

③特定業務従事者の健康診断：対象の業務への配置替えの際または６ヶ月以内ごとに１回

●健康診断の際の給与計算

健康診断の際の給与計算については、一般健康診断と特殊健康診断により異なります。

厚生労働省で「一般健康診断は、一般的な健康確保を目的として事業者に実施義務を課したものなので、業務遂行との直接の関連において行われるものではない。そのため、受診のための時間についての賃金は**労使間の協議**によって定めるべき」と定義されています。

よって、**給与の減額は可能**です（通常は減額されない場合が多いと思われます）。

一方、特殊健康診断については「特殊健康診断は業務の遂行に関して、労働者の健康確保のため当然に実施しなければならない健康診断なので、特殊健康診断の受診に要した時間は労働時間であり、賃金の支払いが必要」と定義されています。よって、**給与の減額は認められません**。

ちなみに、一般健康診断、特殊健康診断ともに「法定の健康診断」になるので、健診費用は**会社が全額負担**します。

●健康診断の種類と給与計算への影響

健康診断は下記の一覧表の通り、３種類に区分されます。健康診断の種類によって給与計算に影響する場合、しない場合があります。

健康診断の結果は、健康診断個人票を作成し、それぞれの健康診断によって定められた期間（下記図参照）、保存する必要があり、さらに50人以上の労働者を使用する事業者では、定期健康診断の結果を遅滞なく所轄労働基準監督署長に提出しなければなりません（強制）。健康診断を実施する項目は健康診断の種類別に定められ、年齢によっても実施する項目は異なります。詳細については、厚生労働省のホームページ等で確認してください。

健康診断の種類

区分	費用負担	受診時間	給与	保管期間	備考
雇入時	不要	労働時間ではない	発生しない	５年	雇入れの直前または直後に実施 ※入社前３ヶ月以内の健康診断結果ＯＫ
定期健康診断（１年に１回）	会社負担	労使間の協議	協議次第	５年	正社員以外の下記も対象 ・契約社員→１年以上雇用見込等 ・パート・アルバイト→正社員の3/4以上勤務
特殊健康診断（半年に１回）	会社負担	労働時間	発生する	５～40年 ※受診項目に応じて	有害な業務に常時従事する労働者等

※労使間の協議＝会社と対象従業員との話し合いにより労働時間か否かを決める行為

※参照：厚生労働省「労働安全衛生法に基づく健康診断を実施しましょう」
https://www.mhlw.go.jp/file/06-Seisakujouhou-11200000Roudoukijunkyoku/0000103900.pdf
厚生労働省ホームページ「よくある質問」
https://www.mhlw.go.jp/seisakunitsuite/bunya/koyou_roudou/roudoukijun/faq/2.html

6 長すぎる休憩時間は合法か

休憩時間３時間は問題ない？

休憩時間の設定はさまざまですが、一般的な会社の場合、休憩時間で一番多いのは、12時～13時までの60分のお昼休憩だと思います。

そのような中で、休憩時間が120分（２時間）、180分（３時間）などのケースもあります。

具体的な業種では、次のような場合があります。

- **病院（個人クリニック）、歯科医院等の医療機関に多いのが、午前診療と午後診療の間の２時間・３時間の休憩**
- **飲食店におけるランチ後と夕方の営業時間までの２時間・３時間の休憩**

労働基準法では、勤務時間が**６時間を超過した場合には45分以上の休憩、８時間を超過した場合には60分以上の休憩**が必要だと定めています。しかし、休憩時間の回数、長さについては具体的な規定はありません。

よって、休憩時間を設けることは一見問題ないと考えられますが、民法第90条（公の秩序または善良の風俗に反する法律行為は、無効とする）により、あまりにも常識を逸脱した休憩時間は**無効になる可能性**もあります。

休憩時間については給与計算の対象外になりますが、休憩時間が認められない場合には勤務時間となるので、給与が発生します。

その場合には、**１日の労働時間が８時間を超過**したことにより、残業代金が発生する可能性が高くなります。

自社の休憩時間の与え方が「細切れ」や「長時間」になっている場合には、休憩の与え方が合法なのか、従業員側の立場になった休憩になっているのかを検証し、場合によっては専門家である社会保険労務士や労働基準監督署に相談を求めることも必要だと思います。

出勤簿

例：医療機関の場合　勤務時間８時間、休憩時間４時間、診察時間９時～ 18時（12時～ 15時休憩）

※診療時間後に事務処理等を実施している　毎週水曜、日曜日休み

日	付	始業時間		休憩時間		終業時間		勤務時間
1日	月曜日	9時～ 12時	3時間	12時～ 15時	3時間	15時～ 20時	5時間	8時間
2日	火曜日	9時～ 12時	3時間	12時～ 15時	3時間	15時～ 20時	5時間	8時間
3日	水曜日							
4日	木曜日	9時～ 12時	3時間	12時～ 15時	3時間	15時～ 20時	5時間	8時間
5日	金曜日	9時～ 12時	3時間	12時～ 15時	3時間	15時～ 20時	5時間	8時間
6日	土曜日	9時～ 12時	3時間	12時～ 15時	3時間	15時～ 20時	5時間	8時間
7日	日曜日							
8日	月曜日	9時～ 12時	3時間	12時～ 15時	3時間	15時～ 20時	5時間	8時間
9日	火曜日	9時～ 12時	3時間	12時～ 15時	3時間	15時～ 20時	5時間	8時間
10日	水曜日							
11日	木曜日	9時～ 12時	3時間	12時～ 15時	3時間	15時～ 20時	5時間	8時間
12日	金曜日	9時～ 12時	3時間	12時～ 15時	3時間	15時～ 20時	5時間	8時間
13日	土曜日	9時～ 12時	3時間	12時～ 15時	3時間	15時～ 20時	5時間	8時間
14日	日曜日							
15日	月曜日	9時～ 12時	3時間	12時～ 15時	3時間	15時～ 20時	5時間	8時間
16日	火曜日	9時～ 12時	3時間	12時～ 15時	3時間	15時～ 20時	5時間	8時間

例：飲食店の場合　勤務時間８時間、休憩時間分割５時間、営業時間11時～ 24時（14時～ 17時営業時間外）

※定休日：毎週月曜日、火曜日

日	付	就業時間①		休憩時間		就業時間②		休憩時間		就業時間③		勤務時間
1日	月曜日											
2日	火曜日											
3日	水曜日	11時～ 14時	3時間	14時～ 17時	3時間	17時～ 20時	3時間	20時～ 22時	2時間	22時～ 24時	2時間	8時間
4日	木曜日	11時～ 14時	3時間	14時～ 17時	3時間	17時～ 20時	3時間	20時～ 22時	2時間	22時～ 24時	2時間	8時間
5日	金曜日	11時～ 14時	3時間	14時～ 17時	3時間	17時～ 20時	3時間	20時～ 22時	2時間	22時～ 24時	2時間	8時間
6日	土曜日	11時～ 14時	3時間	14時～ 17時	3時間	17時～ 20時	3時間	20時～ 22時	2時間	22時～ 24時	2時間	8時間
7日	日曜日	11時～ 14時	3時間	14時～ 17時	3時間	17時～ 20時	3時間	20時～ 22時	2時間	22時～ 24時	2時間	8時間
8日	月曜日											
9日	火曜日											
10日	水曜日	11時～ 14時	3時間	14時～ 17時	3時間	17時～ 20時	3時間	20時～ 22時	2時間	22時～ 24時	2時間	8時間
11日	木曜日	11時～ 14時	3時間	14時～ 17時	3時間	17時～ 20時	3時間	20時～ 22時	2時間	22時～ 24時	2時間	8時間
12日	金曜日	11時～ 14時	3時間	14時～ 17時	3時間	17時～ 20時	3時間	20時～ 22時	2時間	22時～ 24時	2時間	8時間
13日	土曜日	11時～ 14時	3時間	14時～ 17時	3時間	17時～ 20時	3時間	20時～ 22時	2時間	22時～ 24時	2時間	8時間
14日	日曜日	11時～ 14時	3時間	14時～ 17時	3時間	17時～ 20時	3時間	20時～ 22時	2時間	22時～ 24時	2時間	8時間
15日	月曜日											

勤務時間・休憩時間の区分

休憩時間中に電話応対するのは問題ない？

休憩時間中（昼休み等）に「電話応対」をしたり、「電話待機」で事務所内で休憩しなければならない状況もよくあるケースです。

さらには総務部など、「弁当の手配、配膳、片付け等」をする場合もあるでしょう。

規模の小さな会社では当然のように行われているかもしれませんが、これでは休憩時間ではないので、**違法状態**になります。

また、休憩時間ではなく勤務時間になるわけですから、会社側は別途休憩時間を与えるか、もしくはこうした時間に対して給与を支払う必要があります。

●休憩時間の定義

休憩時間とは、労働者が「権利」として**労働から離れることが保障**されていなければならないとされています。

よって、待機時間等のいわゆる**「手待ち時間」は休憩に含まれない**ことになります。

なお、**休憩を取らせることは労働基準法で定められて**います。労働者が休憩を自主的に取らない場合、必要ないと言っている場合などであっても、会社が休憩を与える必要があります（義務）。

※参照：厚生労働省「労働時間・休憩・休日関係」
https://www.mhlw.go.jp/bunya/roudoukijun/roudoujouken02/jikan.html

就業中にSNS投稿をしたら？

就業時間中に従業員が会社のパソコン、会社貸与のスマホ、自己所有のスマホ等でSNSを見ている、投稿するなどといったケースが近年増えてきています。

具体的には、XやFacebookへの投稿・閲覧、ニコニコ動画・ツイキャス・TikTok・ふわっち等での配信・閲覧、またLINE、Telegramで個人的なやり取りをしているといった相談をよく受けます。

本来、就業時間中にそのような行為は禁止されているわけですが、業務でスマホを使用する場合であれば、それが業務の用事なのか、私用なのかの判別は非常に困難です。

また、パソコンの画面が見えない位置で仕事をしている従業員の場合であれば、業務をしているのか、それとも動画等を見ているのかは遠目ではわかりません。

しかし、そのような行為が判明した場合には、その時間、業務を行っていないわけですから、**給与を減額**することが可能です（ノーワークノーペイの原則による控除）。

なお、営業で外回りをしている従業員、事務員で銀行等へ外出する従業員の場合には、移動中等の行動を把握するのは困難です。社内で日頃から掲示などをして、業務中にSNSの利用や、動画視聴等をしていることが発覚した場合には「給与減額」または「役職の降格」「賞与等の査定の減額項目」などの**ペナルティが課せられることを周知**しておくことで、ある程度の抑止力になります。

各企業、店舗等でもバイトテロや、従業員のSNS投稿等により多大なダメージを受けるケースもあります。

8

固定残業代制度の正しい認識と運用

固定残業代制度とは？

固定残業代金、見込残業代金など名称はさまざまですが、いわゆる残業代金のことです。ここでは「固定残業代」に統一して記載します。

固定残業代金とは、**残業の有無にかかわらず支給される手当**のことです。雇用契約書等に「固定残業代３万円（20時間分の残業代金）」などと記載されます。

よって給与計算においては、残業時間が20時間以下であれば、残業代金を計算する必要がありません。しかし、**20時間を超えた場合には、残業代金の支払いが必要**になります。

Check
雇用契約書等に固定残業代金が記載されている場合に、残業時間について明記されていないことがあります。その場合には総支給額などから残業単価を算出して手当を割り返すことにより、見込残業手当に含まれる残業時間を算出することになります。

もう十数年も前から、固定残業手当を悪用した未払い残業が横行しています。固定残業代金を支給しているからといって、何時間残業させても残業代金を支払わなくてよいというわけではないことをよく理解する必要があります。

●トラブルになりやすいケース

また、固定残業手当の制度を導入している場合には、最低でも実施していなければならない３つの事項があります。

①就業規則への適正な明記

②雇用契約書または労働条件通知書等への明記

③給与計算における明確な区分

トラブルになりがちなのは、口約束などによるもの。「月給30万円の中には固定残業手当が含まれているため、残業しても別途残業手当は支給しないからね」「営業手当10万円は固定残業手当として支給しているので、残業代金は別途支給しない」などと勝手なルール設定をしている場合です。

単なる口約束のケースや、固定残業手当の時間を超過していても、残業手当を支給せずに未払い残業になっているケース、先に記載した３つの最低ルールが部分的に欠落しているケース（就業規則には記載してあるが、雇用契約書等には記載がなく、給与計算においても明確に区分されていない場合など）があります。

経営者側の、なるべく無駄なコストを発生させたくないという発想により固定残業代金制度が悪用されるケースが頻発していますが、昨今のSNS時代では、従業員側が簡単に情報を入手して請求、または弁護士を使って訴えてくる時代です。

だからこそ、この固定残業手当の制度を活用する場合には、会社内の書類およびルールの整備が欠かせないのです。

9

自社の制度を再確認しよう

残業がある場合、総支給額が同額でも違反になる？

残業が生じている場合に、残業時間について残業代金を支給していないとしても、**労働基準法違反になる場合とならない場合**があります。それは同じ金額が会社から従業員へ支給されている場合であっても同様です。

ポイントは、**給与の構成**です。わかりやすく例示で説明をします。

▸ CASE①：基本給30万円、所定労働時間160時間、残業時間30時間、残業代金支払０円

この場合には約７万円の残業代金の未払いが生じています。

30万円÷160時間×1.25＝2,343円（残業単価）×30時間＝7万312円

▸ CASE②：基本給22万円、固定残業代８万円、他は同様

この場合には約５万円の残業代金となりますが、固定残業代の範囲内のい金額なので、残業代金を別途支給しているわけではありませんが、未払残業は生じていません。

22万円÷160時間×1.25＝1,718円（残業単価）×30時間＝5万1,562円

この例では未払い残業の範囲内なので、違法ではありません。しかし、残業代金が固定残業代を「超過」した場合には、超過した部分は支払わなければなりません。

●固定残業代の導入要件

このように、総支給額が同額であっても、給与の構成が違う場合には労働基準法違反にならないケースもあります。

ただし、固定残業代（見込残業代）を設定する場合には、就業規則等へ記載、雇用契約書等への明記、給与明細への明示等要件を満たしている必要があります。

単に口頭で、「営業手当等を固定残業代として支払っている」などと問題が生じてから言っても、認められる可能性は極めて低いです。適正な運用が重要になってくるので、ご注意ください。

CASE：労働基準法違反になる場合・ならない場合

【例①】所定労働時間160時間、残業時間30時間

A　違法：残業未払い

基本給	300,000
残業手当	0
総支給額	300,000
★未払い残業 300,000÷160時間× 1.25×30時間	70,312

B　合法：残業支払い

基本給	200,000
固定残業代（64時間分）	100,000
総支給額	300,000
★未払残業 200,000÷160時間× 1.25＝1,562.5円	0

Aは残業代金が未払いなので違法状態。Bは固定残業代を支給しているので、残業代金は支給しており、問題はない。

➡総支払額が同じでも、内訳の契約内容により違法か合法かが異なる。

近年増加している副業の取扱い

Wワークの従業員がいたら？

近年は、副業を許可している会社が増えています。また、不景気により生活資金のためにWワーク、トリプルワークしている人も増加傾向にあります。

そこで、給与計算の観点から、Wワークで働く人の注意点についてまとめました。

- **所得税区分について**……「給与所得者の扶養控除等（異動）申告書」の提出は同時に２ヶ所以上に勤務している場合であっても、そのうち１ヶ所の勤務先にしか提出することができません。よって、Wワークの対象者から書類の提出がある場合には、所得税計算区分は「甲」、提出がない場合には「乙」の高い税率で手続きを実施することになります。

所得税区分の取扱いについては、間違えている会社を多々見かけます。仮に乙の所得税区分を間違えて甲で計算しているケースでいうと、税務調査等で指摘された場合には、正しい乙で計算した所得税を徴収されることになります。その際の金額や退職等の事由により、本人から徴収できない場合には、結果として会社が負担することになります。

- **労働時間の管理について**……他の就業先の労働時間を含めて計算し、１日８時間、週40時間を超過した場合には残業代金が発生します。よって、他の勤務先での勤務時間や給与計算についても把握する必要があります。
- **36協定について**……自社の労働では法定時間内であっても、他の就業先と合算すると残業になっているケースもあります。その場合には、36協定の手続きを適正に実施している必要があります。

- **就業規則の確認**……Wワーク、副業の禁止がされていないかを確認します。禁止されている場合には就業ができないことになりますので、改定等の対応が必要になります。
- **社会保険**……就業先の規模、要件により異なりますが、場合によっては「健康保険・厚生年金保険　被保険者所属選択・二以上事業所勤務届」の提出が必要になるケースもあります。
  控除する金額に注意しましょう。
- **雇用保険**……複数の会社で同時に加入することはできません。自社で加入している場合のみ控除を実施します。
- **労災保険**……すべての勤務先で適用されます。

なお、Wワーク等により過重労働で体調（肉体的、精神的）が悪くなることも考えられますし、業務効率が低下する可能性も高くなります。よって、通常の労働者よりも健康管理に重点を置く必要性があります。

Check ☑ 労働基準法が適用されるWワーク・副業の対象者は、あくまでも「雇用された状態の者（労働者）」になります。よって、フリーランス・個人事業主は労働基準法の対象外になります。

正しく認識しないとすべてに影響

今月の給与から控除されている社会保険料は何月分？

給与計算の担当者に、次の質問をすることがあります。

「今月の給与から控除されている社会保険料は何月分ですか？」

そうすると、給与担当者は「そんな難しいことは聞かないでくださいよ。わかりません」と回答される場合があります。

読者の皆さんの中には、「私も同じだ」と思われた方もいらっしゃると思います。経営者、幹部の方でしたら、給与計算担当者に同じ質問をしてみてください。適正な返答がない場合には、残念ながら御社の給与計算は間違えている可能性が高いようです。

●社会保険料は年に数回変更になる

社会保険料率は年に数回変更になる場合が多いです。その際に、変更になった月の社会保険料を**何月支給の給与計算から控除**するのか？　これを正確に把握していないと、本来控除しなければならない月に控除されない、または控除してはならない月に控除してしまうなどのケースが発生してしまいます。

社会保険料率は稀に下がる場合もありますが、通常は料率がアップします。この場合、本来給与計算に反映させる時期が早ければ、従業員からの社会保険料の徴収額が多くなり、従業員は損をします。

逆に、反映させる時期が遅ければ、従業員から控除する社会保険料の徴収額は少なくなり、会社側が損をします。

いずれにしても、給与計算が間違っていることにより、従業員や会社に対してリスクが生じることになるので、注意しましょう。

●社会保険料の控除対象月が従業員ごとに異なるケース

社会保険料の控除は通常、会社別に定めているケースが多いので、控除する方法が、翌月控除、当月控除、翌々月控除と異なっていても特段問題はありません。しかし、会社によっては、昔からいる従業員は翌月控除、最近入社した従業員については当月控除をしているようなケースがあります。

そうした場合には、給与計算ソフトを導入していても控除する社会保険料の月が異なるため、保険料の更新があった場合にバージョンアップしても、その時期により、いずれか（翌月控除の従業員、当月控除の従業員）の保険料控除額が異なることになります。バージョンアップがずれる従業員については、正しい社会保険料を手入力する必要があります。

CASE①：4月分より保険料の改定があった場合

社会保険料：翌月控除している会社　月末締め、翌月末払い

3月分	4月分	5月	6月
4月25日払い	5月25日払い	6月25日払い	7月25日払い
	保険料改定		

※間違えて1ヶ月早い4月25日払いより保険料改定をした場合には、異なる社会保険料になってしまい、給与計算は間違えた数値になります。

CASE②：4月分より保険料の改定があった場合

社会保険料：当月控除している会社

3月分	4月分	5月	6月
4月25日払い	5月25日払い	6月25日払い	7月25日払い
保険料改定			

※間違えて1ヶ月遅い5月25日払いより保険料改定をした場合には、異なる社会保険料になってしまい、給与計算は間違えた数値になります。

CASE③：算定基礎届により9月分の社会保険料が改定された場合

社会保険料：翌月控除している会社

8月分	9月分	10月	11月
9月25日払い	10月25日払い	11月25日払い	12月25日払い
	保険料改定		

※間違えて1ヶ月遅い9月25日払いより保険料改定をした場合には、異なる社会保険料になってしまい、給与計算は間違えた数値になります。こちらのパターンは見かけるケースは多いです。

対象となる保険の支払者は誰か

生命保険控除は家族の分も対象になる？

年末調整において一番なじみがある控除は**生命保険料控除**（➡第６章５項）だと思います。現在では民間の生命保険に未加入の人のほうが珍しいと思います。複数の生命保険に加入されている人も少なくないでしょう。

また、自分の生命保険だけでなく、配偶者や子ども等、家族の生命保険についても、実際には従業員本人が支払いをしているケースも一般的です。

生命保険料控除の対象になる保険料は、本人が契約した保険契約の保険料だけでなく、本人以外の人が契約した保険契約の保険料であっても、**本人が保険料を支払っている場合には対象になる**とされています。

Check ☑ 逆にいえば、本人が契約した保険であっても、他の人が生命保険を支払っている場合には本人の控除対象とはなりません。この場合であっても、保険料を支払っている本人またはその家族が保険金の受取人になっている保険契約が対象になります。受取人が他人の場合であれば該当しません。

表題の家族の分の生命保険料については控除可能ですが、要件に該当しない場合には控除対象にならないケースもあります。

給与計算の担当者としては、支払人と受取人の確認を行い、要件に該当している場合には控除対象とすることになります。

生命保険料控除の金額は、定められた計算式により算出した金額になり、各控除額の合計額が生命保険料控除額となります。

なお、生命保険料控除額の上限額は12万円になります。

契約期間により生命保険料控除の取扱いが異なります。

・平成24年１月１日以後に締結した保険契約等に係る保険料

・平成23年12月31日以前に締結した保険契約等に係る保険料

なお、保険期間が５年未満の生命保険などの中には、控除の対象とならない場合もあります。

※国税庁「生命保険料控除」
https://www.nta.go.jp/taxes/shiraberu/taxanswer/shotoku/1140.htm

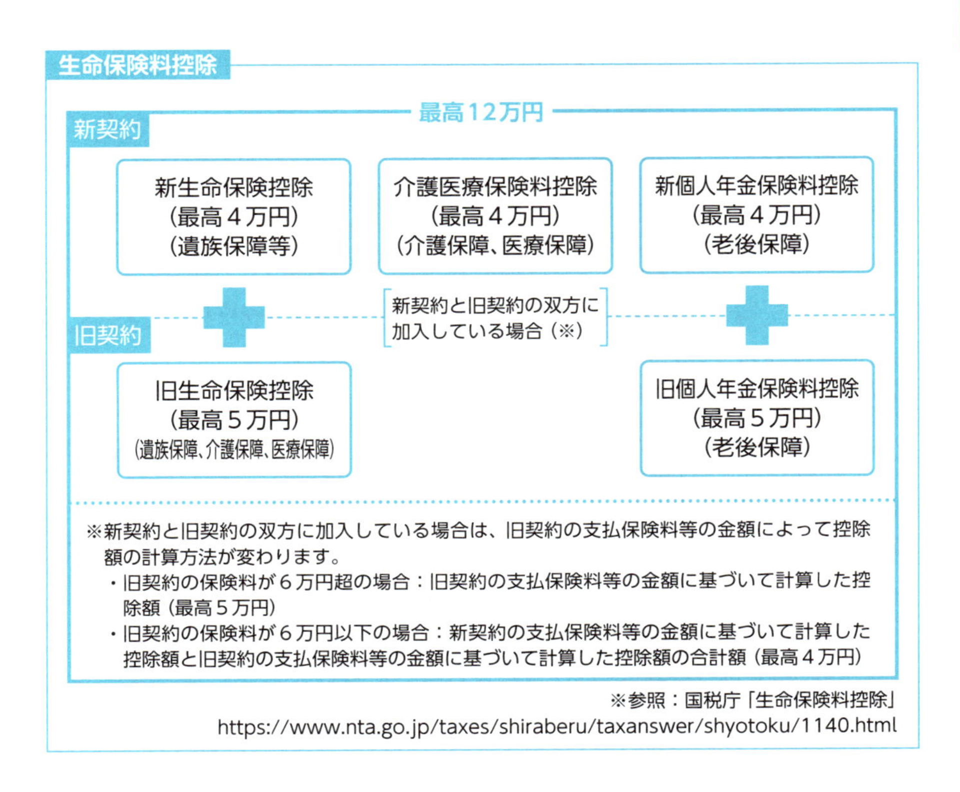

年末調整ではできない控除もある

13 医療費控除は年末調整可能？

年末調整を実施する際に、従業員が「生命保険料控除等の控除証明書」の添付書類等と一緒に、医療費の領収書を一緒に提出してくるケースもあります。

その場合には、**医療費控除は年末調整では実施できない**旨を従業員に説明しましょう。そして、医療費の領収書を返却するとともに、医療費控除は**確定申告**で行うことを教えてあげましょう。

なお、次の点を注意する必要があります。

- **医療費控除は対象期間の医療費の合計が10万円を超過している場合にのみ、申告の効果があります。**
- **年末調整後の所得税の納付金額が１円以上ないと、確定申告をしても戻ってくる金額はありません。仮に年末調整で所得税の精算が行われて０円になっている場合には、すでに納付した所得税が０円のわけですから、確定申告を実施しても、支払っている所得税がないので還付される金額もありません。**

このことを理解していないケースが多いので、対象の従業員へ助言すると親切だと思います。

医療費控除

その年の１月１日から12月31日までの間に、自己または自己と生計を一にする配偶者や、その他の親族のために医療費を支払った場合、その支払った医療費が一定額を超えるときは、その医療費の額を基に計算される金額により所得控除を受けることが可能です。これを「医療費控除」といいます。

医療費控除の申告は、医療費控除に関する事項その他の必要事項を記載等して、確定申告書で行います。

※参照：国税庁「医療費を支払ったとき（医療費控除）」
https://www.nta.go.jp/taxes/shiraberu/taxanswer/shotoku/1120.htm

医療費控除の対象となる金額

注意事項

医療費控除額	内　容
最高額	200万円（医療費控除の最高金額は、次の式で計算した金額）
制　限	その年の総所得金額等が200万円未満の人は、総所得金額等の5％の金額

計算方法

実際に支払った医療費の合計額－（A）－（10万円）

（A）保険金などで補てんされる金額

具　体　例
●生命保険契約などで支給される入院給付金 ●健康保険などで支給される高額療養費・家族療養費・出産育児一時金など

資格喪失日（退職の翌日）がポイント

退職日が１日異なるだけで社会保険料が変わる？

退職する従業員がいる場合、退職日により控除する金額に注意する必要があります。

社会保険料を給与から控除するタイミングは、一般的には**翌月控除**が多いです。例えば、４月に入社、給与の締日が末締め、翌月末支払いの場合、４月分の社会保険料は５月末の給与支給分より控除します。

しかし、社会保険料は翌月控除と決められているわけではありませんので、「当月控除」「翌々月控除」等の会社もあります。

この例で８月31日に退職した場合、資格喪失日は翌日の９月１日になります。よって、８月分の社会保険料は９月末の給与から控除します。

しかし、退職日が８月30日の場合、資格喪失日が８月31日となり、８月分の社会保険料は発生しないので、９月末の給与からは社会保険料は控除されません。

たった１日退職日が異なるだけで、社会保険料に１ヶ月分の差額が生じます。理由は簡単です、社会保険の「資格喪失日の月」には社会保険料が発生しないルールだからです。

この意味が適正に理解できていないと、本来控除しない月の社会保険料を控除したり、またその逆もあるでしょう。

なお、社会保険料は月額になり、**日割計算はされません**。暦日が31日の月（1、3、5、7、8、10、12月）の場合、１日～30日までの「退職日」の場合には退職月の社会保険料は発生しません。しかし、31日に退職した場合には、退職月の社会保険料が発生します。

このことを理解していないケースが多々見受けられますので、ご注意ください。

退職日別の資格喪失日と保険料徴収

退職日	資格喪失日 ※退職日の翌日	社会保保険料	備　　考
1月10日	1月11日	徴収なし	1月分は発生しない
3月31日	4月1日	徴収あり	3月分は発生する
4月29日	4月30日	徴収なし	4月分は発生しない
5月25日	5月26日	徴収なし	5月分は発生しない
9月1日	9月2日	徴収なし	9月分は発生しない
11月30日	12月1日	徴収あり	11月分は発生する
12月31日	1月1日	徴収あり	12月分は発生する

巻末付録

給与計算に役立つ
シート・資料集

給与計算チェックシート

チェック	項目	確認内容
□	従業員が入社した	履歴書（住所、氏名、生年月日）マイナンバー、入社日、雇用保険加入日、社会保険の加入日と標準報酬月額、給与情報、扶養、振込口座情報、通勤手当など
□	従業員が退職した	退職願（届）※退職日の確認、有給休暇の消化状況、社会保険料の控除金額など
□	従業員へ退職金を支給する	退職金規定の確認、支給金額の計算、支給日の確認
□	勤怠集計について	労働時間・残業時間・深夜労働・休日労働（振替・代休）・欠勤・早退遅刻時間・有給消化日数など
□	給与改定（昇給・降給）対象者がいた場合	給与計算ソフトのマスター変更、社会保険の月額変更届の該当月および手続きの確認
□	社会保険料の変更事由者（給与改定、残業等により）が発生した場合	・標準報酬月額決定通知書（算定基礎届後）の金額を給与計算ソフトへ登録 ・月額変更届の対象者がいないかを確認
□	年齢別の各種保険の確認（対象者、対象外）	介護保険料（40～65歳）、厚生年金（70歳）、健康保険（75歳）
□	所得税、労働保険、社会保険の対象となる金額の確認	給与計算ソフトの設定確認 ※チェック項目が異なると計算も異なる（例：所得税の甲乙設定）
□	雇用保険料、社会保険料、所得税の変更	年度によって変更になる保険料率や税額表の確認※社会保険料等年に数回変更になるケースもある
□	住民税の変更（毎年原則６月）	住民税の控除対象期間は６月～翌年５月となるため、６月より徴収分する新しい金額を給与計算ソフトへ入力 ※月額で端数が生じる場合には、６月に端数処理、７月以降は同額となるので注意が必要 ※対象者によっては12ヶ月同額のケースもある
□	従業員の扶養家族に増減（出生、死亡、就職、離婚など）があった場合（所得税に影響）	正しい扶養状況を確認して給与計算ソフトの登録を修正する
□	年末調整の実施（調整前の計算を実施し、データをバックアップしてから年末調整を実施）	年末調整書類の再確認および還付、追加徴収のデータ反映の確認
□	通勤手当を支給している場合	非課税、課税が適正に区分されているか確認、通勤手当の変更時の設定確認（引越、交通機関の運賃値上げなど）

<table>
<tr><td>□</td><td>休業者（傷病手当金対象）が発生した場合</td><td>給与計算期間中（締日支払日間）で日割計算が生じる場合には、欠勤控除する金額の計算を再度する
※傷病手当金の休業補償申請手続き</td></tr>
<tr><td>□</td><td>休業者（労災対象）が発生した場合</td><td>給与計算期間中（締日支払日間）で日割計算が生じる場合には、欠勤控除する金額の計算を再度する
※労災保険の休業補償申請手続き</td></tr>
<tr><td>□</td><td rowspan="3">残業代金の支給がある場合</td><td>割増率（25%、50%、75%）、固定残業代制度を導入している場合には雇用契約書等で契約した残業時間の確認および不足分が生じた場合にはその支払いを確認</td></tr>
<tr><td>□</td><td>割増賃金の計算に含める手当、含めない手当を正しく理解して計算</td></tr>
<tr><td>□</td><td>固定残業代金を超過して残業をしている場合、追加の残業代金を支給しているか確認</td></tr>
<tr><td>□</td><td>臨時の支給がある場合</td><td>歩合給や誕生日手当、結婚祝金などがある場合は確認し反映　※課税、非課税に注意</td></tr>
<tr><td rowspan="2">□</td><td rowspan="2">給与明細に記載する立替経費がある場合</td><td>給与支給時に加算して立替経費を支給する場合には、非課税項目で入力する</td></tr>
<tr><td>所得税や社会保険料の計算に入れないように注意</td></tr>
<tr><td>□</td><td>月（給与締切期間）の途中で入退社が発生した場合</td><td>入社日、退職日の正しい把握および日割計算の計算根拠の確認と金額の再確認</td></tr>
<tr><td>□</td><td>欠勤・遅刻・早退が発生した場合</td><td>時間の把握、集計が合っているかを確認、さらに計算根拠の平均賃金等を再度確認
※必要以上の減額は認められない</td></tr>
<tr><td>□</td><td>有給休暇取得者がいる場合</td><td>有給休暇取得確認（時間、日数）および有給金額の算出確認 ※有給管理表の更新</td></tr>
<tr><td>□</td><td>休業が発生している場合※休業手当の支給</td><td>会社都合の有無の確認→本人都合：欠勤控除、会社都合：休業手当（平均賃金の６割以上の支給）
※通勤手当など日割計算する項目の確認</td></tr>
<tr><td>□</td><td>控除項目の確認</td><td>社会保険料、所得税、雇用保険料、税金および労使協定で控除している金額の確認を実施</td></tr>
<tr><td>□</td><td>前月との変更点がある場合</td><td>月給の従業員の場合には、変動部分を除き、項目によっては毎月同額のケースも多いので、前月との比較が重要。金額に大きな差がある場合にはその原因を確認する</td></tr>
<tr><td>□</td><td>前月以前分の調整分がある場合</td><td></td></tr>
<tr><td>□</td><td>法改正があった</td><td></td></tr>
</table>

給与計算担当者の1年間のスケジュール一覧

	項　目	内　　容	給与計算ソフト	書類提出先および注意事項
4月	給与改定	昇給、新入社員の各種登録業務	登録	情報を早めに入手
	社会保険	・3月分の健康保険料、介護保険料の改定	バージョンアップ	保険料の控除時期により異なる
	・労働保険	・雇用保険料の改定（※締日によって異なる）	バージョンアップ	改定がない年もある
5月	・住民税	従業員の居住する各市区町村から、会社に届く住民税の資料に基づき「住民税の年度更新」を行う。	登録	対象者全員分あるか確認
6月		7月の労働保険、算定基礎届の事前準備を実施する		対象者の確認
7月	労働保険	「労働保険年度更新」の手続きの開始（概算・確定保険料申告書）：7月10日締切	印刷	・労働局、労基署
	社会保険	4月～6月の給与をもとに「社会保険料算定」（月額算定基礎届）：7月10日締切	印刷	・年金事務所、健保組合
8月	社会保険	4月の昇給者を対象とした随時改定者の社会保険料改定	登録	対象者の確認
10月	年末調整	・年末調整書類の準備：社内案内文の通知		必要書類、提出期限を明記して早めに通知
	社会保険	・7月に「算定基礎届」を提出した社員の社会保険料改定	登録	標準報酬月額決定通知書で入力
	最低賃金改定	・最低賃金の改定による法令違反の確認	資料印刷	最低賃金抵触者の昇給
11月	年末調整	年末調整書類の回収：11月中旬から下旬		内容確認、不足書類催促
12月	年末調整	年末調整の実施と源泉徴収票の発行	登録・計算・印刷	
1月	税務関係	・法定調書の提出		・税務署
		・給与支払報告書の提出（郵送・電子）	印刷	・各従業員の居住する市区町村
2月		この月は特段の行事がないため、7月10日の労働保険の年度更新に備えて労災保険、雇用保険の対象者の確認や事前集計を行っておく		
3月				

上記に賞与を支給する会社の場合には賞与計算および年金事務所へ賞与支払報告書を提出する業務が発生します。
※社会保険料は年により数回改定になる場合もあります。
※雇用保険料率は年により改定がある場合（料率変更）、ない場合（同じ料率）の両方のパターンがあるので注意が必要です。

給与所得の源泉徴収税額表（例）

給与所得の源泉徴収税額表（令和６年分）

（一） **月 額 表**（平成24年３月31日財務省告示第115号別表第一（令和２年３月31日財務省告示第81号改正））（～166,999円）

その月の社会保険料等控除後の給与等の金額		甲								乙
		扶養親族等の数								
		0 人	1 人	2 人	3 人	4 人	5 人	6 人	7 人	
以 上	未 満	税額								税 額
円	円	円	円	円	円	円	円	円	円	円
88,000	円未満	0	0	0	0	0	0	0	0	その月の社会保険料等控除後の給与等の金額の3.063%に相当する金額
88,000	89,000	130	0	0	0	0	0	0	0	3,200
89,000	90,000	180	0	0	0	0	0	0	0	3,200
90,000	91,000	230	0	0	0	0	0	0	0	3,200
91,000	92,000	290	0	0	0	0	0	0	0	3,200
92,000	93,000	340	0	0	0	0	0	0	0	3,300
93,000	94,000	390	0	0	0	0	0	0	0	3,300
94,000	95,000	440	0	0	0	0	0	0	0	3,300
95,000	96,000	490	0	0	0	0	0	0	0	3,400
96,000	97,000	540	0	0	0	0	0	0	0	3,400
97,000	98,000	590	0	0	0	0	0	0	0	3,500
98,000	99,000	640	0	0	0	0	0	0	0	3,500
99,000	101,000	720	0	0	0	0	0	0	0	3,600
101,000	103,000	830	0	0	0	0	0	0	0	3,600
103,000	105,000	930	0	0	0	0	0	0	0	3,700
105,000	107,000	1,030	0	0	0	0	0	0	0	3,800
107,000	109,000	1,130	0	0	0	0	0	0	0	3,800
109,000	111,000	1,240	0	0	0	0	0	0	0	3,900
111,000	113,000	1,340	0	0	0	0	0	0	0	4,000
113,000	115,000	1,440	0	0	0	0	0	0	0	4,100
115,000	117,000	1,540	0	0	0	0	0	0	0	4,100
117,000	119,000	1,640	0	0	0	0	0	0	0	4,200
119,000	121,000	1,750	120	0	0	0	0	0	0	4,300
121,000	123,000	1,850	220	0	0	0	0	0	0	4,500
123,000	125,000	1,950	330	0	0	0	0	0	0	4,800
125,000	127,000	2,050	430	0	0	0	0	0	0	5,100
127,000	129,000	2,150	530	0	0	0	0	0	0	5,400
129,000	131,000	2,260	630	0	0	0	0	0	0	5,700
131,000	133,000	2,360	740	0	0	0	0	0	0	6,000
133,000	135,000	2,460	840	0	0	0	0	0	0	6,300
135,000	137,000	2,550	930	0	0	0	0	0	0	6,600
137,000	139,000	2,610	990	0	0	0	0	0	0	6,800
139,000	141,000	2,680	1,050	0	0	0	0	0	0	7,100
141,000	143,000	2,740	1,110	0	0	0	0	0	0	7,500
143,000	145,000	2,800	1,170	0	0	0	0	0	0	7,800
145,000	147,000	2,860	1,240	0	0	0	0	0	0	8,100
147,000	149,000	2,920	1,300	0	0	0	0	0	0	8,400
149,000	151,000	2,980	1,360	0	0	0	0	0	0	8,700
151,000	153,000	3,050	1,430	0	0	0	0	0	0	9,000
153,000	155,000	3,120	1,500	0	0	0	0	0	0	9,300
155,000	157,000	3,200	1,570	0	0	0	0	0	0	9,600
157,000	159,000	3,270	1,640	0	0	0	0	0	0	9,900
159,000	161,000	3,340	1,720	100	0	0	0	0	0	10,200
161,000	163,000	3,410	1,790	170	0	0	0	0	0	10,500
163,000	165,000	3,480	1,860	250	0	0	0	0	0	10,800
165,000	167,000	3,550	1,930	320	0	0	0	0	0	11,100

※出典：国税庁「給与所得の源泉徴収税額表（令和６年分）」
https://www.nta.go.jp/publication/pamph/gensen/zeigakuhyo2023/data/01-07.pdf

給与所得者の扶養控除等（異動）申告書（例）

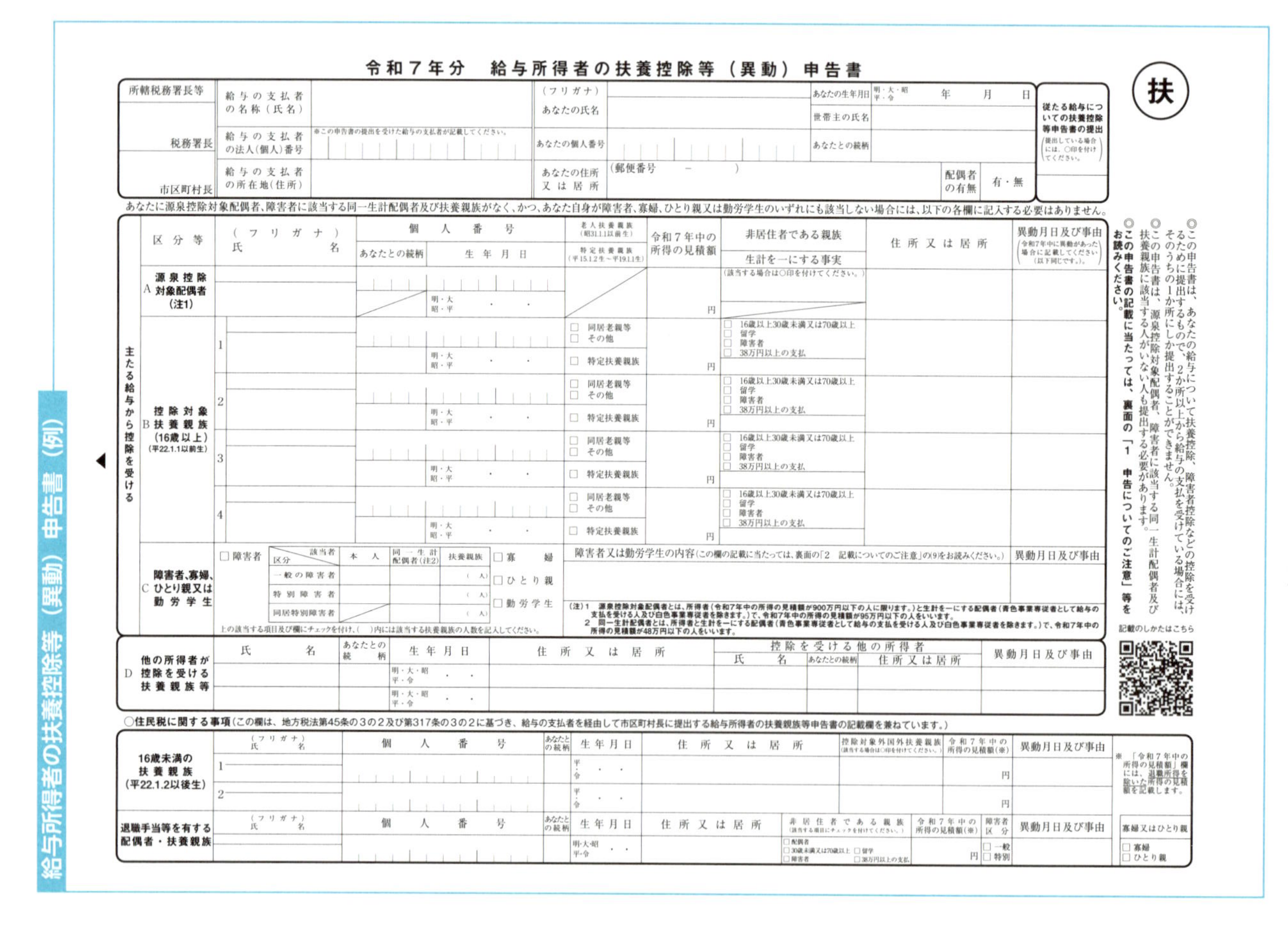

令和７年分　給与所得者の扶養控除等（異動）申告書

所轄税務署長等　税務署長　市区町村長

給与の支払者の名称（氏名）
給与の支払者の法人（個人）番号　※この申告書の提出を受けた給与の支払者が記載してください。
給与の支払者の所在地（住所）

（フリガナ）あなたの氏名
あなたの個人番号
あなたの住所又は居所（郵便番号　　－　　）
あなたの生年月日　明・大・昭・平・令　年　月　日
世帯主の氏名
あなたとの続柄
配偶者の有無　有・無

従たる給与についての扶養控除等申告書の提出（提出している場合には、○印を付けてください。）

あなたに源泉控除対象配偶者、障害者に該当する同一生計配偶者及び扶養親族がなく、かつ、あなた自身が障害者、寡婦、ひとり親又は勤労学生のいずれにも該当しない場合には、以下の各欄に記入する必要はありません。

区分等	氏名（フリガナ）	個人番号	あなたとの続柄	生年月日	老人扶養親族（昭31.1.1以前生）／特定扶養親族（平15.1.2生～平19.1.1生）	令和７年中の所得の見積額	非居住者である親族（生計を一にする事実）（該当する場合は○印を付けてください。）	住所又は居所	異動月日及び事由（令和7年中に異動があった場合に記載してください（以下同じです。）。）
A 源泉控除対象配偶者（注1）				明・大・昭・平		円			
B 控除対象扶養親族（16歳以上）（平22.1.1以前生）1				明・大・昭・平	□同居老親等　□その他　□特定扶養親族	円	□16歳以上30歳未満又は70歳以上　□留学　□障害者　□38万円以上の支払		
2				明・大・昭・平	□同居老親等　□その他　□特定扶養親族	円	□16歳以上30歳未満又は70歳以上　□留学　□障害者　□38万円以上の支払		
3				明・大・昭・平	□同居老親等　□その他　□特定扶養親族	円	□16歳以上30歳未満又は70歳以上　□留学　□障害者　□38万円以上の支払		
4				明・大・昭・平	□同居老親等　□その他　□特定扶養親族	円	□16歳以上30歳未満又は70歳以上　□留学　□障害者　□38万円以上の支払		

主たる給与から控除を受ける

C 障害者、寡婦、ひとり親又は勤労学生　□障害者　□寡婦　□ひとり親　□勤労学生

区分	本人	同一生計配偶者（注2）	扶養親族
一般の障害者			（　人）
特別障害者			（　人）
同居特別障害者			（　人）

上の該当する項目及び欄にチェックを付け、（　）内には該当する扶養親族の人数を記入してください。

障害者又は勤労学生の内容（この欄の記載に当たっては、裏面の「2 記載についてのご注意」の(9)をお読みください。）

異動月日及び事由

（注）1 源泉控除対象配偶者とは、所得者（令和7年中の所得の見積額が900万円以下の人に限ります。）と生計を一にする配偶者（青色事業専従者として給与の支払を受ける人及び白色事業専従者を除きます。）で、令和7年中の所得の見積額が95万円以下の人をいいます。
2 同一生計配偶者とは、所得者と生計を一にする配偶者（青色事業専従者として給与の支払を受ける人及び白色事業専従者を除きます。）で、令和7年中の所得の見積額が48万円以下の人をいいます。

D 他の所得者が控除を受ける扶養親族等

氏名	あなたとの続柄	生年月日	住所又は居所	控除を受ける他の所得者（氏名・あなたとの続柄・住所又は居所）	異動月日及び事由
		明・大・昭・平・令			
		明・大・昭・平・令			

○住民税に関する事項（この欄は、地方税法第45条の3の2及び第317条の3の2に基づき、給与の支払者を経由して市区町村長に提出する給与所得者の扶養親族等申告書の記載欄を兼ねています。）

16歳未満の扶養親族（平22.1.2以後生）	氏名（フリガナ）	個人番号	あなたとの続柄	生年月日	住所又は居所	控除対象外国外扶養親族	令和7年中の所得の見積額（※）	異動月日及び事由
1				平・令			円	
2				平・令			円	

退職手当等を有する配偶者・扶養親族	氏名（フリガナ）	個人番号	あなたとの続柄	生年月日	住所又は居所	非居住者である親族	令和7年中の所得の見積額（※）	障害者区分	異動月日及び事由	寡婦又はひとり親
				明・大・昭・平・令		□配偶者　□30歳未満又は70歳以上　□留学　□障害者　□38万円以上の支払	円	□一般　□特別		□寡婦　□ひとり親

※「令和7年中の所得の見積額」欄には、退職所得を除いた所得の見積額を記載します。

扶

◎この申告書は、あなたの給与について扶養控除、障害者控除などの控除を受けるために提出するもので、2か所以上から給与の支払を受けている場合には、そのうちの1か所にしか提出することができません。
◎この申告書は、源泉控除対象配偶者、障害者に該当する同一生計配偶者及び扶養親族に該当する人がいない人も提出する必要があります。
◎この申告書の記載に当たっては、裏面の「1 申告についてのご注意」等をお読みください。

記載のしかたはこちら

※出典：国税庁「令和７年分 給与所得者の扶養控除等（異動）申告書」
https://www.nta.go.jp/taxes/tetsuzuki/shinsei/annai/gensen/pdf/2025bun_01.pdf

健康保険・厚生年金の保険料額表（例）

令和６年３月分（４月納付分）からの健康保険・厚生年金保険の保険料額表

・健康保険料率：令和6年3月分～　適用　　・厚生年金保険料率：平成29年9月分～　適用
・介護保険料率：令和6年3月分～　適用　　・子ども・子育て拠出金率：令和2年4月分～　適用

（東京都）　（単位：円）

標準報酬 等級	標準報酬 月額	報酬月額 円以上		報酬月額 円未満	全国健康保険協会管掌健康保険料 介護保険第2号被保険者に該当しない場合 9.98% 全額	折半額	介護保険第2号被保険者に該当する場合 11.58% 全額	折半額	厚生年金保険料（厚生年金基金加入員を除く） 一般、坑内員・船員 18.300%※ 全額	折半額
1	58,000		～	63,000	5,788.4	2,894.2	6,716.4	3,358.2		
2	68,000	63,000	～	73,000	6,786.4	3,393.2	7,874.4	3,937.2		
3	78,000	73,000	～	83,000	7,784.4	3,892.2	9,032.4	4,516.2		
4(1)	88,000	83,000	～	93,000	8,782.4	4,391.2	10,190.4	5,095.2	16,104.00	8,052.00
5(2)	98,000	93,000	～	101,000	9,780.4	4,890.2	11,348.4	5,674.2	17,934.00	8,967.00
6(3)	104,000	101,000	～	107,000	10,379.2	5,189.6	12,043.2	6,021.6	19,032.00	9,516.00
7(4)	110,000	107,000	～	114,000	10,978.0	5,489.0	12,738.0	6,369.0	20,130.00	10,065.00
8(5)	118,000	114,000	～	122,000	11,776.4	5,888.2	13,664.4	6,832.2	21,594.00	10,797.00
9(6)	126,000	122,000	～	130,000	12,574.8	6,287.4	14,590.8	7,295.4	23,058.00	11,529.00
10(7)	134,000	130,000	～	138,000	13,373.2	6,686.6	15,517.2	7,758.6	24,522.00	12,261.00
11(8)	142,000	138,000	～	146,000	14,171.6	7,085.8	16,443.6	8,221.8	25,986.00	12,993.00
12(9)	150,000	146,000	～	155,000	14,970.0	7,485.0	17,370.0	8,685.0	27,450.00	13,725.00
13(10)	160,000	155,000	～	165,000	15,968.0	7,984.0	18,528.0	9,264.0	29,280.00	14,640.00
14(11)	170,000	165,000	～	175,000	16,966.0	8,483.0	19,686.0	9,843.0	31,110.00	15,555.00
15(12)	180,000	175,000	～	185,000	17,964.0	8,982.0	20,844.0	10,422.0	32,940.00	16,470.00
16(13)	190,000	185,000	～	195,000	18,962.0	9,481.0	22,002.0	11,001.0	34,770.00	17,385.00
17(14)	200,000	195,000	～	210,000	19,960.0	9,980.0	23,160.0	11,580.0	36,600.00	18,300.00
18(15)	220,000	210,000	～	230,000	21,956.0	10,978.0	25,476.0	12,738.0	40,260.00	20,130.00
19(16)	240,000	230,000	～	250,000	23,952.0	11,976.0	27,792.0	13,896.0	43,920.00	21,960.00
20(17)	260,000	250,000	～	270,000	25,948.0	12,974.0	30,108.0	15,054.0	47,580.00	23,790.00
21(18)	280,000	270,000	～	290,000	27,944.0	13,972.0	32,424.0	16,212.0	51,240.00	25,620.00
22(19)	300,000	290,000	～	310,000	29,940.0	14,970.0	34,740.0	17,370.0	54,900.00	27,450.00
23(20)	320,000	310,000	～	330,000	31,936.0	15,968.0	37,056.0	18,528.0	58,560.00	29,280.00
24(21)	340,000	330,000	～	350,000	33,932.0	16,966.0	39,372.0	19,686.0	62,220.00	31,110.00
25(22)	360,000	350,000	～	370,000	35,928.0	17,964.0	41,688.0	20,844.0	65,880.00	32,940.00
26(23)	380,000	370,000	～	395,000	37,924.0	18,962.0	44,004.0	22,002.0	69,540.00	34,770.00
27(24)	410,000	395,000	～	425,000	40,918.0	20,459.0	47,478.0	23,739.0	75,030.00	37,515.00
28(25)	440,000	425,000	～	455,000	43,912.0	21,956.0	50,952.0	25,476.0	80,520.00	40,260.00
29(26)	470,000	455,000	～	485,000	46,906.0	23,453.0	54,426.0	27,213.0	86,010.00	43,005.00
30(27)	500,000	485,000	～	515,000	49,900.0	24,950.0	57,900.0	28,950.0	91,500.00	45,750.00
31(28)	530,000	515,000	～	545,000	52,894.0	26,447.0	61,374.0	30,687.0	96,990.00	48,495.00
32(29)	560,000	545,000	～	575,000	55,888.0	27,944.0	64,848.0	32,424.0	102,480.00	51,240.00
33(30)	590,000	575,000	～	605,000	58,882.0	29,441.0	68,322.0	34,161.0	107,970.00	53,985.00
34(31)	620,000	605,000	～	635,000	61,876.0	30,938.0	71,796.0	35,898.0	113,460.00	56,730.00
35(32)	650,000	635,000	～	665,000	64,870.0	32,435.0	75,270.0	37,635.0	118,950.00	59,475.00
36	680,000	665,000	～	695,000	67,864.0	33,932.0	78,744.0	39,372.0		
37	710,000	695,000	～	730,000	70,858.0	35,429.0	82,218.0	41,109.0		
38	750,000	730,000	～	770,000	74,850.0	37,425.0	86,850.0	43,425.0		
39	790,000	770,000	～	810,000	78,842.0	39,421.0	91,482.0	45,741.0		
40	830,000	810,000	～	855,000	82,834.0	41,417.0	96,114.0	48,057.0		
41	880,000	855,000	～	905,000	87,824.0	43,912.0	101,904.0	50,952.0		
42	930,000	905,000	～	955,000	92,814.0	46,407.0	107,694.0	53,847.0		
43	980,000	955,000	～	1,005,000	97,804.0	48,902.0	113,484.0	56,742.0		
44	1,030,000	1,005,000	～	1,055,000	102,794.0	51,397.0	119,274.0	59,637.0		
45	1,090,000	1,055,000	～	1,115,000	108,782.0	54,391.0	126,222.0	63,111.0		
46	1,150,000	1,115,000	～	1,175,000	114,770.0	57,385.0	133,170.0	66,585.0		
47	1,210,000	1,175,000	～	1,235,000	120,758.0	60,379.0	140,118.0	70,059.0		
48	1,270,000	1,235,000	～	1,295,000	126,746.0	63,373.0	147,066.0	73,533.0		
49	1,330,000	1,295,000	～	1,355,000	132,734.0	66,367.0	154,014.0	77,007.0		
50	1,390,000	1,355,000	～		138,722.0	69,361.0	160,962.0	80,481.0		

※厚生年金基金に加入している方の厚生年金保険料率は、基金ごとに定められている免除保険料率（2.4%～5.0%）を控除した率となります。

加入する基金ごとに異なりますので、免除保険料率および厚生年金基金の掛金については、加入する厚生年金基金にお問い合わせください。

◆介護保険第2号被保険者は、40歳から64歳までの方であり、健康保険料率（9.98%）に介護保険料率（1.60%）が加わります。
◆等級欄の（ ）内の数字は、厚生年金保険の標準報酬月額等級です。
4(1)等級の「報酬月額」欄は、厚生年金保険の場合「93,000円未満」と読み替えてください。
35(32)等級の「報酬月額」欄は、厚生年金保険の場合「635,000円以上」と読み替えてください。
◆令和6年度における全国健康保険協会の任意継続被保険者について、標準報酬月額の上限は、300,000円です。

○被保険者負担分（表の折半額の欄）に円未満の端数がある場合
①事業主が、給与から被保険者負担分を控除する場合、被保険者負担分の端数が50銭以下の場合は切り捨て、50銭を超える場合は切り上げて1円となります。
②被保険者が、被保険者負担分を事業主へ現金で支払う場合、被保険者負担分の端数が50銭未満の場合は切り捨て、50銭以上の場合は切り上げて1円となります。
（注）①、②にかかわらず、事業主と被保険者間で特約がある場合には、特約に基づき端数処理をすることができます。

○納入告知書の保険料額
納入告知書の保険料額は、被保険者個々の保険料額を合算した金額になります。ただし、合算した金額に円未満の端数がある場合は、その端数を切り捨てた額となります。

○賞与にかかる保険料額
賞与に係る保険料額は、賞与額から1,000円未満の端数を切り捨てた額（標準賞与額）に、保険料率を乗じた額となります。
また、標準賞与額の上限は、健康保険は年間573万円（毎年4月1日から翌年3月31日までの累計額。）となり、厚生年金保険と子ども・子育て拠出金の場合は月間150万円となります。

○子ども・子育て拠出金
事業主の方は、児童手当の支給に要する費用等の一部として、子ども・子育て拠出金を負担いただくことになります。（被保険者の負担はありません。）
この子ども・子育て拠出金の額は、被保険者個々の厚生年金保険の標準報酬月額および標準賞与額に、拠出金率（0.36%）を乗じて得た額の総額となります。

※出典：全国健康保険協会「令和７年分 給与所得者の扶養控除等（異動）申告書（東京都）」
https://www.kyoukaikenpo.or.jp/~/media/Files/shared/hokenryouritu/r6/ippan/r60213tokyo.pdf

雇用保険料率表

令和６年度の雇用保険料率

負担者／事業の種類	①労働者負担（失業等給付・育児休業給付の保険料率のみ）	②事業主負担			①＋②雇用保険料率
			失業等給付・育児休業給付の保険料率	雇用保険二事業の保険料率	
一般の事業	6/1,000	9.5/1,000	6/1,000	3.5/1,000	15.5/1,000
（令和５年度）	6/1,000	9.5/1,000	6/1,000	3.5/1,000	15.5/1,000
農林水産・清酒製造の事業※	7/1,000	10.5/1,000	7/1,000	3.5/1,000	17.5/1,000
（令和５年度）	7/1,000	10.5/1,000	7/1,000	3.5/1,000	17.5/1,000
建設の事業	7/1,000	11.5/1,000	7/1,000	4.5/1,000	18.5/1,000
（令和５年度）	7/1,000	11.5/1,000	7/1,000	4.5/1,000	18.5/1,000

※園芸サービス、牛馬の育成、酪農、養鶏、養豚、内水面養殖および特定の船員を雇用する事業については一般の事業の率が適用される。
（枠内の下段は令和５年４月～令和６年３月の雇用保険料率）

※出典：厚生労働省・都道府県労働局・ハローワーク「令和６年度の雇用保険料率について」
https://www.mhlw.go.jp/content/001211914.pdf

労災保険率表（例）

労災保険率表

（単位：1/1,000）　　（令和６年４月１日施行）

事業の種類の分類	業種番号	事業の種類	労災保険率
林業	02又は03	林業	52
漁業	11	海面漁業（定置網漁業又は海面魚類養殖業を除く。）	18
	12	定置網漁業又は海面魚類養殖業	37
鉱業	21	金属鉱業、非金属鉱業（石灰石鉱業又はドロマイト鉱業を除く。）又は石炭鉱業	88
	23	石灰石鉱業又はドロマイト鉱業	13
	24	原油又は天然ガス鉱業	2.5
	25	採石業	37
	26	その他の鉱業	26
建設事業	31	水力発電施設、ずい道等新設事業	34
	32	道路新設事業	11
	33	舗装工事業	9
	34	鉄道又は軌道新設事業	9
	35	建築事業（既設建築物設備工事業を除く。）	9.5
	38	既設建築物設備工事業	12
	36	機械装置の組立て又は据付けの事業	6
	37	その他の建設事業	15
製造業	41	食料品製造業	5.5
	42	繊維工業又は繊維製品製造業	4
	44	木材又は木製品製造業	13
	45	パルプ又は紙製造業	7
	46	印刷又は製本業	3.5
	47	化学工業	4.5
	48	ガラス又はセメント製造業	6
	66	コンクリート製造業	13
	62	陶磁器製品製造業	17
	49	その他の窯業又は土石製品製造業	23
	50	金属精錬業（非鉄金属精錬業を除く。）	6.5
	51	非鉄金属精錬業	7
	52	金属材料品製造業（鋳物業を除く。）	5
	53	鋳物業	16
	54	金属製品製造業又は金属加工業（洋食器、刃物、手工具又は一般金物製造業及びめっき業を除く。）	9
	63	洋食器、刃物、手工具又は一般金物製造業（めっき業を除く。）	6.5
	55	めっき業	6.5
	56	機械器具製造業（電気機械器具製造業、輸送用機械器具製造業、船舶製造又は修理業及び計量器、光学機械、時計等製造業を除く。）	5
	57	電気機械器具製造業	3
	58	輸送用機械器具製造業（船舶製造又は修理業を除く。）	4
	59	船舶製造又は修理業	23
	60	計量器、光学機械、時計等製造業（電気機械器具製造業を除く。）	2.5
	64	貴金属製品、装身具、皮革製品等製造業	3.5
	61	その他の製造業	6
運輸業	71	交通運輸事業	4
	72	貨物取扱事業（港湾貨物取扱事業及び港湾荷役業を除く。）	8.5
	73	港湾貨物取扱事業（港湾荷役業を除く。）	9
	74	港湾荷役業	12
電気、ガス、水道又は熱供給の事業	81	電気、ガス、水道又は熱供給の事業	3
その他の事業	95	農業又は海面漁業以外の漁業	13
	91	清掃、火葬又はと畜の事業	13
	93	ビルメンテナンス業	6
	96	倉庫業、警備業、消毒又は害虫駆除の事業又はゴルフ場の事業	6.5
	97	通信業、放送業、新聞業又は出版業	2.5
	98	卸売業・小売業、飲食店又は宿泊業	3
	99	金融業、保険業又は不動産業	2.5
	94	その他の各種事業	3
	90	船舶所有者の事業	42

※出典：厚生労働省「令和６年度の労災保険率について（令和６年度から変更されます）」
https://www.mhlw.go.jp/stf/seisakunitsuite/bunya/koyou_roudou/roudoukijun/rousai/rousaihoken06/rousai_hokenritsu_kaitei.html

健康保険・厚生年金保険 被保険者賞与支払届／厚生年金保険 70歳以上被用者賞与支払届

様式コード 2265

健康保険
厚生年金保険
被保険者賞与支払届
厚生年金保険
70歳以上被用者賞与支払届

令和　年　月　日提出

提出者記入欄

事業所整理記号	－
事業所所在地	届書記入の個人番号に誤りがないことを確認しました。
事業所名称	
事業主氏名	
電話番号	(　　)

受付印

社会保険労務士記載欄
氏名等

項目名	① 被保険者整理番号	② 被保険者氏名	③ 生年月日	⑦ 個人番号［基礎年金番号］※70歳以上被用者の場合のみ
	④ 賞与支払年月日	⑤ 賞与支払額	⑥ 賞与額（千円未満は切捨て）	⑧ 備考

共通	④ 賞与支払年月日（共通）	9.令和　年　月　日

←1枚ずつ必ず記入してください。

No.	① / ④	② / ⑤	③ / ⑥	⑦ / ⑧
1	①	②	③	⑦
	④※上記「賞与支払年月日（共通）」と同じ場合は、記入不要です。 9.令和　年　月　日	⑤㋐（通貨）　円　㋑（現物）　円	⑥（合計㋐＋㋑）千円未満は切捨て ,000 円	⑧ 1. 70歳以上被用者 2. 二以上勤務 3. 同一月内の賞与合算（初回支払日：　日）
2	①	②	③	⑦
	④※上記「賞与支払年月日（共通）」と同じ場合は、記入不要です。 9.令和　年　月　日	⑤㋐（通貨）　円　㋑（現物）　円	⑥（合計㋐＋㋑）千円未満は切捨て ,000 円	⑧ 1. 70歳以上被用者 2. 二以上勤務 3. 同一月内の賞与合算（初回支払日：　日）
3	①	②	③	⑦
	④※上記「賞与支払年月日（共通）」と同じ場合は、記入不要です。 9.令和　年　月　日	⑤㋐（通貨）　円　㋑（現物）　円	⑥（合計㋐＋㋑）千円未満は切捨て ,000 円	⑧ 1. 70歳以上被用者 2. 二以上勤務 3. 同一月内の賞与合算（初回支払日：　日）
4	①	②	③	⑦
	④※上記「賞与支払年月日（共通）」と同じ場合は、記入不要です。 9.令和　年　月　日	⑤㋐（通貨）　円　㋑（現物）　円	⑥（合計㋐＋㋑）千円未満は切捨て ,000 円	⑧ 1. 70歳以上被用者 2. 二以上勤務 3. 同一月内の賞与合算（初回支払日：　日）
5	①	②	③	⑦
	④※上記「賞与支払年月日（共通）」と同じ場合は、記入不要です。 9.令和　年　月　日	⑤㋐（通貨）　円　㋑（現物）　円	⑥（合計㋐＋㋑）千円未満は切捨て ,000 円	⑧ 1. 70歳以上被用者 2. 二以上勤務 3. 同一月内の賞与合算（初回支払日：　日）
6	①	②	③	⑦
	④※上記「賞与支払年月日（共通）」と同じ場合は、記入不要です。 9.令和　年　月　日	⑤㋐（通貨）　円　㋑（現物）　円	⑥（合計㋐＋㋑）千円未満は切捨て ,000 円	⑧ 1. 70歳以上被用者 2. 二以上勤務 3. 同一月内の賞与合算（初回支払日：　日）
7	①	②	③	⑦
	④※上記「賞与支払年月日（共通）」と同じ場合は、記入不要です。 9.令和　年　月　日	⑤㋐（通貨）　円　㋑（現物）　円	⑥（合計㋐＋㋑）千円未満は切捨て ,000 円	⑧ 1. 70歳以上被用者 2. 二以上勤務 3. 同一月内の賞与合算（初回支払日：　日）
8	①	②	③	⑦
	④※上記「賞与支払年月日（共通）」と同じ場合は、記入不要です。 9.令和　年　月　日	⑤㋐（通貨）　円　㋑（現物）　円	⑥（合計㋐＋㋑）千円未満は切捨て ,000 円	⑧ 1. 70歳以上被用者 2. 二以上勤務 3. 同一月内の賞与合算（初回支払日：　日）
9	①	②	③	⑦
	④※上記「賞与支払年月日（共通）」と同じ場合は、記入不要です。 9.令和　年　月　日	⑤㋐（通貨）　円　㋑（現物）　円	⑥（合計㋐＋㋑）千円未満は切捨て ,000 円	⑧ 1. 70歳以上被用者 2. 二以上勤務 3. 同一月内の賞与合算（初回支払日：　日）
10	①	②	③	⑦
	④※上記「賞与支払年月日（共通）」と同じ場合は、記入不要です。 9.令和　年　月　日	⑤㋐（通貨）　円　㋑（現物）　円	⑥（合計㋐＋㋑）千円未満は切捨て ,000 円	⑧ 1. 70歳以上被用者 2. 二以上勤務 3. 同一月内の賞与合算（初回支払日：　日）

S3年

※厚生労働省「健康保険・厚生年金保険 被保険者賞与支払届」
https://www.mhlw.go.jp/file/06-Seisakujouhou-12500000-Nenkinkyoku/kou_4.pdf

おわりに

本書を読んでいただいて感じられたとは思いますが、給与計算の計算自体は、給与計算ソフトに入力すれば自動的に計算されます。しかし、入力するまでの事前準備での数値等の決定については、労働基準法をはじめ関連する法律、制度等を適正に理解している必要があり、実はかなり奥が深いものです。

平均賃金も適正に計算されていないケースも少なくないのですが、そうすると、それに係るすべてが間違えていることになります。

給与計算を複雑化させる要因として、年間休日、平均賃金、有給休暇、育児・介護制度、労災、傷病手当、賞与、変形労働時間制、社会保険等の資格の喪失・取得関係、代休・振替休日、中途入社、年末調整など、項目を挙げただけでもかなりの事項があります。

また、給与計算にはさまざまな例外的なケースもあり、迷うこと、困ることも多々あると思います。そんなときに、本書を辞書的に活用して、概略を理解してください。そのうえで、詳細を確認したい場合には、厚生労働省、日本年金機構、健康保険協会等のホームページで確認したり、行政に電話で質問していただきたいと思います。

概略を理解していないと、せっかく関係機関のホームページで確認しても、誤った理解になってしまうケースも多いので注意が必要です。

また、行政に電話して質問した場合も、質問の内容が間違っていては、正しい情報が得られません。場合によっては、先方の理解が異なっていたり、行政の方の知識不足（意外と多いです）によって誤った回答を信じて給与計算がなされているケースも散見されます。

「はじめに」でもお伝えしましたが、給与計算は合っていて当たり前、間違えていれば問題になります。

近年は未払い残業、休日割増不足（未払い）等について、退職時または退職後に対象従業員や弁護士等を通じて請求されるということが日常化されてきています。

退職代行を請け負う会社も増えていて、ある日突然、従業員が来なくなり、退職代行会社から電話や通知があるケースもあります。そのような場合は、引き継ぎの時間もなく退職となり、さらには未払い部分の各種請求等がされます。

日頃から正しい給与計算を実施することで、後から請求されて数十万、数百万の支払いが生じるケースを防止できる場合もあります。毎月の給与計算を正しい知識で、適正に実施することは、これからますます重要になってくるでしょう。

給与計算は、誤解を恐れずにいえば、大なり小なり間違えている会社が大半です。

膨大な知識と複雑に絡み合った制度を理解して、例外的な事項を解決・計算できる力がないと、給与計算は実は難しいのです。さらに、法改正が頻繁に行われているため、最新情報も確認・理解する必要があります。

ただし、たとえ法改正があっても、**基本的な給与計算の考え方は変わることはありません**。本書で基本的な事項を理解し、知識のアップデートを図っていきましょう。

社会保険労務士法人 帝王労務管理事務所 代表社員　田中 実

著者略歴

田中　実（たなか　みのる）

社会保険労務士法人 帝王労務管理事務所 代表社員
老舗企業２社で平社員から部長職まで約15年間勤務し、総務・経理部で各種例外的な実務経験を積み重ねる。2010年に社会保険労務士法人を開業。実践的な知識力、対応力、実績に定評があり、首都圏を中心に全国のクライアントから絶大な支持を受けている。株式会社帝王経営コンサルタンツ 代表取締役社長、帝王グループ株式会社 会長、一般社団法人全国給与計算検定協会 理事長など合計10社の会社を運営するほか、複数の会社の役員を務める。
社労士業務については、各種手続き業務、給与計算、助成金申請、就業規則作成等を中心に新規事業の提案・立ち上げの実施、大手企業との提携等のノウハウを数多くのクライアントへ提供している業界トップレベルの社会保険労務士である。
講演・セミナーは各種保険会社、公益社団法人JAIFA、商工会議所、各種団体、大学等に向けて計800回以上実施。『総務・人事の安心知識　労災保険と傷病手当金』『社会保険労務士“スタートダッシュ”営業法』（同文舘出版）、『Q&A　社会保険労務　実務相談事例』（中央経済社）など著書多数。

【本書に関するお問い合わせ】
社会保険労務士法人 帝王労務管理事務所
〒110-0005 東京都台東区上野7-10-12 安達ビル1.2.3階
http://srminotanaka.web.fc2.com/zimusyo.html

総務・人事の安心知識
給与計算

2025年 2 月 3 日初版発行

著　者――田中　実

発行者――中島豊彦

発行所――同文舘出版株式会社

東京都千代田区神田神保町1-41　〒101-0051
電話　営業03（3294）1801　編集03（3294）1802
振替 00100-8-42935
https://www.dobunkan.co.jp/

ISBN978-4-495-54176-7
印刷／製本：萩原印刷
Printed in Japan 2025